はじめに

料理といえば誰もが思い浮かべるのがフランス料理であろう。洋食はどうも苦手とためらっている人は中国料理を挙げるかもしれない。さらに問い詰めれば、イタリア料理やインド料理などは出てきてもイギリス料理は出てこない。これは外国人に聞いても同じで、最近では日本料理も健康食として人気があるが、それでもイギリス料理は出てこない。

それではイギリスに料理がないかといえば決してそのようなことはなく、おいしい料理は山ほどある。にもかかわらず、「イギリス料理はまずい」と、イギリス人を含めて思っているのはなぜか？こんな疑問を持ってイギリスに興味を持っている人々に聞いてみると、異口同音に「おいしいものはいっぱいあるよ」との答えが返ってくる。この落差はいったいどこから生まれてくるのかと少し掘り下げると、「まずいイギリス」の烙印は歴史と深い関係があることがわかってきた。さらに掘り下げると食品にはそれぞれ歴史があって、食の文化史は興味深い逸話に満ちていることもわかった。

興味を持って調べてみると、イギリスの食べ物は時代によって目まぐるしく変化していることがわかった。日本とイギリスは、ともにユーラシア大陸の両端にある島国で、洋の東西の差こそあれ、かなりの共通点がある。しかし、決定的に違うのは日本が文字の記録が始まって以来、異民族に支配されたことがないのに対して、イギリスはほぼ５００年ごとに支配者が変わっていることである。すなわち、紀元前はケルト系のブリトン人の国であったが、ローマに占領されてその属領となり、次にアングロ・サクソン人やデーン人に占領され、次はノルマン人が支配者となった。ノルマン人が大陸から追い出されて、アングロ・サクソン人と同化してやっと500年である。この節目節目に食べ物や食習慣も劇的な変遷を遂げたのである。

もう一つの原因は、イギリスには植物の種類が極端に少なく、野菜などの食材はほとんど外国に由来したという事実である。氷河期のイギリスは氷に閉ざされ、数少ない寒さに強い植物だけが生き残った。これは同じ緯度のヨーロッパ大陸でも同じであったが、温暖化が進むと陸続きの大陸では南から多種類の植物が北上して繁茂した。しかしながら、ブリテン島は氷河期には大陸と地続きであったが、温暖期に入るとドーヴァー海峡と北海に阻まれた島になっていた。ドーヴァー海峡は狭い海峡だが、植物が種を飛ばしても超えることはできなかった。イギリスの支配階級が、珍しい植物を手に入れて、ステイタス・シンボルとして自慢したり、世界中にプラント・ハンターを派遣したりして、世界中の植物収集に躍起になっていたことの背景には、このような植物の種類の少なさがある。彼らがどれほどの植物を集めたかは、キュー王立植物園の膨大なコレクションを見てもわかる。

17世紀以降イギリスは世界に進出したが、世界各地で発見した植物、なかでもいくつかの作物はイギリス人の食生活を一変させることになる。固有の植物が少ないイギリスは、海外の食材を驚くほどの貪欲さで取り入れていった。積極的に外国の食材を取り入れることは、固有の食文化が希薄化することを意味したが、近世になるとより加速化し、大英帝国の拡大によって世界規模へと広がることになる。

ヨーロッパの歴史を遡ると、各国がアジアを目指したのは、香料、なかでも胡椒を手に入れるためであったことがわかる。中世には胡椒は貴重品で、同じ重さの金と交換されたこともある。後発国であったイギリスは、香料獲得競争においてはポルトガルやオランダなどの後塵を拝したが、中国貿易では、絹や茶を手に入れ、本国に送ることに成功した。

しかし、貿易先進国との競争が激しくなると、そこから様々な問題も浮上することになる。例えば、イギリスからインドに工業製品を売り、インドからはアヘンを中国に売って、茶を輸入するという手法は三角貿易として貿易の手本となったが、やがてアヘンが薬用以外に使用されて国民の健康を害するに至った。反発した清国を武力でねじ伏せたイギリスは、香港の支配権を得た。茶に端を発したアヘン戦争はこのように決着したが、中国に返還されたときに残された一国二制度という置き土産が、今になって大問題になっていることは知ってのとおりである。

その後、イギリスはインドでアッサム種の茶を発見し、これを植民地で大量栽培するとこれが莫大な富を生んだばかりでなく、紅茶はイギリス人の食生活まで変えてしまった。上流階級に普及した紅茶の習慣を、中流階級がまね、それを庶民も見習った結果、紅茶が国民的な飲料になったのである。当初、国家は茶に高い税金をかけたが、それが密輸という抜け道を生み出し、社会を混乱させた。アメリカの独立は紅茶の関税問題が原因の一つであったことを考えると、たかが茶とも言えないであろう。

ウォルター・ローリーが持ち込んだというジャガイモはアイルランドを激変させ、イギリスの産業革命を支えたが、一方「ジャガイモ飢饉」は多数のアイルランド人を餓死させ、その結果アメリカへの大移動を引き起こすこととなった。アイルランド系アメリカ人は人口の12％に及び、社会的、政治的にも一大勢力になっているうえ、多くがカトリック教徒であるために宗教的にも無視できない存在になっている。

クロムウェルの軍隊が、スペインと対立しジャマイカを占領すると、ここにサトウキビのプランテーションが始まった。手ごろな砂糖は、イギリスの食生活に革命を起こしたばかりでなく、そこに奴隷を送り込むためにリバプール、ブリストルなどは奴隷貿易港として大発展を遂げた。カリブ諸国に送り込まれた黒人奴隷は、一説には数千万ともいわれている。イギリスの紅茶に甘すぎるほどの砂糖が入っている陰には、無数の黒人奴隷の血と汗があった。アメリカに送り込まれた黒人奴隷は、タバコ農園や綿花栽培の貴重な労働力であったが、彼らが南北戦争の原因の一つであったことも忘れてはならない。アメリカの人種差別問題がイギリスに飛び火し、銅像が壊されたりしているが、その原点が砂糖プランテーションにあり、国策会社を通じて大量の黒人奴隷を送り込んだイギリスにあるからである。

紅茶と砂糖は国家に莫大な富をもたらした。やがて支配階級の象徴だった紅茶と砂糖が中流階級から庶民にまで行き渡ると、かつては裕福の象徴であった紅茶に砂糖を入れて、真っ白いパンにジャムを塗るという習慣が庶民の普通の生活になった。しかしながら、庶民はそれに加えて肉や野菜をとることをしなかったので、一日の必要カロリーの15％余りを砂糖からとるという偏った食生活をおくるようになった。イギリス式スノビズム、すなわち上流階級追随傾向が生みだした歪みである。慌てた政府は、兵士となる庶民の体格を向上させるために、国家ぐるみで栄養改革に取り組むことになる。世界大戦が始まり海外からの食材が自由に手に入らなくなったイギリスは、自給自足を余儀なくされたが、国民一丸となって、空き地に作物を植え、栄養教育を徹底させるとともに、配給制度を作ってこの危機を脱出した。長年の懸案事項であった健康問題、当面の課題であった食料問題が同時に解決したのである。

ところが問題はまだあった。一つは、栄養がある良い食品が必ずしも「おいしい」とは限らないという皮肉な事実であり、もう一つは外国の食材を使わない食生活は確立したものの、そこに味という要素が欠落していたことである。この過程で、イギリス人が手にした勲章が「イギリスはおいしい」とあてこすられるほど有名になったイギリス料理のまずさである。世界の市場を自らの台所としていたイギリスが、孤立して初めてわかったのが、その食文化が世界規模の多様性に支えられていたという事実である。

それから半世紀経って、現代のイギリスは再び世界中から食材を集めた。例えばロンドンなどには、世界各国のレストランが軒を連ね、おいしいものに事欠かない。ロンドン旅行の目的は、おいしい店を巡ることだという友人もいる。ロンドンでは世界の一流料理が食べられるからである。

ここで問題は、おいしい料理の中にイギリスの伝統料理が含まれるか否かということである。最近ではおいしい伝統料理の店が、グルメ雑誌に取り上げられたり、ネットで評判になったりしてはいるが、その数はまだ多くないという人も多い。

イギリス料理がおいしいかどうかは、本に取り上げられ、ネット上で論じられているが甲論乙駁、なかなか決着はつかない。その原因は、味覚は個人によって極端に好き嫌いが分かれ、画一的な線引きなど不可能だからである。なれば、多くの人々に自分の舌で味わってもらうしかない。しかしながら、味を言葉で表現することはほぼ不可能で、現在の「食レポ」を見ても察しはつくはずである。おそらく、シェイクスピアやミルトンなど大詩人をもってしても味や香りを言葉で表現することはできないであろう。この種の問題に関しては、できるだけ多くの人の経験を集めて集大成とし、帰納法的に判定するのが最善である。

とはいえ、アンケートを取ってその結果を見ても味気ない話である。なれば、その結論に至った様々な背景や逸話を含めてイギリスの食を紹介してはどうか、文章で表現できない味や匂いの区別の代わりに有名作家の食にまつわる逸話を紹介したらどうか、生活に最も密着する食を詳察することによって社会・文化の知られざる側面を紹介したらどうか、そうすれば必然的に幅の広い食文化の集大成になるはずである。

食文化からイギリスを知るための55章

目次

はじめに／3

I　食卓の文化史

第1章　ローマ時代の食卓――地中海文化の洗礼を受けて／18
第2章　アングロ・サクソン時代の食卓――地産地消・自給自足の単純素朴な料理／23
【コラム1】馬肉の話／28
第3章　ノルマンの食卓――ワイン美食のノルマン人とビール素食のサクソン人／31
【コラム2】庶民はｐｉｇ、支配者はｐｏｒｋ／37
第4章　近世の食卓――豊かさを増す飽食の時代／40
第5章　激動の17世紀の食卓――質素倹約への反動／45
第6章　富と権力の18世紀の食卓――農業改革でロースト・ビーフが国民食に／50
第7章　産業革命時代の食卓――食事に見る上・中・庶民のステイタス／55
第8章　ヴィクトリア時代の食卓――帝国の隆盛と料理法の発展／60
【コラム3】茶とアヘン戦争／65
第9章　世界大戦中の食卓――栄養重視でまずいイギリス料理が定着／68
第10章　現代の食卓――変わりゆくイギリスの食文化／75

Ⅱ 外国料理天国イギリス

第11章 スコットランド料理――気候風土が生み出す独自の食文化／82
【コラム4】ハギス／87
第12章 ウェールズ料理――ラム・リーキ・レイヴァーが生み出すウェールズの味／90
第13章 フランス料理――カタツムリ、カエルの足からフォアグラ、キャビアまで／96
第14章 イタリア料理――高級料理から手軽な家庭料理まで／101
第15章 インド料理――国民食の一角を占めるカレー料理／106
第16章 中国料理――津々浦々に中国料理のテイクアウェイの店／113
第17章 ギリシャ料理――ワイン、オリーブオイルと様々なハーブが特徴／119
第18章 トルコ料理――世界三大料理の一つ／124
第19章 その他のエスニック料理――食のデータにあらわれたイギリスの食文化／128

Ⅲ 食材の文化史

第20章 ビーフイーターの国――主食は牛肉？／132
【コラム5】インド人と牛肉／137
第21章 豚肉とイギリス人――ベーコン作りは秋の風物詩／140

【コラム6】タブーとなったブタ／145
第22章　自由にできない森と川の恵み──領主が握る所有権／149
第23章　大麦とオート麦の話──イングランドとスコットランドの主食争い／153
第24章　小麦とライ麦の話──競い合うイギリスパンとフランスパン／158
第25章　ポテトの登場──貧民食から万能食へ／164
第26章　野菜の話──野草摘みからサラダレシピまで／168
【コラム7】レタスの話／173
第27章　紅茶の話──砂糖とミルクを入れて国民的飲料に／177
第28章　砂糖の話──薬、贅沢品から調味料へ／181
【コラム8】ロンドンのコーヒーハウスの風景／186

Ⅳ　イギリスの食習慣

第29章　イングリッシュ・ブレックファストとコンチネンタル・ブレックファスト──ヨーロッパとは違う、イギリス独自の朝食文化／190
【コラム9】イングリッシュ・ブレックファストのおもいで／195
第30章　ランチとディナーの歴史をたどる──ディナーは昼食？　それとも夕食？／201
第31章　ディナーとサパー──生活様式の変化と言葉の変遷／205

【コラム10】イギリス国王の食卓／210
第32章　アフタヌーン・ティーとハイ・ティー――対照的な二つのティー／213
第33章　テイクアウェイ――各種持ち帰り用料理／218

V　本当はおいしいイギリス料理

第34章　フィッシュ・アンド・チップス――イギリスの伝統的な国民食／224
第35章　サンデー・ロースト――イギリスの正統性の象徴として／229
第36章　シェパーズ・パイ――階級を超えて愛される定番料理／234
第37章　ビーフ・ウェリントン――名前が一人歩きしたイギリス風料理／239
第38章　ヨークシャー・プディング――イングランド北部生まれ、スターターの女王／243
【コラム11】ステーキ・アンド・キドニー・パイ／247
第39章　焼き菓子の原点――スコーンとショートブレッド／251
第40章　クリスマスの究極のデザート――クリスマス・プディングとミンス・パイ／256
【コラム12】ブラック・プディング／261
第41章　マーマイト――イギリス文化の一つとなった食品？／264
第42章　キッパー――イギリス国民を支えてきた栄養食／269

Ⅵ　飲み物の文化史

第43章　ワインの話――ビールの国のワイン談義／274
第44章　ミードとサイダー――中世より伝わる伝統的なお酒／279
第45章　エールの話――イギリス伝統のビール／284
第46章　ジンの時代――ホガースの描いたジン横丁の退廃／289
第47章　禁酒法の時代――禁酒の歴史と現在の推奨摂取量／294
【コラム13】チョコレートは飲み物／299
第48章　ビターとラガー――ビールを巡る英・独のせめぎ合い／302

Ⅶ　文学に見る料理

第49章　シェイクスピアに見る料理――マジパン、肉のロースト、砂糖／308
第50章　ドライデンとコーヒーハウス――紳士の社交場／314
第51章　ジェイン・オースティンと料理――作家の食生活が料理本に／319
第52章　児童文学に見る料理――物語世界に現実味を添える「イギリスらしさ」／324
第53章　フィールディングとロースト・ビーフ――愛国者の味／328
第54章　ジョージ・オーウェルと紅茶――あのポレミックな作家がもたらした紅茶講話／334

第55章　ジョージ・エリオット文学と料理の心——人生のユーモアと悲哀に溢れるお菓子屋さん／339
おわりに／344
図版出典一覧／346
参考文献／348

＊本文中、特に出所の記載のない写真については、原則として執筆者の撮影・提供による。
＊本書では、外国語のカナ表記について、原則として原語の発音に近い形で表記した。例えば、コヴェント・ガーデン、ヴィクトリア女王などではVの表記をヴで表記している。しかし、オーブン、サービスなど、すでに日本語として定着しているものについては慣用に従って表記した。一方、食品や料理名についてはこの区別が難しい言葉が多く、その表記については編著者の判断によった。読者によって表記の習慣が異なるかもしれないが、ご理解とご寛容を乞う次第である。

I

食卓の文化史

1

ローマ時代の食卓

★地中海文化の洗礼を受けて★

カエサルとタキトゥスに初期ブリタニアの食卓を見る

イギリスのローマ時代とは、紀元前55年にブリタニアと呼ばれていたこの島をカエサルが偵察し、その100年後に本格的にローマの支配下に置いたときから始まり、豊かなローマ文明を享受した円熟期から、ローマ軍が撤退した5世紀初期までをいう。

ローマ時代の初期のブリタニアでは食卓にどのような料理が載っていたかは、文字文化の無かったブリトン人自身の記録ではなく、カエサルの『ガリア戦記』やタキトゥスが残した伝記『アグリコラ』といった数少ないラテン語の資料によらねばならない。カエサルは、ローマが占領する前のブリトン人の食料確保の方法として、まず狩猟と漁労を挙げたうえで、牧畜も相当盛んであったと述べている。主な家畜は羊で、馬、牛、豚も飼育されていたとし、肉を食べ、乳を飲むと言っている。ちなみに、羊は多目的な家畜で、羊毛のほか、肉、さらに乳を搾って飲んでいた。カエサルは、ブリトン人はほとんど農業を知らないと言っているが、これは誤解で、考古学的な資料によれば、彼らが大麦、小麦、オート麦等を作っていたことがわかる。最近、ノーサンプトンシャーなどにブドウ園があったとの考古学的研究もあるが、一般には国産ワインはほとんどないか、あってもごく少量で、蜂蜜を発酵させて作ったミードが主たる酒であったと信じられている。しかし、東南部のブリトン族は当時ガリアと呼ばれていたフランスと交易があり、支配者階級は日常的にワインを飲んでいたことがわかっている。いずれにせよ、このような状況が初期のブリタニアであった。

ローマ支配下のブリタニア

43年にクラウディウス皇帝が、ブリタニアを本格的に占領すると、ローマ文化がこの辺境の島に浸透していった。ローマ支配下のブリタニアの特徴は、貨幣制度の普及によって地域規模で商業が活発化したことであった。これによって物々交換よりはるかに効率的に食料を手に入れることができた。ブリタニア産の大麦、小麦、オート麦等ばかりではなく、大陸からも多くの食材が輸入されて流通していた。塩は地元ウスターシャーのドロイトウィッチに湧き出す塩水を精製して作っていたが、ライン川下流地域などからも輸入されていた。多種類のワインのほかビールも輸入されたが、この時代のビールは大陸の一部地域の特産品であった。もちろん交易は食品にとどまらず、家具や陶器、宝石などあらゆるものに及んだ。

農業はローマ帝国各地からやってきた起業家によって、かなり大規模におこなわれるようになった。そのほとんどは、退役した軍人、あるいは中央政界から追放された有力者などであった。彼らは都市に住み、農園のある地方には別荘をおいて管理した。ブリトン人の有力者の中にもこれを見習って起

ポンペイから出土したガルム瓶のモザイク画

業家が現れた。彼らの住む都市では、ラテン語が話され、大陸諸都市との交易がおこなわれて、豊かな地中海文化が花開いていた。

地中海の食文化を一言で表現すれば、ワインとオリーブオイルの文化といえよう。オリーブオイルは料理の味を一変させたものと思われる。イングランド南部のフィッシュボーンで発掘された遺跡から当時の富裕層の様子が想像できる。台所の蜜壺は蜂蜜が大切な甘味料であることを示している。乾燥イチジクやケシの実はおそらく地中海地方からの輸入品であろう。キャベツ、レタス、豆類、それにいくつかの根菜が栽培されていたものと思われる。味付けには初期の塩味から進歩して、魚から作ったガルムと呼ばれる魚醤が珍重されるようになった。ガルムは魚を塩漬けにして内臓、とりわけサバの内臓をゆっくりと時間をかけて発酵させて作る。都市ではにおいが強いので生産が禁止されていたというから、日本の「くさや」のように強烈なにおいがしたのであろう。しかし、たんぱく質が完全に分解されて複雑な味になることは「くさや」を見ても理解できる。2か月から3か月発酵させてから、骨など固形物を除き、液体部分をガルムとして調味料に使った。ガルムは万能の調味料として帝国の隅々まで広がった。現在の日本では、タイやベトナムの魚醤が人気であるが、ローマのガルムも同じような味だったのではあるまいか。

牛乳はそのまま飲んだほか、ローマから進んだチーズの作り方が紹介され、栄養価が高い保存食となった。ちなみに、牛乳を生で飲むと下痢をする人はラクトーゼ分解酵素が少ないためであるが、ゲルマン民族はほとんどこの酵素を持っているとされる。ケルト系のブリトン人は、牛乳を少しずつ飲んだり、発酵させて、すなわちヨーグルトで飲んだりした様子が見えるので、酵素が少なかったのであろうか。いずれにせよ、牛乳や羊乳からはいろいろなチーズが作られ、貴重なたんぱく源となり、保存食となった。

新しい食材の普及

この時代に普及した新しい食材として、野菜では既に述べたキャベツ、レタス、豆類のほか、イギリスの代表的な根菜となるカブが注目される。タマネギ、ニンニク、キュウリなどもこの時代に普及した。タマネギは古代エジプトでは、ニンニクとともに労働者の給与として配給され、肉体労働者の強壮剤として珍重され、ローマを経てイギリスにも伝わった。アスパラガスも地中海原産であるが、この時代に普及した。香辛料としては様々なハーブが利用された。ニンニクのほか、ハッカ、ローズマリーは肉料理に欠かせなかった。コリアンダーもこの時代に紹介された。

魚はブリトン人にとっても重要な食材であったが、ローマ時代になって様々に料理された。多くの貝類も食卓に上がったが、最も人気があったのはカキであった。おいしく、栄養豊富であったばかりでなく、稀に真珠が入っていることがあり、まさに宝くじ付き食品の趣があった。歴史的には、コルチェスターのカキが有名であるが、各地の貝塚から大量の蛎殻が見つかっていることから、津々浦々でカキが食されていたものと思われる。肉では、羊、豚が食用にされたが、牛は食用ではなかった。雄牛はもっぱら農耕用で、鋤を引いて土を耕すのに不可欠な労働力であった。また雌牛は牛乳を搾るのが目的であった。というわけで、牛肉を食べられるのは寿命が尽きたときに限られていた。馬も同様で、死んだときにのみ食用に供されていた。ブリトン人の兵士は戦車で戦場に向かい、戦うときは戦車から降りて戦ったが、戦車を引く馬は身分の象徴であり、富の象徴でもあった。また、乗り物であり、馬車を引いて運搬作業を担う貴重な財産であったから、食用など論外であった。

主な食肉用家畜は羊と豚であった。羊は春に一頭の子を産むのが普通だが、豚は春に10頭以上の子を産んで、夏の間は自由に土を掘り、木の根や昆虫をあさり、秋にはドングリを食べて丸々と肥えた。というわけで、食肉用家畜としては豚が圧倒的に優れている。ブリトン人は猪も飼育していたから、豚との交雑種もいたかもしれない。

穴兎《ラビット》や鶏も飼育されていたが、穴兎からは毛皮が、鶏からは卵が得られた。鹿や猪の野生動物、雁や鴨、白鳥などの野鳥や、様々な小動物が食用にされていた。

とはいえ、肉が食卓に上がるのは、都市に住むローマ人やブリトン人でも富裕層だけで、庶民や田舎に暮らすブリトン人の食卓は大麦から作るポリッジという粥が主体で、大麦から作る堅パンをこのポリッジに浸して食べた。小麦から作るパンもあったが、贅沢品で庶民には食べられなかった。

（石原孝哉）

2

アングロ・サクソン時代の食卓

★地産地消・自給自足の単純素朴な料理★

一掃されたローマ文化

ローマ軍が撤退すると、軍事的な空白地帯となったブリタニアには、5世紀末からアングロ・サクソン人やピクト人など異民族が押し寄せた。『イングランド教会史』を書いたビードの話とは違って、侵略は一挙に成し遂げられたのではなく、徐々にブリトン人の地を蚕食していったものと思われる。ローマのもとで洗練された地中海文化を身につけたブリトン人であったが、肥沃なイングランドから追われて、西のウェールズ、南西のコーンウォール、さらにはフランスのブルターニュに逃れた。このために両者の文化が融合して新しい文化が栄えるという構図にはならなかった。侵入したアングロ・サクソン人は7つの王国を築き、キリスト教も普及するが、やがてデーン人の侵入に悩まされるようになり、かろうじて持ちこたえたウェセックスのアルフレッド大王がデーン人を押し戻し、以後はデーン人との住み分けが進んだ。紆余曲折の後にエドワード証聖王の後継者争いから、ウィリアム征服王に占領を許し、オールド・イングランドは終焉を迎える。

侵略当初、アングロ・サクソン人は古英語を話し、スカンジ

スロウ（黒サンザシの実）

ナビアからルーン文字を持ち込んだが、記録らしい記録は残っていない。わかっているのは彼らが林野に住むのを好み、都市を徹底的に破壊したことである。都市住民の多くは逃亡したが、抵抗したものは殺されるか奴隷にされた。都市が担ってきた市場の機能は麻痺し、商品を生産していた農園は販路を失い、経営者を失って放棄されてしまった。ローマ帝国の農業植民地であったブリタニアはアングロ・サクソン人の破壊活動により、他のヨーロッパ諸国に比べてはるかに原始的な状態に戻ってしまった。

初期のアングロ・サクソン人は、高度な農業技術がなかったために、湿地や砂岩質の痩せた土地を避けて、大麦を主体にしてオート麦や小麦を栽培した。床を掘り下げた粗末な家に住み、いろりで肉を焼き、鍋で穀物や野菜を煮た。庶民は、大麦を挽いて長時間煮込んだポリッジが主食であった。穀物のほか、野菜や豆などをごった煮にして、塩味をつけたものはポテッジと呼ばれた。この時代に、塩は輸入品がなくなり、もっぱらドロイトウィッチ産のものが使われた。野菜はタマネギ、西洋ネギ（リーキ）、ニンジン、キャベツなどが知られているが、ニンジンは今日われわれがイメージする赤くて柔らかい根菜ではなく、白くて筋張った野草に近いものであった。キャベツも絵を見ると結球しておらず、普通の菜のようである。これらの野菜は身近な菜園で自給自足的に栽培され、食用になる野草も大事な食材であった。ポテッジには、季節によって収穫できるあらゆる野菜が放り込まれ、柔らかくなるまでじっくりと煮込まれた。アングロ・サクソンの食は地産地消、自給自足が原則であった。夏には、リンゴ、スモモ、サクランボ、それにスロウと呼ばれる黒サンザシの実が収穫された。これらの果物は、今日の果実からは想像できないくらい小さく、硬く、酸っぱくて現代人には食べられないであろう。そこへいくと、イチゴやブラックベリーは現代人の口にも合うだろう。秋には、キノコや野草が収穫され、冬のために蓄えられた。

魚はごちそうであったが、手軽に手に入るというわけにはいかなかった。マス、サケ、カワマス、ウナギなどの川魚が食べられた。海に近いところでは、ニシン、ヒラメなど多種の魚のほか、カキ、ムール貝が食べられた。これらは塩漬けにされたり、燻製にされたりして保存された。有名なニシンの燻製、キッパーはアングロ・サクソンの伝統がそのまま今に残った数少ない食材である。

ムール貝

料理の基本は「焼く」・「煮る」

このようなアングロ・サクソン人の食習慣は、中期になってキリスト教が伝播し、文字にアルファベットが普及したアングロ・サクソン時代後期に至っても大きな変化はなかった。

例えば、10世紀にオックスフォードシャーの修道士エインシャムのアルフリックの書いた教科書には、次のような逸話がみられる。

「俺たちゃあんたの芸術には興味がねえ。煮る物は煮るし、焼く物は焼くからな」。これはあるコックが人々にやり込められている場面である。ここから、彼らの基本的な調理法は依然として、煮る、焼くという極めて単純な作業であることがわかる。注目すべきはコックの仕事は芸術であるとされ、上流階級のみに許される贅沢とみなされていることである。たまに、豚肉や狩りの獲物が肉として焼かれて供されることがあったが、庶民には稀なことであった。牛は農作業と搾乳のためで、食肉となるのは死んだときだけなのはローマ時代と同じである。死んだ役牛の肉は硬く、決しておいしいものではなかった。同様に、羊は羊毛、鶏は卵のために飼育したので、肉用ではなかった。唯一の食肉用の家畜である豚は、集落でまとめてオークの林に放し飼いするなど、ローマ時代より大量に飼育されるようになった。農民の間には豚の飼育について様々な約束事や、慣習ができていった。

昔のバイキング映画で、大広間で牛が一頭丸焼きにされ、それを戦士たちが角《つの》のコップでビールを飲みながら貪り食う場面を見たが、これは食事というよりは戦いを前にして、戦士に勇猛の象徴である雄牛を食べさせ、その勇気にあやかろうという儀式である。もちろん牛一頭は丸焼きにはできないが、鹿などは丸焼きが定番であった。

庶民は、「今日もポリッジ、明日もポリッジ」と大麦粥が定番であったが、首長ともなれば、豚肉や、鹿や猪など狩りの獲物《ゲーム》も食卓をにぎわし、コックも腕を振るった。人々は、ビールを浴びるほど飲んだ。ビールは大麦から作られ、これにリンゴから作ったサイダー（リンゴ酒）やミード（蜂蜜酒）が加わることもあった。ビールは女性や子供もたしなんだが、当時は川の水が飲料として適さず、ビールのほうが安全な飲み物だったからである。なぜなら、当時のビール（エール）はアルコール度数も弱く、子供でも飲めたのである。テーブルの上には動物の丸焼きが載せられ、人々はナイフで切り取ってほおばった。もちろんフォークはなかった。

アングロ・サクソン時代は後期に入っても戦乱が続き、庶民の食生活が著しく向上することはなかった。ところが、この時代に一般社会とは隔絶した豊かな文化圏があった。それは修道院で、そこには地中海文化が溢れていた。修道院の中にはハーブ・ガーデンがあり、薬を作る薬草ばかりでなく様々な野菜が栽培されていた。キャベツ、セロリ、パセリ、タイム、ニンニク、ハッカ、ウイキョウ、セイボリーなどの食用植物はもとより、祭壇を飾る美しい花々が咲き乱れていた。

修道士たちの食生活の一部は11世紀初頭のウインチェスターの修道院長であるフリック・ベータの記録からも垣間見える。ある時、教師役の修道士が旅に出ることになり、旅行中の食料を新入りの修練士に命じて取りに行かせる。その一覧は次のとおりである。「小麦のパン、蜂蜜、魚、バター、ミルク、ラード、チーズ、卵、トースト、ホイップ・クリーム、牛肉、豚肉、羊肉、野菜、胡椒を使った料理、上等のビール、ワイン、ミード、あらゆるおいしいものとナプキン」。王侯のピクニックを思わせる豊かさである。修道士は2～3人のお供を連れ、数日間旅をするのであるが、それにしてもこの豪華さには目を見張る。修道院は自領を有しており、これらはすべてそこで取れた自前のものである。領地がいかに広大で、彼らが王侯に次ぐ絶大な経済力を持っていたかが、この場面からも推察できる。

（石原孝哉）

コラム1

馬肉の話

石原孝哉

ローマ教皇が馬肉食を禁止

　イギリス人、アメリカ人は馬肉を食べない。しかし、かつてはキリスト教国のほとんどが馬肉を食べるのを拒否していた。通説によれば、732年に教皇グレゴリウス三世がドイツで布教していた宣教師ボニファスに手紙を送り、馬肉食を厳しく禁じさせたが、これ以来キリスト教国では、馬肉はタブー視されるようになったといわれる。しかし、馬肉を食材としない習慣はもっと古く、ローマ時代に遡る。

　中央アジアの騎馬民族は馬を乗りこなし、馬上で剣や槍、弓を自在に操って敵を次々に打ち破った。彼らにとって馬は食材ではなく武器で、何より大事な財産でもあった。精強を誇ったローマの歩兵軍団も騎馬軍団に翻弄され、ついにはスキタイ人、サルマチア人、フン族などの騎兵を傭兵として雇ってローマ帝国を守っていた。ローマ滅亡後はウマイア朝のイスラム騎馬軍団が、ヨーロッパ諸国を震え上がらせた。イスラム軍はアフリカからスペインを切り従え、ピレネー山脈を越えてフランスに侵攻した。これをツール・ポアチエの間で迎え撃ったのがカール・マルテルの率いるフランク軍であった。彼らは破竹の進軍を続けてきたイスラム軍を打ち破ったのである。その秘密は、フランク軍は大型の馬に乗り、人も馬も甲冑に包んだ重騎兵

グレゴリウス三世（?～741）

を前面に押し出し、機動力に勝るイスラム軍を撃破した。以降、完全装備の重騎兵は騎兵の典型となり、ヨーロッパの主な戦いで勝利を重ねてゆく。

しかし、この戦いは、『ローマ帝国衰亡史』を書いたエドワード・ギボンなどによって誇張され、イスラム教からキリスト教を守った戦いとして神格化されたために、資料が必ずしも史実ではないかもしれない危惧があることを付言しておく。それはそれとして、この戦いが起きたのが732年、すなわちグレゴリウス三世の馬肉禁令の年であることに注目したい。敗れたとはいえ、イスラム教徒は依然としてイベリア半島を制圧し、差し迫った脅威であることに変わりはない。聖戦における最大の武器である馬を食べるとは何事だというわけである。当初騎士《ナイト》は馬に乗った騎兵を指したが、やがて貴族に次ぐ身分として定着すると、騎士道精神など文化の担い手となった。馬は騎士の身分を維持するのに不可欠な存在として大事にされた。中世が終わると馬車を引いて輸送を担い、農耕馬として農作業になくてはならない労働力になった。馬の数が増えると、食肉にされる馬も増えたようで、1735年から1780年の間には教皇は4度も勅令を出して、馬肉食禁令の遵守を求めた。

馬肉を食べて健康を回復したフランス軍

馬肉が公然と食べられたのはナポレオン戦争中の1807年のアイラウの戦いで、食料の枯渇したフランス軍の兵士は死んだばかりの馬を食べざるを得ない状況に追い込まれた。兵士たちは大量に馬肉を食べたが、教皇の言うように病気にならなかったばかりでなく、傷口は早く癒え、元気を回復し、壊血病さえ治ってしまった。以後フランス軍では、馬肉を積極的に食べ、補給戦術の中に馬肉が組み込まれた。ロシアからの撤退作戦の時など、多くの兵士が馬肉のお陰で飢えを免れたのは有名な話である。19世紀後半になると、馬肉はフランスを中心に広くヨーロッパに普及したが、第一次世界大戦後は急速に市場が縮小した。それは、輸送手段が自動車になり、農耕馬はトラクターなどに活躍の場を譲ったためである。馬がいかに貴重な労働力であったかは、仕事率を表す単位として「馬力」（HP）が残っていることからもわかる。ちなみに、一馬力は馬1頭分の牽引力がもとになっている。20世紀になると馬肉の全体的な消費量は減ったが、それでも貧困層の食材として、あるいは健康食品として一定の需要がある。

以上は、ヨーロッパ諸国の実情であるが、イギリス、アメリカはこの図式が当てはまらない。産業革命をいち早く達成したイギリスは、食料自給政策をいち早く放棄し、日の没することなしと豪語した大英帝国各地から、肉を安い値段で調達したために、馬肉を食べる必要がなかったのである。第二次世界大戦中、食糧省が戦時食として馬肉とジャガイモの皮まで食べることを推奨したが、だれも従わなかったという逸話がある。

大戦中戦火を免れたアメリカは、牛肉、豚肉、羊肉などあらゆる肉類に不自由することはなかった。さらに、アメリカの場合は馬がペットとして動物愛護の対象にされたために食用という発想がなかったことが大きい。余談だが、最終的に処分された馬肉は市場価値がなく、こっそりペット・フードの原料になった。馬の命を守った動物愛護協会の人々は、それと知らずにせっせと愛犬に馬肉のペット・フードを食べさせていた。

3

ノルマンの食卓

――――★ワイン美食のノルマン人とビール素食のサクソン人★――――

フランス風食文化の導入

ウィリアム征服王はイングランドを制圧すると、部下のノルマン人に領地を分け与え、ここにフランス語を話す支配階級としてのノルマン人、英語を話す被支配階級としてのアングロ・サクソン人という二層構造が生まれた。ノルマン人は元々ゲルマン民族であったが、フランスに居住してフランス文化を吸収してフランスに同化していた。このために食文化においても、上流階級のフランス風と庶民のアングロ・サクソン風が併存することになった。これは、少なくとも上流社会においては、ローマ末期のオリーブとワインに代表される地中海料理が復活したことを意味していた。後に、十字軍によって珍しい食材が紹介される一方、百年戦争によってフランスと敵対すると、今度はイギリス独自の食文化が生まれていった。

この時代には庶民は英語を話していたものの、書き言葉はラテン語やフランス語で、食に関する記録は多くはないが、最近は考古学も進み、例えばノルマンの城跡を発掘してそのゴミ捨て場から出てきた獣骨を分析して食材を調べるといった手法で研究が進んでいる。アングロ・サクソン時代と比べて大きな特徴は、肉食の増加である。豚と鶏が著しく増え、鹿、猪などの狩猟の獲物も増えている。肉食の増加とともに、調理法も多様になり、殊に香辛料、なかでも高価な黒胡椒が珍重された。上流階級のノルマン人は肉料理に香辛料を使い、さらに魚料理にも香辛料が使われるようになった。かくして、調理法はアングロ・サクソン時代に比べて格段の変化を見せた。豚肉や牛肉にはニンニク、野鳥にはクミンが配されるといった具合に繊細な調理法も確立されていった。季節ごとにその地でとれた食材を、煮たり焼いたりするだけであったアングロ・サクソン人の単純な調理法とは比較にならない複雑なものになった。

あらかじめバチカンからの支持を取り付けて、イングランドの支配権を確立したノルマン王朝は、ローマ教皇の教えにも忠実だった。すなわち四旬節（レント）や、クリスマス前の「マーティンマス」などの断食は、1日1回粗末な食事しか取らない大斎と肉を食べない小斎として厳格に守られた。平日では、金曜日が小斎の断食日とされ、これに水曜日、土曜日が加えられた時代もあった。小斎には肉食が禁止されたので、主に魚が食べられた。そのために肉より劣った食材とされた魚の調理法にも工夫が凝らされた。魚料理に様々な香辛料を使うなどアングロ・サクソン時代には思いもよらぬことであった。例えば、百年戦争を起こしたエドワード三世がフランスに侵攻したときの1346年7月12日、水曜日の食事の記録を見ると、塩サケ、干タラ、アナゴ、ヤツメウナギに、ニンニクとマスタードを合わせたソースがかけられていた。なお、鶏と鵞鳥《がちょう》も出されていることから、家禽類が魚に準じる食材であったことがわかる。2日後の金曜日には純粋に魚だけで、小斎の規律は金曜日のほうが厳格だったことがわかる。

以上から中世の小斎の様子が垣間見られるが、面白いのは、小斎逃れの工夫の中にはこじつけやごまかしもたくさんあることである。例えば、子兎は肉ではなく、魚と同じように小斎中でも食べることができたし、カオジロガン（Barnacle Goose）も同様であった。カオジロガンは卵から羽化するのではなく、フジツボ（Barnacle）の中で繁殖するという迷信があり、ゆえに魚と同じ扱いを受けていたのである。同じように、クジラ、イルカの海洋哺乳類や、ビーバー（当時のビーバーの絵を見ると尻尾は魚になっている）の類の水棲動物も魚と同じに扱われた。

魚の尾を持つビーバー

食事療法から食事コースの確立

中世においては基本的に1日2食で、朝食《ブレックファスト》はなかった。これは聖職者が夕方から断食《ファスト》して、昼食まで食事をしないことを奨励したためである。しかし、断食を破る《ブレイク》者が増え、「ブレイク・ファスト」と呼ばれた。しかし、上流階級はこれを軽蔑し、依然として2食を守った。

ギリシャの医学者ガレノスは、人間の健康は、熱く湿った血液、冷たく湿った粘液、熱く乾いた黄胆汁、冷たく乾いた黒胆汁の4つの体液のバランスによると考えたが、中世においてはこの考え方がキリスト教にも継承され、食事にも取り入れられた。すなわち、薬も食材も「熱・冷・湿・乾」のうち2つの性質を持つとされた。摂取する食材の性質が体液に影響を与えるため、治療も食事療法が中心であった。例えば、肉やホットワインのような「熱く湿った」食品は血液と精液のもととなる物質を生成し、性欲を高めるので敬虔なキリスト教徒にはふさわしくないとされた。一方、「冷たい」魚は性欲を抑えるとされ、小斎の食事となった。

健康に良い食材を取ること、性質が合わない食物を混ぜないことなどが重視された。また、食べた物が体内で適切に消化され、栄養素がきちんと吸収されるように、正しい順序で腹を満たすことが大切だと考えられ、そのようにコースが組み立てられた。

例えば、料理の最初は果物など消化しやすいもので始まり、次にキャベツ、レタスなど野菜や鶏、子山羊、子羊など軟らかい肉が続き、メインは豚肉、牛肉など、それに消化の遅い野菜であった。最後は消化の良い甘いものや、熟成したチーズで締めくくった。赤ワインは熱く湿っているので肉料理に合い、白ワインは冷たく湿っているので魚料理に合うといった組み合わせも大事であった。このようにして、料理には複雑なコースが作られ、やがてそれは上流階級の食文化として定着していった。

バイユーのタペストリはウィリアム征服王が、自らの功績を描かせたものだが、その食事場面には食事作法を守って優雅に食事するノルマン人と、角のジョッキで大量のビールをあおるアングロ・サクソン人が対照的に描かれている。ノルマン人がもたらした食文化は、やがて庶民の中にも浸透していった。大麦のポリッジはまだなくなったわけではなかったが、主食はパンに変わった。とはいえ庶民のパンはライ麦か、ふすまを含んだ小麦粉とライ麦粉を混ぜたマスリンというパンで、上流階級の白パンとは見た目も味も違っていた。しかも、パンを焼くオーブンは各家庭にあるわけではなく、パン屋か裕福な家庭にしかなかった。地域によっては、オーブンが領主によって許可制になっていたと

左のテーブルでビール、右でワイン。中央の聖職者には魚料理

ころもあったし、地域社会でオーブンを共有しているところもあった。パンが主食として定着するとパン職人のギルドが作られたが、寡占による不公平をなくすために1266年には、パンの大きさや価格が法律で規定された。

小麦が多く取れる南部では小麦粉をイーストで発酵させた白パンが作られたが、それも1350年以降のことで、身分がヨーマン以上の者しか食べることが許されず、しかも来客などの特別の日の食べ物であった。冷涼な北部ではライ麦パンさえご馳走で、普段は大麦やオート麦から、イーストを使わないフラットブレッドが作られた。フラットブレッドは硬くておいしくはなかったが、保存がきいたために兵士の野戦食として重宝がられた。

十字軍が地中海の食文化を紹介

聖地エルサレムがイスラム教徒に占領されると、おびただしい数の兵士が十字軍として送り込まれた。彼らが持ち帰った食材の一つが砂糖であった。それまで甘いものといえば蜂蜜しかなかった人々にとってこれは衝撃であった。また、パセリ、バジル、ローズマリーなどのハーブも持ち込まれた。十字軍兵士の食肉は、塩漬けや燻製が多く、多くの場合古くてにおいがきつかったために、味の濃い、香りの強いハーブが不可欠であった。これらのハーブの中には、ローマ時代に一度紹介され、アングロ・サクソン時代に途絶えていたものも含まれていた。

中世末期には、料理法ばかりでなく保存法も格段に進歩した。それまでの単純な塩漬けや燻製から一歩進んで、酢につけるピクルス、砂糖漬け、蜂蜜漬け、発酵食品など多岐に及んだ。畜乳からは様々なチーズのほかにバターも作られた。このバターには、5%から10%という多量の塩分が含まれていたために長期の保存がきいた。

（石原孝哉）

コラム2

庶民はpig、支配者はpork

塚本倫久

「もしノルマン人によるイギリス征服がなければ、イギリス人の食卓がどんなものだっただろうかと想像すると憂鬱になるくらいである」これは英語学者A・C・ボーのことばである（『英語の歴史』）。1066年、北フランスにあったノルマンディー公国のウィリアムはイングランドに攻め入り、ハロルド王に勝利して王となった。その後300年間、イングランドは、支配者である宮廷貴族はフランス語、庶民は英語を使う2言語国家になった。

そのような社会情勢の中、イングランドを統治するために政治、法律、軍隊、宗教に関するフランス語が大量に英語に入ってきた。食に関する語彙では、dinner（正餐）、feast（祝宴、ごちそう）、salad（サラダ）、appetite（食欲）、魚介類のsole（舌平目）、oyster（カキ）、salmon（サーモン）、フルーツのgrape（ブドウ）、lemon（レモン）、orange（オレンジ）、デザートのtart（タルト）、jelly（ゼリー）、confection（砂糖菓子）。また、料理法ではroast（直火であぶる）、broil（網焼きする）、stew（とろ火で煮る）、fry（揚げる）、mince（肉を挽く）がフランス語から入ってきた。調味料のherb（ハーブ）、mustard（マスタード）、cinnamon（シナモン）、nutmeg（ナツメグ）などもフランス語由来である。このような語彙を見れば、宮廷の食卓がいかに華やいだ雰囲気であったかが想像できるであろう。

19世紀の作家ウォルター・スコット（1771〜1832）は歴史小説『アイヴァンホー』の中で、道化師のウォンバに次のように語らせている。「スワイン（豚）は立派なサクソン語じゃ。……生きてサクソン人の奴隷の世話になっているあいだは、サクソンの名前でとおりまする。それが城の広間に召しだされ、お偉いさまのごちそうのお仲間になるだんになると、それ、ノルマン人になってポークという名前になりまする。（菊池武一訳）」動物は生きている間はswine・pig（豚）、ox（雄牛）、sheep（羊）、calf（子牛）、deer（鹿）のように本来の英語で呼ばれるが、食肉として宮廷に出されるときにはbeef（牛肉）、mutton（羊肉）、veal（子牛の肉）、pork（豚肉）、venison（鹿肉）のようなフランス語になるという、当時の支配者と被支配者の社会的地位の差をあらわす象徴的な記述である。ちなみに、loaf、bread（パン）、ale（エール）、milk（牛乳）、food（食物）、meal（食事）は本来の英語で、日本語で言えば漢語に対して大和言葉にあたる。中世の食事は1日2食が普通とされていたから、時間に関係なく最初の食事がbreakfastだった。現代のイギリス料理にたとえるなら、bread、cheeseとvegetables（野菜）からなるパブのランチ・メニューのploughman's lunch（プラウマンズ・ランチ）が中世庶民の食事に近かったかもしれない。

イギリスはフランスに支配されたにもかかわらず、庶民は英語を使い続けた。13世紀にジョン王がノルマンディーの土地を失ったことや、フランスとの百年戦争が長引くにつれ、フランスとの関係は次第に希薄になり、1362年には英語で議会が行われ、英語が国語として復活した。英語を学んだ人はすぐに気がつくように、英語はstart—commence（始める）、buy—purchase（買う）、room—chamber（部屋）、smell—scent（におい）のように英語本来の語彙とフランスから入ってきた借入語が共存し、文体や場面に応じて使い分けられ、言葉を豊かにしてきた。どちらかといえば、本来語は日常語、フランス起源の語はフォーマルで、chamber（部屋）、scent（心地よい香り）のようにおしゃれな場面で使われる語彙もある。日本語でもファッション関連のプレタポルテ、オートクチュールはフランス語を使うことで高級なイメージを醸し出している。英語は中世以降も外来語を取り入れるのに柔軟な言語であった。階級差と中世の時代背景を象徴していたswine、pigとpork、oxとbeefの使い分けも時代を下るにつれて、英語の本来語とフランス起源の語彙がうまく共存して、pork、beefなどは食卓を豊かに演出するおしゃれな言葉として定着し、本来の食肉を表す語彙と区別されるようになったと言えよう。

4

近世の食卓

★豊かさを増す飽食の時代★

ヘンリー八世の台所

ばら戦争が終わり、国内がテューダー王朝によって統一されるとイングランドは、やっと平和を取り戻した。宗教改革やスペインの無敵艦隊の襲来など大きな事件はあったものの、イギリスは世界に向かって着々と勢力を拡大していった。

宗教改革によってローマから独立すると断食の習慣は消え、比較的自由に食生活を楽しむことができるようになった。上流階級の食卓では、牛肉の料理が目立って増えるようになった。その例は、ハンプトン・コートのヘンリー八世の台所に行けば見ることができる。そこでは料理長が3人いて、それぞれ国王、王妃、廷臣を担当した。彼らのもとには常時200人の、仕事を割り振られた召使いが働き、1200人分の食事を作っていた。当時は食事が召使いの給与の一部であったので、たらふく食べるのは召使いの特権であった。食べるばかりか、飲むことも大目に見られていたようで、1554年に訪れたスペイン人が、「ここには途方もないほどのビールが貯蔵されており、彼らはバリャドリード河が溢れるほど飲んだ」とあきれている。ヘンリー八世も皿洗いの召使いに、「裸やだらしない格好で歩き回ったり、昼夜を問わず台所や暖炉の傍に寝たりしてはいけない」との通達を出した。台所や暖炉の近くは温かく、ビールを飲んでご機嫌な召使いが眠りこけている様子が見て取れる。

台所に用意された食材は、牛肉、豚肉、子羊肉、羊肉、子牛肉、鹿肉、さらに鳥肉には孔雀、白鳥、鵞鳥などが付け加えられた。魚料理も豊富で、サケ、マス、ウナギ、カワマス、カニ、エビ、カキ、ムール貝などがふんだんに使われた。

鹿1頭を丸焼き

貴族の饗宴には牛1頭が振舞われることも珍しくはなかった。ある時、狩りで大きな鹿を仕留めた4人の騎士が、それを丸焼きにして、一晩で食べつくしたという逸話が残っている。もちろん食べながら、浴びるほどビールを飲んだことは言うまでもない。鹿1頭を丸焼きにできたかという疑問もあろうが、ちょっと大きな屋敷には暖炉の前に絶妙な装置があって、豚や鹿の丸焼きなどは簡単に料理できた。もっとも、丸焼きにはとてつもなく時間がかかり、こげないように回しながら焼くのは重労働であった。ところが、これは人間ではなく犬の仕事であった。つまり、巨大な鉄串の先には歯車があり、その歯車は犬が回すターンスピット（turnspit）という車輪に連結されていた。ターンスピットはハツカネズミの回り車を大きくしたような車輪で、犬はこの目的のために品種改良されたターンスピット・ドッグ（turnspit dog）であった。この犬は、胴体が長く、足の短い、持久力に優れた犬で、通常、2匹が一組になり、交代で回り車に入れられた。

この犬は産業革命で、スモーク・ジャックと呼ばれる煙突の煙によって回転する焼き肉装置が開発

回り車を回すターンスピット・ドッグ（中央上部）

されるまで飼育されていた。

庶民の食事は、豊かになったとはいえ、依然として素朴なものであった。主食はパンであったが、これは上流階級のように白パンではなく、ふすまの多いブラウン・ブレッド、ないしライ麦パンであった。これにバターやチーズ、卵、ポテッジを添えて食べた。ポテッジはオート麦に野菜や肉を入れて煮込んだものである。肉は上流階級の赤肉、つまり牛肉、豚肉などではなく、白肉、つまり鶏、穴兎、野兎、鳩、それにブラックバードなどであった。野菜も種類が増え、カブ、パースニップ、レタス、キュウリ、キャベツ、タマネギ、ニラ、ホウレンソウ、ハツカダイコン、ニンジンなどが食べられた。ニンジンはこの時代になると黄色や赤いものが登場するが、まだ珍しかった。改良はオランダが先進国で、ある時、オランダ大使がエリザベス一世に赤いニンジンと緑の葉でリースを作り、その真ん中にダイヤを添えて献上した。女王はまずダイヤに大喜びしたが、その夜出されたニンジンのおいしさにもっと感激したという。

肉食禁止令の狙い

肉食禁止の習慣は、宗教改革後も続いたが、エドワード六世の時代に反カトリック色が強まると、完全に骨抜きになった。しかし、1563年ウィリアム・セシルは議会に法案を出して、肉食禁止を再び厳格化した。その理由は次の如くである。地中海諸国との交易は衰退し、アイスランドやバルト海への航海には支障が出ている。外国人に魚やワインを商わせると海軍が衰退する。唯一効果的な方法は魚の消費を増やし、漁船や漁民を増やして、多くの水夫を育成することである。そのためには、昔の習慣を復活し、金曜日と土曜日に加えて水曜日を肉食禁止日にすることである。

この法案の結果、北海から豊富なタラやニシンが入ってきたばかりでなく、荒海をものともせず操船する多くの熟達した船乗りを育成することに成功した。それから25年後、イングランド軍は、スペインの軍艦に比べればみすぼらしいほどの小型船を巧みに操り、見事にスペインの無敵艦隊を撃破したのであった。地中海では無敵だったスペイン艦隊は、北海の荒波に全く無力で、多くが難破した。

スペインに勝ったイングランドは新大陸にも積極的に打って出た。なかでも冒険家の貴族、ウォルター・ローリーはアメリカに処女王エリザベスにちなんでヴァージニアの植民地を開いた。彼は、タバコやジャガイモなどを持ち帰ったとされる。ローリーは17年間アイルランドの地主の地位にあり、領地の畑に初めてジャガイモを植えたという。これをヴァージニア・ポテトの名で女王に献上したが、料理人がどのように調理したらよいかわからず、葉や茎の方を調理したため不評であった。確かに、ジャガイモの芽には毒もあったので、イングランド国教会も「聖書に記載されていない」と錦の御旗を押し立てて、議論に水をかけて回ったので、イギリスで普及することはなかった。

ローリーはアメリカからタバコも持ち帰った。その後、ジェイムズ・タウンのタバコは黒人奴隷を使ったプランテーションで大量に栽培され、本国イギリスはじめ各国に輸出された。当時タバコは薬草とされ、喫煙は万病に効くと信じられていた。17世紀中にイギリスでは女性や子供にいたるまでタバコを吸うようになったが、それは薬とみなされていたからで、タバコを吸っていればペストにかからないなどの迷信は18世紀になっても信じられていた。禁煙運動真っ盛りの今日的な視点から捉えると、ローリーの仕事は功罪半ばするが、イギリス財政を潤したという点では大変な功労者であった。

タバコの紹介に多大な貢献をしたローリーであったが、煙をふかしている主人を見た召使いが、体に火がついていると思い込んでバケツの水を浴びせたという有名な逸話がある。何事によらず、新しいものに水をかけたがるのはイギリス人に限らない。

（石原孝哉）

5

激動の17世紀の食卓

★質素倹約への反動★

移り変わる食習慣

エリザベス一世が後継者不在のまま死亡すると、スコットランドからジェイムズ一世が乗り込み、ステュアート王朝が始まる。しかし、次のチャールズ一世の時代に清教徒革命が起きて、共和制となる。王政が復活して2代目のジェイムズ二世が名誉革命で追われると、オランダからオレンジ公ウィリアムを迎え、メアリー二世との共同統治時代を経てアン女王時代に入った。

さて二人の王が追われるという激動の時代の食卓を眺めてみよう。まず、清教徒が政権を握った共和制時代は、質素倹約が奨励され、飲酒や贅沢な食事にも厳しい監視の目が及んだ。この清教徒の克己的な食習慣が、まずいイギリス料理のそもそもの原因であると指摘する人もいる。この時代は地主であるジェントルマンから、貿易によって富を得た商人たちがジェントルマンを気取るようになった。彼らは、経済力はあるものの、本当のジェントルマンではなかったために、上流気取りのいわゆるスノビズムに染まっていた。そして、自分たちは農民とは違って決してがつがつと暴飲暴食はしないのだという気概を持っていた。このような中流階級の意識も食文化に抑制的に働

サミュエル・ピープス（1633 ― 1703）

いたのは否めない。一方、社交上の接待などには、精いっぱい奮発して、食べきれないほどの料理を用意して、上流階級に近づこうとした。ここに、日ごろは質素な食事に甘んじるが、もてなしには大盤振る舞いもいとわないというその後のイギリス食文化の原型ができた。

　クロムウェルが死ぬと社会全体の箍《たが》が外れたような状態になった。綱紀が乱れ、精鋭を誇った軍隊も給料遅配で不満が鬱積していた。サミュエル・ピープスの日記は、共和制末期からチャールズ二世の時代を克明に示した日記文学であるが、暗号日記という性質上、プライバシーを気にせずに（自身の秘め事まで含んで）赤裸々な事実が描かれており、当時の社会を知る貴重な資料である。食に関しても几帳面なピープスらしく詳細な記録がある。1660年の日記を見ると、朝食を取るのは稀で、時にはワインかビールだけで済ませることも多いので、中流階級では朝食がまだ一般化していなかったことがわかる。当時、彼はまだ下級の役人であったが、肉料理を中心にそこそこなものを食べていた。日記に残っているのは外食がほとんどであるが、そのうちのいくつかを拾ってみると、牛肉キャベツ添え、豚肉のロール、鹿肉のパイ、ステーキ、兎料理、七面鳥のパイ、魚料理、タラの頭などが出てくる。一度に2種類ぐらいを食べるのだが、これとは別にほぼ毎日パブ、ないしコーヒーハウスに通っている。ワインを1パイント（568ml）飲むことが多く、時には2パイントのこともある。

日頃は倹約、もてなしには大盤振る舞い

以上は外食だが、家庭でホーム・パーティーを開くこともあった。ある時招待客が多く、彼の主人で親戚筋に当たるエドワード・モンタギューの屋敷を借りて、昼食会を開いたときの料理の記録が残っている。このような接待には、しまり屋のピープスも金に糸目をつけず、妻も労力を惜しまなかった。その一覧を見てみよう。骨髄料理、羊股肉、子羊の腰肉、鴨料理、若鳥3羽、ヒバリ2ダースを一皿に盛ったもの、大きなタルト、牛タン、アンチョビ一皿、クルマエビ一皿、チーズ。アンチョビとクルマエビ以外はほとんど肉料理であることが注目されるが、ヒバリ2ダースには驚かされる。雀の串焼きは日本にもあるが、群れになっている雀と違ってヒバリなどどのようにして24羽も捕まえたのだろうかと、そちらのほうが気になって仕方がない。調べてみると、ヴィクトリア朝まではヒバリはハンターの絶好の標的として人気があったらしい。また、農民は夜麦畑に捕鳥用のカスミ網を仕掛けて大量にヒバリを捕らえていた。このようなヒバリがピープスの食卓を飾っていたのである。ちなみに、現在ヒバリは減少が著しく、農民は春小麦から、ヒバリが巣作りしやすい冬小麦に転作して、保護育成に努めている。

ピープスの日記から、まず気が付くのは、ほぼ毎日のように外食し、酒を飲んでいることである。飲酒は軍隊やピューリタンの間では慎まれていたものの、市民、少なくともピープスのような中流階

級には禁酒の影響が見えない。また、断食はカトリック的であるとして共和制時代に廃止されたはずだが、店の習慣として残っていたことが見て取れる。例えば、わずかに出てくる魚料理についての言及は水曜日と金曜日に限られている。また、3月7日（アッシュ・ウェンズデイ）の日記には友人の3人が「キング通りの「エンジェル」でカキを食べていた。四旬節の手始めに、魚料理を食べていたのだ」との記述が見える。ただ、水曜日、金曜日であっても肉料理も注文すれば食べることができた。11月9日の金曜日に、魚嫌いの友人は次々に出される魚料理に辟易し、散々からかわれたところでやっと彼が注文した牛タンが出てきたとの逸話が載っている。

1660年5月に王政が回復すると、共和制時代の質素倹約の反動で人々はこぞっておいしいものを追い求めた。チャールズ二世は長い間フランスに亡命していたために、上流階級の間ではフランス風のマナーとスタイルが流行の先端となった。とりわけフランス料理は人気で、貴族は先を争ってフランス人コックを雇い、その余裕のない人々は、召使いにフランス風のやり方を学ばせた。フランス化がさらに進んだのは、ルイ一四世が宗教的な寛容を許していたナントの勅令を廃止したために、およそ5万人のユグノーがイングランドに逃れてきたからである。彼らの影響で、外食産業のフランス化は加速度的に進んだ。「テーブルにはクロスがかけられ、きれいなグラスが並び、すべてフランス風に事が運んだ。食事は、まずポタージュ、それから二皿のピジョン・ア・ラ・エシターヴ、一皿のブフ・ア・ラ・モード。どれも濃厚な味付けで、大変気に入った」（1667年5月12日）。これは彼の知り合いで、鬘《かずら》職人のムシュー・ロビンズが経営する「フレンチ・ハウス」で会食したときのピープスの記録である。

様々な外国の食材

食材で目につくのは伝統的なイギリスの素材に加えて、多くの外国起源の食材が日常の食卓に上がっていることである。例えば茶であるが、当初は万病に効く東洋の秘薬といった扱いでほとんど知られていなかった。普及したのは、ポルトガル出身のチャールズ二世妃キャサリンが中国茶と、当時貴重品であった砂糖を大量に持参し、貴重なお茶と貴重な砂糖を惜しげもなく浪費することで自らの裕福さを誇示したからであった。これに貴族たちが一斉に倣って一挙に上流階級に広まった。茶は東インド会社が運び、砂糖もジャマイカのプランテーションが軌道に乗って、安定的に手に入るようになっていた。砂糖と紅茶については、食材の部で改めて詳しく扱うことにする。

この時代になってジャガイモもやっと食品として見直されるようになった。１６６３年、ロイヤル・アカデミーがその栄養価の高さに着目して、晴れて日の目を見たわけであるが、偏見が根強くて一般にはなかなか普及せず、市場で普通に見られるようになるまでさらに一世紀を要する。カボチャもアメリカ原産だが、フランスを経てイギリスにも紹介され、シェイクスピアには『ウィンザーの陽気な女房たち』に、ポンピオンと言及されている。それから半世紀が過ぎたチャールズ二世の時代にはパンプキンとして人気ある食材になっていた。１６７５年に発行された料理本には、パンプキン・パイの調理法が載っているから、パイが人気だったと思われる。ちなみに、ハロウィーンのジャック・オ・ランタンはアイルランドではカブで作られていたが、アメリカにわたってカボチャで代用され、それが近年になってイギリスに逆輸入されたものである。

（石原孝哉）

6

富と権力の18世紀の食卓

★農業改革でロースト・ビーフが国民食に★

おごそかな沈黙が支配するイギリスの食卓

名誉革命から、断続的な対仏戦争、スペイン継承戦争、トーリー、ホイッグの党派抗争の混乱時代を経たイギリスは、ハノーヴァー時代を迎えてやっと政治的な安定を取り戻す。この時代は食文化の面においても変貌の時代であった。

王政復古の時代のイギリスは、チャールズ二世の影響もあって、食生活にもフランス風が流行したが、18世紀になるとフランスとの関係も「第2次百年戦争」といわれる対立の時代になった。すると、料理やマナーにおいてもフランス流は敬遠され、イギリスらしさが強調されるようになった。フランスやイタリア風に陽気に会話を楽しむのではなく、口数は少なく、静かに料理を口に運ぶのが紳士的であるとされた。ナイフやフォークを皿にぶつけるなどもってのほかで、おごそかな沈黙がイギリスの食卓を支配していた。このイギリス的克己主義もイギリス料理をまずくしたと言われている。

この時代の食を語る際に避けて通れない人物として、第二代タウンゼンド子爵チャールズ・タウンゼンドがいる。彼は、アイルランド総督、枢密院議長、ウォルポール内閣の第一大蔵卿などを歴任した有力者であるが、ここで紹介したいのは政治家としての輝かしい過去ではなく、義兄ウォルポールとの対立から、ふてくされて田舎に隠遁した後の地道な生活である。

故郷のウェスト・ノーフォークのレイナム・ホールに帰ったタウンゼンドは、農業について様々な実験を始めた。彼が最初に気が付いたのは作物の連作障害であった。それまでイギリスが100年間続けてきた三圃制《さんぽせい》では、原則として春小麦、冬小麦、牧草地（休耕地）の輪作で連作障害を逃れていたが、冬には家畜の餌がなくなるために秋に家畜を屠殺しなければならなかった。タウンゼンドは農地を4つに分け、そこに、小麦、クローバー、大麦、カブ（ターニップ）を輪作したのである。ここでポイントとなるのがクローバーとカブである。クローバーは栄養豊富なマメ科の牧草であるが、空中の窒素を取り込んで農地を肥沃化させる。大きなカブは家畜の冬越しの飼料となる。このために家畜を通年にわたって飼育し続けることが可能となった。

第二代タウンゼンド子爵（1674 ― 1738）

これによって、冬の間肉といえば塩漬けか燻製に決まっていた習慣が変わり、金さえ出せばいつでも生肉が手に入るようになった。また、一年中排泄される家畜の糞が土壌回復を一層早めたことは言うまでもない。ノーフォーク農法と呼ばれたこの方式は、各地に広まり「イギリス農業改革」と呼ばれた。やがてカブとともにジャガイモを植えることにより、イギリスの穀物と家畜の生産量は激増した。このような穀物生産の拡大はイギリスをして、「ヨーロッパの穀倉」と言わしめるほどになった。カブとジャガイモの生産拡大により、家畜も増えたために、食肉の供給も増え、急増する人口を十分養うことができた。上流階級では牛肉の消費が目立って拡大し、庶民でも多くの人が白パンを食べられるようになった。

タウンゼンドは、農業改革においてこのような華々しい成果を上げたが、その勲章は「ターニップ・タウンゼンド」というありがたくないニックネームだけであった。ちなみに「ターニップ・イーター」といえば「野暮な田舎者」の意味で、ディケンズの時代には「まぬけ」の意味であった。

ノーフォーク農法は、最初オランダで生まれ、タウンゼンドの手でイギリスに広まったものである。なお、穀物が大増産されたイギリスでは穀物価格が下がり、安い穀物はポルトガルやオランダなどに輸出された。その見返りにポルトガルからは大量のワインが輸入されて、上中流階級を酔わせた。オランダに輸出された穀物はジンに加工されて、イギリスに逆流し、下層階級を酔わせるという農業改革の副作用をもたらした。

イギリス人の主食はロースト・ビーフ?

農業革命のお陰で、飢饉から脱出したイギリスは、穀物を大量に輸出できるほどの農業大国になった。この時代の特徴は、上流階級ばかりでなく、中流階級の間で肉食、とりわけ牛肉の消費が増えたことである。中流階級とは地主ではないが、弁護士、医者、聖職者、軍人、官僚などの職業に就いた地主の二・三男たちや、貿易や海外のプランテーションで儲けた商人たちで、新ジェントルマン階層ともいえる人々である。「友情の感覚とは、ロースト・ビーフがいっぱい盛り付けられているときのような感覚である」という迷言?を吐いたジョンソン博士もこの階層に属していた。『ジョンソン伝』を書いたジェイムズ・ボズウェルの日記には、二人が何度もロースト・ビーフをたらふく食べたことが記されている。イギリス人がいかに牛肉を食べていたかはヨーロッパにもすっかり知れ渡り、イギリス人はパンもろくに食わず、スープも前菜もなく、食事の初めも終わりも肉を食べるといった風評が駆け巡った。ことにフランス人の間では、ロスビフ(Rosbifs)が軽蔑的にイギリス人を指す隠語となった。

ロスビフは、一般的にロースト・ビーフを指す料理用語であると同時に、イギリス人を見下すときに使う侮蔑語である。この言葉は18世紀からフランス人の間で使われているが、今でも健在である。筆者も、フランスで"Rosbeefs go home"の落書きが見つかり、それがあろうことかドイツ軍からフランスを守るために犠牲になったイギリス兵の共同墓地であったために問題になったのを覚えている。これは2003年のイラク戦争中の話だが、この時はフランス人ならRosbifsと書き、絶対Rosbeefsとは書かないから、フランス人の仕業ではなく、移民してきたイギリス嫌いの外国人の仕業だということになって落ち着いたと記憶している。それはさておき、ロースト・ビーフがイギリス人を指す隠語になるほど彼らが牛肉を食べていたことがわかっていただけたであろう。

肉以外のイギリス風料理の典型にプディングがある。プディングは多種多様で、雑多な肉詰めから菓子の類にまで及ぶ。ヨークシャー・プディングは焼くプディングでロースト・ビーフに欠かせない。ブラック・プディングはどちらかといえばソーセージに近い。ほかに、スエット・プディング、キドニー・プディング、ハギスなどもある。茹でるプディングはこの時代になると、豚の胃袋の代わりにキャラコで作ったプディング・クロスが使われるようになり、家庭でも手軽に作れるようになった。一方、プラム・プディングはイギリスのクリスマスケーキでデザートである。ほかに、ライス・プディング、カスタード・プディング、それに各種のフルーツ・プディングなどもデザートである。この幅広さと、イギリス人の口になじんでいることから、「イギリス人にはプディングさえ与えておけば事足りる」との風評さえ生まれた。

（石原孝哉）

7

産業革命時代の食卓

★食事に見る上・中・庶民のステイタス★

貧しかった労働者の食卓

産業革命が進行すると、機械化によって手工業の職人は職を失い、農業革命による大規模農場の出現と、その副作用ともいうべき第二次囲い込みによって農村を離れた人々は、都市に出て賃金労働者として生きてゆかねばならなかった。それまでイギリスの人口の4分の3が農村に住んでいたが、産業革命によってこれが逆転し、4分の3が都市に住むようになった。農村生活は自給自足であったが、都市では賃金を得て、それですべてを賄わねばならなくなった。

彼らの生活は、牛肉をたらふく食べる上・中流階級とは違って厳しいものであった。農村から徒弟として送り込まれてきた労働者の中には多くの子どももいた。少年労働者の実体は『路地裏の大英帝国』に詳しいが、そこから食に関する部分を紹介したい。

サミュエル・オールドノウは人道主義を唱える工場経営者で、児童労働者を大事にしていた。彼は、日曜日に徒弟を教会に行かせ、食事も上等なものを与えていた。まず、朝食はポリッジとベーコンであったが、夕食には必ず肉が付いたほか、プディングかパイも添えられ、豚を屠殺したときは肉のたっぷり入ったミートパイもあった。

しかし、これは例外的で、なかには想像を絶する食事に甘んじなければならない子供たちもいた。ロバート・ブリンコウは、孤児から身を起こして綿工場主となった立志伝中の人物であるが、彼の徒弟時代の食事が回想録に載っている。それによれば、日曜の食事でも、変色して半ば腐ったアイルランド産ベーコンとカブを煮込んだものに、オート麦のビスケットを浸して食べた。次のリットンの工場はもっとひどく、空腹にたまりかねた徒弟たちは豚に与えられるミート・ボールを横取りした。ところが、毎回横取りをされると豚も利口になって、少年たちが近づくとブーブーと一斉に鳴きたて、それを聞いた番人が鞭をもってすっ飛んでくる。こうして思いがけない「ごちそう」の元はなくなった。最後は、ゴミ場あさりと野草の話である。彼は、ゴミ箱からジャガイモなど、野菜の皮やくずを拾い集めてこっそりと食べた。時々、ライス・プディングにはウジ虫がわいていた。そのようなとき、少年たちは森へ行って「パンとチーズ」を手に入れた。それはクローバーなどの野草と野イチゴの実のことであった。

これは極端な例であるが、庶民の普通の食事は、褐色パン、ジャガイモ、紅茶、ビール、それにたまに出るベーコンと豚の内臓が一般的であった。このような切り詰めた中で、なぜ栄養のない紅茶や、ビールに出費したかという素朴な疑問がわいてくる。当時は、カロリーとか栄養という概念はなく、庶民は上流階級の象徴として、白いふかふかのパンと、紅茶にたっぷりと砂糖を入れる習慣をまねたのである。もちろん砂糖も紅茶も高価であったが、そこまでは庶民でも手の届く贅沢とみなされていた。ビールも同様で、庶民はワインに手は出なかったが、ビールを飲むことによってジンしか飲めない人々に優越感を感じていたのである。

中流家庭の食事作りはサーバントの仕事

産業革命の時代、工場経営者、貿易や植民地で成功した者たちが幅広い中流階級ブルジョワジーを形成し、彼らの食生活は庶民に比べ格段に豊かであった。宿敵フランスがナポレオンとともに倒れると、イギリスは世界の覇権を握った。フランス人のシェフを雇うことができない中流階級の家庭では、多くの家事使用人、サーバントをおいていた。産業革命によって新たに中流階級の仲間入りをした人々にとって、サーバントをおくことはある種のステイタス・シンボルで、これによって中流階級でも比較的に上流であることを示そうとしていた。サーバントは17世紀までは家族の一員として扱われたが、18世紀には使用人として、食事も主人の食べた残り物を与えられるようになっていた。もちろん、屋敷によってサーバントの扱いは様々であったが、多くは農村出身の女性を家事使用人としていた。彼女たちの仕事は掃除、洗濯など家事全般に及んだが、もっとも重要だったのが食事作りであった。あるロンドンの事務員の家庭の夕食の例が、ルース・グッドマンの『ヴィクトリア朝英国人の日常生活』で紹介されている。夕方主人が帰るとディナーが始まるが、この日はトライプすなわち、牛などの反芻動物の胃袋とタマネギを煮込んだシチューがメイン・ディッシュであった。これに大きなパンを浸して食べるのである。この日のごちそうはローリー・ポーリー・プディングであった。これはスエット（獣脂）に小麦粉を混ぜて生地を作り、ジャムを芯にしてロール状に巻き、キャラコに包んで茹で上げるプディングで、これがデザートであった。中流階級でも収入が上がると食事は贅沢になる。例えば、ある法廷弁護士の家庭では、マリガトーニスープ（カレースープの一種）、牛バラ肉のロースト、ヨークシャー・プディング、ペポカボチャとジャガイモ、それにデザートのダムソン（プラムの一種）・プディングである。

料理をサーバント任せにしてしまったので、イギリス料理はまずくなってしまったと川北稔氏は分析している。キッチナー博士の『コックへの助言』はこのようなサーバントを対象にした料理の指南書であるが、そこからは当時の中流家庭の実情が読み取れる。サーバントは、経費の節約を心がけながら、香りの強い野菜や、刺激の強い香辛料を避けて無難な食事を作らねばならなかった。料理は、ディナーのかなり前から準備されたために、肝心な時にはすっかり冷めているのだが、それを沈黙は金とばかりに極力会話を慎んで黙々と食べなければならなかった。このような紋切り型の食習慣が、イギリスのまずい料理の一因であるというのである。

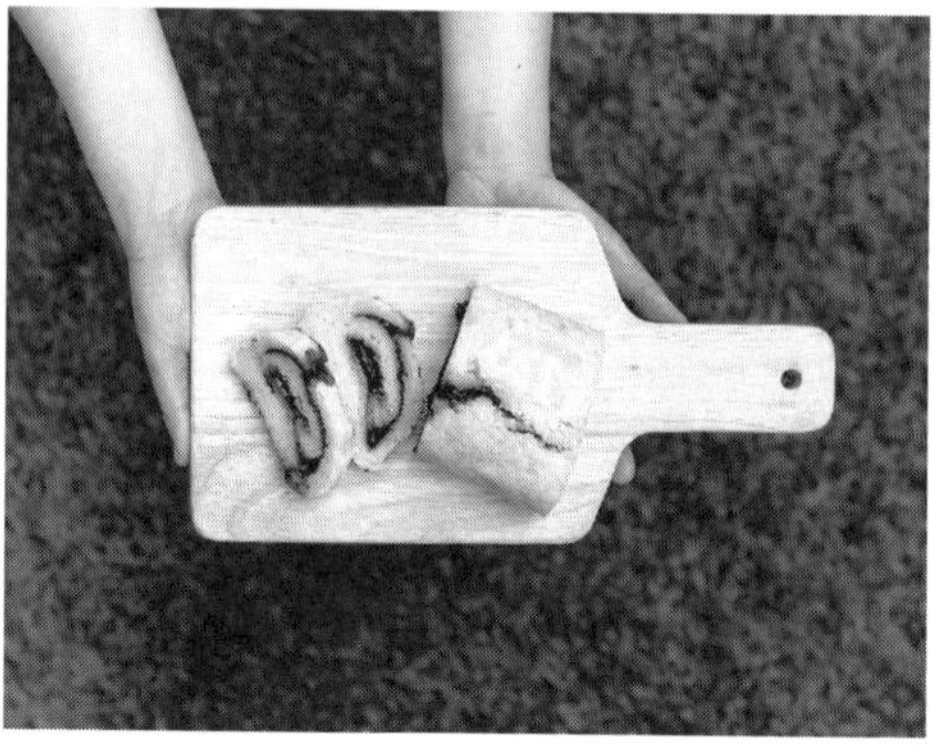
ローリー・ポーリー・プディング

美食を堪能する上流階級

上流階級は、それまで敬遠されていたフランス料理を楽しみ、フランス人のシェフを雇って美食を堪能していた。彼らには、庶民は名前さえ知らないマカロニやバーミセリも珍しくはなかった。バーミセリはイタリアではヴェルミチェリと呼ばれるスパゲッティの一種で、当時のイギリスでは極細の麺がバーミセリとして、イタリア料理の絶品とされた。ピラウ（ピラフ）やカレー、マンゴーの酢漬けなどインド料理も食卓の定番料理であった。それ以前は貴族の館でも稀であったオランジェリーと呼ばれる温室には、オレンジばかりでなく世界の珍しい植物が実をつけ、氷室にアイスクリームを保存している屋敷すらあった。

上流階級にとって、ステイタス・シンボルともいえる料理はウミガメのスープであった。この料理は18世紀の半ばから、イギリスの富裕階級の食卓に登場し、約150年間にわたって最高の料理とされた。1761年から1825年までは、ロンドン市長就任披露宴の定番スープ料理であった。ロード・メイヤーズ・ショーとして知られるこの行事は、華やかな馬車行列で知られ、今日でも世界中から観光客を集めている。ウミガメの中で最大のアオウミガメは、「子牛とロブスターの味を合わせたようなおいしさ」といわれ、最上のものは海水の入った水槽に入れて、生きたままで西インド諸島、イギリス領アセンション島からイギリスまで運ばれた。ウミガメ・スープは西インド諸島で、ウミガメが絶滅の危機に瀕するまで「英国スープ料理の最高級品の座」を占めていた。

（石原孝哉）

8

ヴィクトリア時代の食卓

★帝国の隆盛と料理法の発展★

世界各地の食材を確保

この時期のイギリスは、世界各地に向かって拡大政策をとり、パクス・ブリタニカと呼ばれる大英帝国の最盛期を迎えた。「世界の工場」と呼ばれ、産業革命による卓抜した経済力と軍事力を背景に、自由貿易や植民地化を情勢に応じて使い分け、覇権国家として栄えた。

議会では地主、ジェントルマン階層が強く、穀物に高い関税をかけていたが、この頃になると安価な穀物の供給による労働者賃金の引き下げを企図した産業資本家を中心とする反穀物法同盟などの反対運動の結果、1846年には穀物法が撤廃され自由貿易体制が確立した。これによって、人々は安いパンを手に入れることができた。

その他の輸入食材も安くなったが、砂糖や紅茶はフランスなど諸外国に比べて割高であった。それは、紅茶族、砂糖族と呼んでいいかどうかわからないが、それぞれ東インド会社、西インド諸島のプランテーション経営者をバックにした議員族が暗躍していたからである。今や庶民の生活にも欠かせない紅茶や砂糖の関税が下がれば、工場労働者の生活が向上すると考えた産業資本家たちは次の目標を砂糖に絞った。しかし、砂糖関税による「甘い汁」を手放すまいと関税維持派は一歩も引かなかった。

この時期のイギリスは、生産者保護か消費者保護かの転換期であった。産業資本家たちは工場労働者の生活向上のためという大義名分を後ろ盾に、プランテーション経営者などを追い詰め、砂糖関税が30%に引き下げられた。ちなみに、砂糖税が完全に廃止されたのは、1874年のことで、改革派の宰相ウィリアム・グラッドストンが大英断を下した。この背景には、19世紀半ばの奴隷貿易廃止によって、西インド諸島のプランテーション経営者が急速に力を失ったことがある。

ほぼ同じころ、東インド会社の貿易独占が廃止されて、茶も容易に手に入るようになった。かくして砂糖入り紅茶は庶民の間まで急速に普及することになる。砂糖をたっぷり入れた紅茶、パン、ポリッジという食事はやがて、庶民の朝食の定番となった。17世紀に砂糖入り紅茶は上流階級の象徴であったが、19世紀になるとこれが庶民の象徴となっていったのである。

19世紀の後半に入ると、輸入品は、砂糖、紅茶、小麦（パン）などにとどまらず、イギリス人の主食ともいえる食肉にも広がった。オーストラリアから牛肉が輸入されたのである。当初はあまり評判がよくなかったが、1879年にはオーストラリアの技師、ジェイムズ・ハリソンが初の商業的製氷機を作って、イギリスに牛肉と羊肉を40トン輸送することに成功した。これを皮切りにニュージーランドからも冷蔵肉が輸入され、肉輸入はさらに増加した。輸入によって牛肉価格が下がったこともあり、イギリス人のビーフ熱は一層高まり、1週間に1人3キロの肉を食べていたという。

ヴィクトリア朝には、年末には雄牛を屠って家族みんなで食べるというのが、裕福な家庭のクリスマスで、食べきれない牛肉は塩漬けにされた。当時の料理本を見ると、塩漬けの肉をどのように調理するかのレシピがたくさん載っている。一般家庭ではまだ、冷蔵庫はなく、塩漬けが主流であった。ちなみに、クリスマスに七面鳥を食べるのはアメリカの習慣であったが、1851年にヴィクトリア女王が初めてクリスマスに七面鳥を食べてから、一般にも受け入れられるようになっていった。ここからクリスマスには牛肉という習慣が、七面鳥へと変わっていくのだが、その歩みは決して迅速とは言えなかった。早くも1861年の『ミセス・ビートンの家政書』にも中流階級のクリスマス料理として七面鳥が登場し、レシピとともに正しい切り分け方まで詳細に記載されているにもかかわらず、一般家庭で食卓に上がるのは第二次世界大戦後のことである。

鮮魚が市場に

帆船によるトロール漁法は古くからあったが、この時期には外輪型の蒸気船からプロペラ型の蒸気船による底引き漁へと漁業が進化した。蒸気プロペラ船によるトロール漁法によって、漁獲高も急速に増加した。1881年にビーム式のトロール網を装備した蒸気トローラー、ゾディアック号が建造された。ビーム式には平坦な海底にしか使えない欠点があったが、それから10年余りが過ぎた1892年、スコットランドで複雑な海底地形に対応できるオッター・トロール網が開発された。この漁法は3年後にはイギリスの北海漁船団の標準装備となり、今日のトロール船の原型となっている。オッター・トロールによる漁獲量は帆船時代の6倍に達し、1890年代には早くも漁業資源の減少が懸念されるほどであった。当然ながら魚の値段は急落し、いわゆる大漁貧乏という現象が生じた。漁民

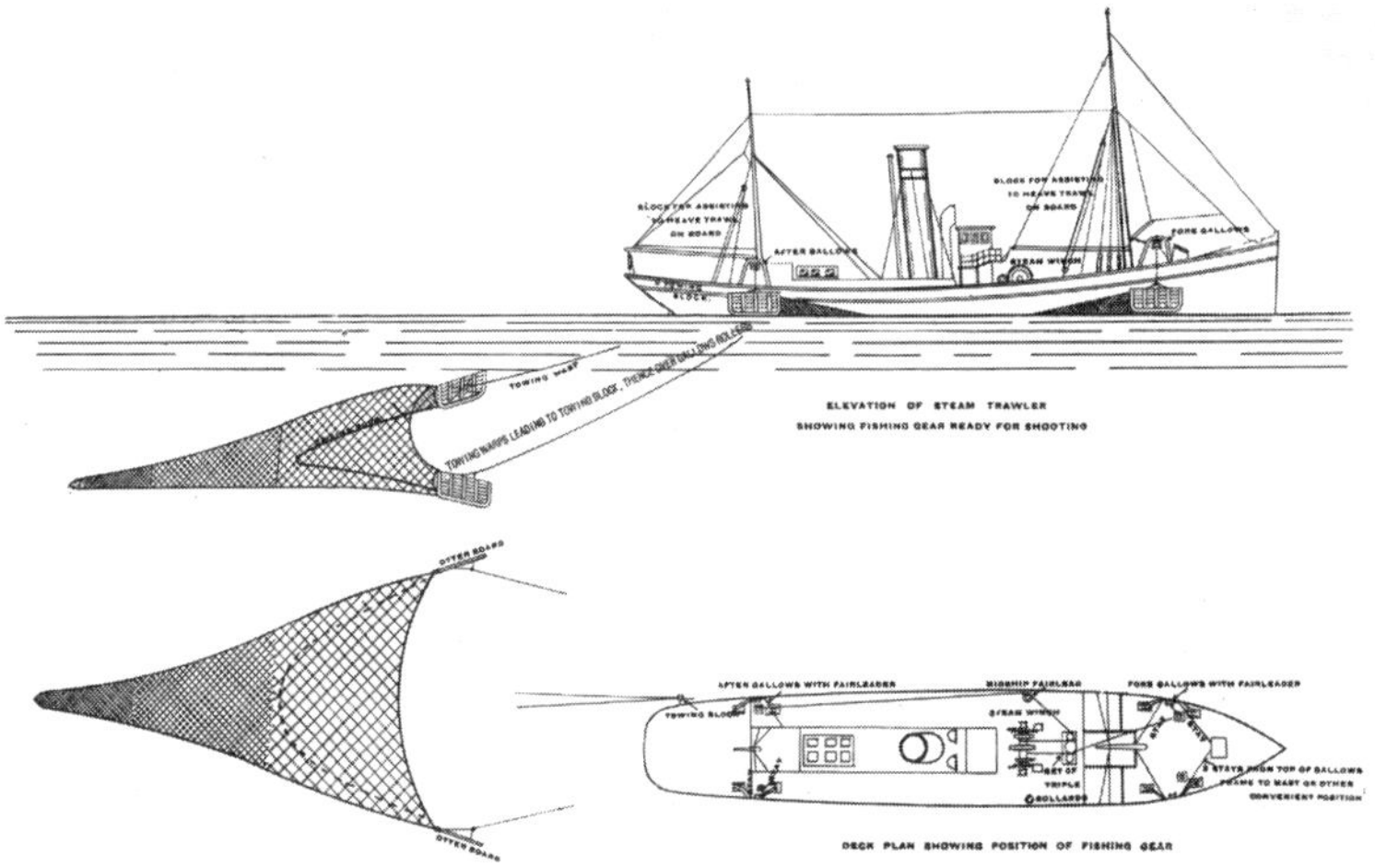

DIAGRAM SHOWING THE WORKING OF THE OTTER TRAWL.
By permission of the Great Grimsby Coal, Salt, and Tanning Co. Ltd.

オッター・トロール船

や市場は困惑したが、消費者にとっては朗報で、安い魚はこの時期には既に普及していた鉄道網によって、新鮮なままで都市に運ばれ、市場に並べられた。それまでの魚といえば塩漬け、酢漬けの時代から、海から離れた都会の市場で鮮魚が手に入るようになったのである。ちなみに、鉄道はしぼりたてのミルクといった、それまで都会では高価であった品物も安価に供給した。

広がる階級間格差

この時代になると、階級による食べ物の差はさらに広がり、旧来の支配階級ばかりでなく事業で成功して資本家になった富裕層、産業革命によって生まれた新たな中流階級、そしてその日暮らしの労働者たちの3階級に分かれた。富裕層はフランス人のシェフを雇って世界各国から取り寄せた珍味に舌鼓をうっていた。産業革命によって生まれた新たな中流階級は肉でも香料でも自由に調達し、豊かな食生活を享受していた。

問題は労働者であった。農業革命の結果、イングランドの南部と北部では食事内容が違っていた。ヴィクトリア朝前半期には、南部で紅茶、ビール、小麦パンを食べているときに、北部では大麦入りのパンやジャガイモを食べていた。ジャガイモは中流家庭などではアイルランド人の食べ物、ないし家畜の餌として避ける傾向があったのである。ところが、ジャガイモは良質な澱粉のほか、ビタミンCなどを含み、栄養的には北部のほうが優れていたと思われる。中期になると、南部ではパンを中心とする食事は相変わらずだったものの、週に一度はベーコンを食べ、プディングを作ることもあった。ビールはアルコール依存症を起こすからと、なるべくやめるように説得されていた。北部では綿織物工場が不況を迎え、職人たちはベーコンを手に入れる余裕がなく、ポリッジとジャガイモが主体になっていった。ヴィクトリア朝末期になると、南部では胚芽を除去して真っ白になったパンにジャムをつけ、紅茶、プディングのほか、週に1、2回は羊の肉が出た。変わったのはこれにジャガイモが加わったことである。栄養学の普及とともに、やっとこの優良食物が見直されたのである。北部では、かつて定番であったポリッジに代わって、パンとジャムが食卓に上がった。パン屋で買ったパンに代わって、ベーキングパウダーを使えば自家製パンを作ることもできた。バターに代わって安いマーガリンが手に入ることで、いろいろなビスケットもできるようになった。ジャガイモはかつては塩ゆでが主流であったが、様々に調理された。ジャガイモを油で揚げたものと、魚のフライを、ホット・パイ・ショップで買ってきて食卓に並べることもあった。

ヴィクトリア時代は、紆余曲折はあったが、総じて食生活が著しく向上した時代であった。

（石原孝哉）

コラム3

茶とアヘン戦争

安藤　聡

茶葉を自国で栽培できないイギリスは、ある時期まで中国（当時は清）からの輸入に全面的に依存していた。中国からは茶葉のほかに絹や陶磁器も輸入していた上に、イギリスからは特に輸出品もなく、やがて貿易不均衡、すなわち銀の流出が問題化した。そこでイギリスは、インドのベンガル地方で栽培し専売権を掌握していたアヘンを中国に売ることを考えた。これはイギリスから綿織物をインドに、インドからアヘンを中国に輸出し、中国からイギリスに茶葉を輸入するという三角貿易である。これによって18世紀後半から19世紀初頭にかけてアヘンの流通量は約40倍に急増したという。中国ではアヘン中毒が蔓延し、人々の健康が著しく蝕まれ、1820年代になると逆に中国からの銀の流出が問題になり、保有量の減少によって銀の価格が急騰した（当時中国は銀本位制を採用していた）。この頃のイギリスは茶葉を手に入れるためなら手段を選ばなかったのである。

清の第八代皇帝・道光帝はアヘンの輸入を禁止し、1838年に林則徐を欽差大臣に任命して、アヘン密輸の取り締まりのため広東に派遣した。こうしてイギリス人商人が所有するアヘンはすべて没収され、アヘンを持ち込んだ者や没収に応じなかった者は死刑に処され、賄賂を受け取って密輸を黙認した官吏も処分された。当時、貿易監督官として広州に駐在していたイギリス人外交官チャールズ・エリオットはアヘン貿易禁止の撤回を要求したが、中国側は応じなかった。1839年にイギリス政府は広州への遠征軍派遣を僅差で議決し、同年秋に本格的な武力攻撃を開始し、ほどなく広州を陥落させて北上し天津に進攻した。林則徐は引責辞任に追い込まれ、琦善が後任となった。中国側も当初は強硬姿勢を貫いていたが、琦善は本質的に平和主義者であり、またイギリス海軍は武力で敵う相手ではなかった。こうして天津も陥落し、1841年に香港割譲、賠償金、広東開港などを定めた川鼻条約の草案（穿鼻草約）が書かれたが、両国ともにその内容に不満があったため締結には至っていない。1841年春にイギリス軍は乍浦、呉淞を経て揚子江に進攻し、7月に鎮江を陥落させ、8月に南京条約が締結された。これは香港割譲と賠償金に加えて広州、厦門、福州、寧波、上海の開港、貿易自由化、イギリス側の領事裁判権、最恵国待遇、中国側の関税自主権喪失などを定めた川鼻仮条約に輪をかけた不平等条約である。香港は1997年に返還されるまでイギリス領であった。

だが皮肉なことに、アヘン戦争の頃を境にイギリスの茶葉輸入における中国への依存度は相対的に低下している。茶樹は中国でしか育たないと長年思われていたが、1823年にスコットランド人商人ブルース兄弟がインド北東部アッサム地方で野生の茶樹を「発見」し、1830年代から中国産の茶樹と合わせてアッサムで栽培に乗り出した。1841年にはスコットランド人医師アーチボルド・キャンベルがインド北東部のダージリンで茶の栽培を始め、1850年にスコットランド人植物学者ロバート・フォーチュンが茶の苗木を中国からこの地に持ち込んだことでダージリンにおける茶栽培が本格化した。1867年にはセイロン（現在のスリランカ）で、コーヒー栽培に失敗したスコットランド人ジェイムズ・テイラーがアッサムから苗木を取り寄せて栽培を開始した。1890年になると茶商人として名高いスコットランド人トーマス・リプトンがセイロン南東部のウバで茶の栽培を始めた。ほかにもセイロン中部のディンブラやヌワラエリア、インド南部のニルギリ、20世紀初頭から栽培が始まったアフリカ東部のケニアなど、中国以外にも茶の名産地は多数ある。

9

世界大戦中の食卓

★栄養重視でまずいイギリス料理が定着★

食生活の改善

20世紀は科学の時代といわれるが、それは主として後半の50年間で、前半期はまだ手探りの状態であった。例えば、ビタミンの働きというような食の基本的な知識もやっと20世紀前半になって得られたものである。もちろん、イギリス海軍では壊血病の予防にレモンがいいとか、日本の海軍では脚気の予防に麦飯がいいとかいう知識はあったが、物質として抽出したのは鈴木梅太郎が初めてで、彼は1910年、米ぬかからオリザニンを発見した。だがこの論文は日本語で書かれていたために、世界で認識されなかった。1911年、カジミール・フンクは米ぬかから有効成分を抽出し、翌年それをビタミンと名付けた。これがビタミンB1である。以後続々と、ビタミンが発見され、同時に食物と健康についての研究が進められた。

イギリスで、食と健康について本格的な研究が始められたのは、ボーア戦争でイギリス軍兵士の体格が劣っていることが問題視されてからである。ボーア戦争は南アフリカの利権を巡って、イギリスとオランダ系のボーア人が戦った戦争である。この戦いは、短期間で決着がつくはずであったが、世界最強のはずのイギリス軍は大苦戦を強いられた。イギリス軍兵士の赤い制服が狙撃兵の格好の標的になったのが戦術面の誤算であった。また、イギリス兵の体格の貧弱さ、すなわち身長の低さも、食生活の面から改めて考察された。大規模な社会調査が実施され、その結果多くの貧困層が十分な食事を取っていないことが明らかになった。例えば、ヨークの労働者のある1週間の例を見ると、朝食はパン、バター、ベーコンに紅茶、ないしコーヒーで、ベーコンは日によって出ないことがある。ディナーである昼食は朝食の食材に加えて、日によって、トースト、豚肉、ベーコンが加えられた。夕食は土日はあるがウィークデイにはない。ただし、ハイ・ティーと呼ばれるお茶の時間があり、バターつきパン、日によってケーキやゆで卵が出た。日曜日は特別で、朝食にはショートケーキ、ディナーには豚肉、タマネギ、ジャガイモ、ヨークシャー・プディングが出されている。一見してわかるように、明らかに野菜不足で、たんぱく質もバランスを欠いている。

1906年から、多くの学校が給食を始めた。これは、ミッド・デイ・ディナーと呼ばれる重く、満腹感ある食事で、例えば、豆のスープ、パン、甘いプディング、トード・イン・ザ・ホール、ジャガイモ、羊のシチュー、スエット・プディングなどであった。これは有効な施策であったが、子供たちの中には給食が唯一の食事という貧困層も依然として存在していた。この頃注目されていたのがたんぱく源としての牛乳であった。ミルクの普及を助けたのが低温殺菌法で、瓶詰のミルクが家庭配達で手軽に飲まれるようになった。第一次世界大戦が始まると、ミルクの配達員が兵隊にとられ、主に貧しい人たちにミルクが行き渡らなくなった。また世界恐慌による経済的な困窮も深刻になったので、政府は学校給食制度を発足させて、小学生にミルクを無償で提供した。

戦争を機に、兵士の体格が改めて精査されたが、その結果は惨憺たるものであった。1917年徴兵検査を受けた250万人のうち40パーセントが、兵士の基準を満たしていなかったのである。

自給自足と配給制度

戦争の規模が拡大し、ドイツ軍のユー・ボートによる商船攻撃が激化すると、食料供給を海外に頼っていたイギリスは食料危機に直面した。七つの海を支配し、世界中から安い食材を手に入れていたイギリスであったが、自給自足を余儀なくされ、ついに1917年から配給制度を開始した。最初、砂糖から始まった配給は、肉、ベーコン、バター、ハム、マーガリンなどに拡大していった。牛肉の配給は、それまで自由に食べていた上・中流階級の食生活を一変させたものの、庶民が食を求めて行列する光景は見られなくなった。

軍需工場では社員食堂を開設して、労働者の食事を確保した。これはある程度ましな食事をしていた人々には辛かったが、それまで貧弱な食事に耐えてきた困窮者にはありがたい制度であった。缶詰の技術は19世紀初頭にフランスで開発され、イギリスにも紹介されたが、缶詰が携帯食として軍隊で使われると、急激に普及することになった。政府は「勝利のために耕せ」(Dig for Victory) の大号令のもと、各家庭に菜園作りを命じた。裏庭、空き地、公園などあらゆる空地に野菜が植えられた。皮肉なことに、これによってイギリス人に最も欠乏しているとされた新鮮野菜が豊富に供給されることになった。

国を挙げての食料、栄養への関心の高まりによって、国民の体力は改善された。戦争による戦死者がいるので、念のために女性に限って死亡率を見ると、5歳以下の幼児と、30歳から60歳の成人の死亡率が特に低下した。これは戦時下にも栄養水準が低下しなかったことを示している。注目すべきは、上・中流階級と労働者階級で死亡率の格差がみられないことである。これは戦争によって社会の平準化が進んだことを示すものである。(ウィンター『大戦とイギリス国民』より)

第二次世界大戦までの20年間で12歳児の身長が7・5センチ、体重で約5キロも増加したという事実もこの裏付けとなろう。

第二次世界大戦はさらなる忍従を国民に強いた。ドイツ軍のユー・ボートによる攻撃に対する対策は進んでいたとはいえ、外国からの食料調達は十分ではなかった。しかし、第一次世界大戦のときに活躍した配給制度や、「勝利のために耕せ」運動など、様々な知恵が生きた。「女子農兵隊」(Women's Land Army)も原型は第一次世界大戦にできたが、この時期には拡充されて1944年には8万人の女性が農園労働に駆り出された。「国内の食料戦線はマジノ線と同じくらい重要なのだ」との掛け声で、国内の耕地面積は1・5倍に拡大し、食料自給率は第一次世界大戦前に比べて2倍になっていた。

「賢い食生活はヒトラーに打ち勝つ」のスローガンのもとに、バランスよい食事を取るキャンペーンが繰り広げられた。ラジオの人気番組や映画も利用された。

イギリス人は長らく「根菜などは家畜の餌である」という先入観をもっていた。これを打破するために政府が行ったのが有名な「根菜キャンペーン」で、「ポテト・ピート」(Potato Pete)や「ニンジン博士」(Doctor Carrot)を登場させて、子供を含めて全国民が健康な食事を取るよう訴えた。ニンジンはイギリスにいくらでもあるうえに、保存がきき、ビタミンAやカリウムが豊富な健康野菜である。β

根菜キャンペーンの人気者ポテト・ピート

子どもたちの人気者ニンジン博士

カロテンは、視力の回復に効果があり、鳥目の予防になると、様々なレシピ付きで売り込んだ。ジャガイモは良質な澱粉を含んでいる上に、根菜には珍しく多量のビタミンCを含んでいる。海軍では以前から壊血病予防のためにレモンやオレンジを食べていたが、ジャガイモのビタミンCはこれに劣らないばかりか、熱を加えても効果は変わらないと大宣伝を繰り広げた。

缶詰、瓶詰は第一次世界大戦中に兵士の食料として活用されたが、第二次世界大戦では、食糧省が音頭を取って瓶詰作りを奨励した。瓶詰は家庭で簡単に作れたからである。田舎に行けば裏庭に様々な果樹があり、その実をジャムにすれば格好の保存食になる。家庭菜園のイチゴも余ったらジャムになるし、プラムやリンゴやスロウもジャムになる。森や牧場の片隅には、ブラックベリー、ラズベリー、ワイルド・ブルーベリーなどが手に入る。人々は配給の砂糖を保存して夏を待ったが、政府が気を利かせて夏に砂糖の配給を増やしたこともあった。社員食堂も既に成果を上げていたが、戦争が始まると政令によって従業員２５０人以上の会社には、食堂の設置が義務付けられ、それ以下の小規模事業所にも給食が推奨された。ドイツ軍の空襲が激しくなり、多くの人たちは家が破壊されて、食料もなく、食事を作るところもなくなったからである。以前から各地に「地域給食センター」があり活動していたが、これを大幅に拡充してチャーチルが「ブリティッシュ・レストラン」と改名した。その多くは、すでに調理施設を持っていた学校や教会の設備を拡幅したものであった。空爆の激しかったロンドンなどでは、キッチン・カーのような移動食堂が、避難所に食事を運んだ。価格は、１人９ペンス以下と格安で、肉料理５種類、野菜料理５種類、デザート５種類から選んで組み合わせることができるというのがうたい文句であった。ピーター・Ｊ・アトキンスによれば、１９４３年には全国２１６０の施設で、毎日60万人に食事を提供したという。この制度はうまく機能したために、戦争が終わった後も地方自治体が運営するレストランとして存続し、最後まで残ったカンブリアの店が閉店したのは１９７０年代であった。

このように第二次世界大戦中のイギリスの食料供給は、おおむね第一次世界大戦時にできた制度や組織を拡充・発展させて行われたために、概して順調であった。国家による食料統制策であったために、国民全体の栄養状態が改善されたばかりでなく、階級によって極端に違っていた食事の内容が平準化されるという副次的な効果もあった。この成功策が戦後も長くつづけられたために、イギリス人の国民性とされた克己主義を食の分野においても浸透させたばかりか、食事の栄養的な側面を強調するあまり「食事は楽しむものにあらず」といった習慣が伝統の域に達していった。世界大戦勝利という栄光の陰で、まずいイギリス料理が定着したのは皮肉としか言いようがない。

（石原孝哉）

10

現代の食卓

★変わりゆくイギリスの食文化★

長く続いた配給制度

第二次世界大戦が終了し、イギリスは戦勝国となったが、食料の配給制度は依然として続いていた。戦時中に国民の健康を担ってきた制度を簡単に放棄できなかったからである。その象徴としてよく取り上げられるのがパンである。パンは戦争中でも自由に買える主食であったが、皮肉なことにチャーチル首相が高らかに戦勝を宣言して、国民がまだその余韻に浸っている1946年に、配給の対象になってしまったのである。レストランで食べるパンでさえポイント制であった。牛肉の配給量は減り、かつてアイルランドの貧民食と軽蔑していたジャガイモも配給の対象になった。さすがにパンの配給は2年余りで終わったが、まだ多くの食品が配給制度に頼っていた。

1952年、エリザベス二世が即位して国を挙げての祝賀行事が行われたが、国民は砂糖、バター、チーズ、マーガリン、ベーコン、肉、紅茶など主な食料を依然として配給に頼っていた。卵、小麦粉、それに食品ではないが石鹸《せっけん》が配給制度から除外されたのが1953年、ミルクが除外されたのが1956年、名前は変わったがブリティッシュ・レストランがなくなったのが１９７０年代であるから、戦後のイギリスがいかに食の分野を国家に依存していたかがわかる。

ちなみに、配給制度が終わったのは戦後9年が過ぎた１９５４年になってからである。イギリスの食料事情が戦後すぐに改良されなかったのは、アメリカの食料援助がドイツと日本に振り向けられたせいだといわれている。その日本は、朝鮮戦争以後目を見張るほどの経済発展を示し、米を除いてほとんどの物資は配給や統制の対象から外された。

混乱期が終わると、イギリスには経済状態がより厳しかったヨーロッパ諸国から人々が流入した。多かったのは旧同盟国のポーランド人、バルト海沿岸諸国からの移民であった。このほか古くから移民の歴史のあるイタリア人や、イギリス軍に動員された植民地出身者が移民してきた。西インド諸島などカリブ海系の人々は軍務が解かれた後もそのまま定住し、例えばロンドンのノッティンヒルなどにコミュニティを作った。60年代になると、イギリスの植民地や英連邦《コモンウェルス》諸国からの移民が大量に流入してきた。イギリスの植民地はほとんどが独立したが、依然として英連邦に留まっていたので、１９８３年までは自由にイギリスに移住できたのである。

既にみてきたように、イギリスの食生活は、かつては世界中から豊かな食材を集めた多彩な料理習慣が世界大戦中の自給自足体制のなかで失われ、食事の栄養的な側面を強調して味をおろそかにするようになった。その習慣は「食事は楽しむものにあらず」といった質実剛健のイギリス精神と相まって、伝統化していった。20世紀後半のイギリスの食事情を通観すれば、配給制度によって栄養は高いが味に鈍感なイギリス料理の土壌がしっかりと構築されたところに——皮肉な言い方をすれば「料理の空白地帯」となっていたところに——世界各地から移民が外国料理を持ち込んできたのである。

人気化する外国料理

20世紀後半から現代にかけての食文化史は、移民の歴史と密接に関連している。最初に料理の分野で活動した外国人はイタリア人であった。戦争中に禁足を強いられた彼らは、戦後すぐに移民を再開し、マンチェスターやロンドンなどイタリア人が多く住む地域に店を出した。彼らが営むイタリア料理の店は1960年代にはかなりの数に達していた。次いでキプロス紛争でイギリスに移住したトルコ系のキプロス人はケバブの店を開き、続いてギリシャ系キプロス人がタベルナの店を開いた。これらの外国料理は瞬く間にロンドンの人気店になった。

これらの地中海料理が抵抗なく受け入れられた背景には、料理作家エリザベス・デイヴィッドの影響を無視できない。彼女はパリで芸術を学び、女優となったが既婚の男性と道ならぬ恋に落ち、駆け落ちするという自由奔放な女性であった。イタリア、ギリシャを経てエジプトに逃れ、そこで駆け落ちした男性とは別の男性と結婚し、夫の赴任先であるインドに行くがほどなく離婚するという波乱万丈の生活を経験した。1946年に帰国した時、まだ配給制度の真っ只中にあったイギリスでは、栄養価こそ高いが味を無視した料理に疑問を抱く者は誰もいなかった。ところが、フランス、イタリア、ギリシャ、エジプト、インドと世界を遍歴した彼女の味覚は、母国の単調な料理を全く受け入れなかった。雑誌に自分が好きな料理の記事を書いたことがきっかけで、1950年『地中海料理』という本として結実した。この本が好評を博したために『フランスの田舎料理』、『イタリア料理とワイン』、『イタリア料理』、『フランスの地域料理』と次々と料理本を出版した。『地中海料理』が最初出版されたころのイギリスでは、レシピにあるナス、バジル、イチジク、ニンニク、オリーブオイル、サフランなどの食材が、まだ自由に手に入らず、彼女の本が直接イギリス人の食生活を変えたわけではないが、人々の目が外国料理に向いたのは確かで、それは本の売れ行きの良さと続編が次々に出た事実が物語っている。

このような追い風があって、イタリア料理、ギリシャ料理、トルコ料理は地中海料理として地歩を固めることになった。移民が増えると、そのコミュニティでしか手に入らなかったハーブなど地中海の食材も一般市場に流通するようになり、市場はますます拡大した。

70年代になって、インド・パキスタン紛争、パキスタン・バングラデシュ紛争で祖国を捨てたインド人がイギリスに移住すると、インド料理の店が増加した。中国料理の店はロンドンを中心に、戦後間もなくからあったが、80年代から90年代にかけて、香港返還が政治的なアジェンダとなり、多くの香港系中国人が移住して、中国料理のテイクアウェイの店を開いた。

どのような外国料理がいつ頃からイギリスに入ってきたかなどの具体的な話は第II部に委ねるとして、筆者自身の経験から現代イギリスの食事情の一端を紹介したい。

最初イギリスに住んだのは、1970年代だったが、形が崩れるほど煮込んだほとんど味のない野菜が今でも脳裏から離れない。ポンドが750円あたりから急落したとはいえ日本から見ると何もかも物価が高く思われ、食事は専らユニバーシティ・センターの大食堂で済ませた。肉料理はまだしも、くたくたに煮込んだスプラウトはどうにも喉を通らなかった。唯一の救いは、日本から来た中世英文学の研究者の一人が料理の名人で、時折巻き寿司をご馳走してくれたことであった。俗語の勉強と称してパブにはよく行ったが、当時はパブリック・バーとサルーン・バーが厳然と区別され、壁一つで繋がっていたが、女性はパブリック・バーには入れず、こちらには女性トイレがなかった。パブは専ら飲むところで、食べ物はほとんど置いていなかった。

時々イギリス人家庭のディナーに招待されたが、どこでもロースト・ビーフとヨークシャー・プディングが定番であった。プディングが甘くないことや、数えきれないほど種類が多いこともこの時初めて知った。コレッジのフォーマル・ディナーはビーフステーキが多く、これはおいしかった。コレッジは一度所属するとメンバーシップを残しておいてくれるので、帰国後も折に触れて滞在した。ある時、BSEすなわち狂牛病が蔓延した後だったが、フォーマル・ディナーに出席すると、メニューは相変わらずビーフステーキであった。さすがにこの時は別料理も注文できたが、周りを見ると全員が粛々とビーフを口に運んでいた。イギリス人のビーフに対する執念すら感じた瞬間であった。

90年代のことだが、家族旅行でスコットランドを回った時に、小さな村に泊まったら、そんな僻村にも中国料理のテイクアウェイの店があって驚いた。香港の中国返還が確定して以降、共産党支配を懸念する香港系中国人が続々と移住してきたというのがパブで仕入れた情報であった。この頃になると、食事を出すパブが飛躍的に増加した。それ以前もプラウマンズ・ランチのような加熱調理しない軽食はあったが、フィッシュ・アンド・チップス、ジャケット・ポテト、シェパーズ・パイ、バンガーズ・アンド・マッシュといった伝統料理が食べられるようになった。もちろんパブリック・バーとサルーン・バーの区別はなくなり、女性が子供を連れてパブで食事を楽しむ姿も見られた。若い人はイギリス伝統のビールのビターを敬遠し、ラガーやワインを好んだ。

インド料理の店も増え、ちょっとした町には何軒ものインディアン・レストランがあった。ある時、妻の誕生日をインド料理の店で祝ったが、まるでショーみたいなサービスが続いて驚いたことがある。

シティ・センターから少し遠い借家の近くにはトルコ料理のケバブ・キッチンカーが巡回していた。

21世紀初頭、大学から研究休暇を得て再び長期滞在する機会に恵まれた。この頃はパブが料理を出すのが当たり前になり、ガストロ・パブではレストラン顔負けのおいしい料理が食べられるようになった。テレビでは料理番組が人気を博し、本屋にはレシピ本が並んだ。イギリス人の「食への目覚め」が急速に進んだ時代であった。健康食品、低カロリー食品といった分野が脚光を浴び、誰もがダイエットという言葉を意識して食事するようになった。

マークス&スペンサー、ウェイトローズ、テスコといった大手スーパーマーケットで、新鮮なサラダパックが売られるようになり、フルーツサラダも当たり前になった。日本料理は、脂肪分が少なく、カロリーが低いということで脚光を浴び、一躍健康食品の仲間入りをした。イギリス人の中にはワールド・カップで東京に行き、そこでＷａｓｈｏｋｕに目覚めたと言って、いつも寿司を食べている人もいた。日本食の店で、店員に日本語で話しかけたが、スタッフには日本語のわかる人が一人もいなかったなどの話が話題になったのもこの頃のことである。庶民的なスーパーマーケットの旗手セインズベリーズが寿司パックを並べたことも日本食の普及を後押しした。

ロンドン・オリンピックの頃には、タイ料理、メキシコ料理などがエスニック料理として人気を集めていた。ロンドンはさながらエスニック料理天国で、探せば世界中の料理を食べることができると実感した。最近はイギリスから足が遠のいているが、保守主義とブレイクスルー的革新を同時並行で、巧みにやってのけるイギリス人のこと、食文化にも驚くべき変化が起きているに違いない。

（石原孝哉）

II

外国料理天国イギリス

11

スコットランド料理

★気候風土が生み出す独自の食文化★

多彩なジビエ料理と疑似肉料理ハギス

スコットランド料理、ウェールズ料理、それに北アイルランド料理などは、外国料理ではなく、一般にはイギリスの伝統料理として紹介されるが、後で具体的に取り上げるイギリス料理はイングランド料理が主体なので、この章では地域的特徴を中心に紹介したい。

スコットランドは、ローマ帝国がブリタニアと呼ばれたイングランド、ウェールズを支配していた時代にも、好戦的なピクト人が支配していたために属領とはならなかったが、ハドリアヌスの長城など、防壁の北部は食文化とは無縁の未開の土地とされた。スコットランドは民族が入り乱れて離合集散を繰り返しながら中世に至るが、以後の歴史はイングランドとの長い抗争の歴史といってよい。古い時代の料理は、庶民に関しては明らかな記録が見当たらず、わずかに封建領主の館の記録があるのみである。

山岳地域の多いスコットランドには野生動物も多く、鹿、猪などが多彩なジビエ料理を提供した。中世以来、鹿や猪は領主の館や裕福な家庭の晩餐会のメイン・ディッシュとして人気があった。このほか豚や羊の家畜、鶏などの家禽の肉が食卓に供された。しかしながら、庶民にとって肉は贅沢品であった。庶民も肉を食べたがそれは家畜が死んだ時であった。スコットランド、とりわけハイランドなど農地の少ないところでは家畜は肉を取るためではなく、羊は羊毛、牛は使役と牛乳とその加工品であるチーズやバターを得るために飼育された。当然ながら肉はめったに口にすることがなく、庶民は、ハギスのように羊の胃袋に内臓や野菜などを詰め込んだ「擬似肉料理」に甘んじねばならなかった。もともとハギスは、内臓やくず肉など下等な肉を、最も安価な入れ物である家畜の胃袋に入れて運んだのが起源の携行食であった。もっとも、ハギスは見た目よりはるかにおいしいと（個人的には）思うが、わが意を得たりと顔をほころばすのはたいていスコットランド人で、イングランド人の多くはこの話に乗ってこない。味覚は個人差があり、ご自身で食べていただくよりほかに判定のしようがない。

フランス料理起源の伝統料理から大麦のポリッジ、ウィスキーまで

スコットランドの料理が大きく変わったのはメアリー一世の時代であった。長くフランスで暮らしたメアリー女王が、１５６１年に帰国したときフランス人の料理人を含む多数の家来を同伴し、彼らの影響が上流階級に及んだからであった。彼らの伝統は今日でもいくつかの食材や料理にその名残がみられる。例えば、長ネギを表すサイボウ（sybole）やシナモンを表すキャネル（cannel）などの食材や、いくつかのスコットランドの伝統料理に残っている。鹿や羊のスライス肉を使って作るスコッチ・コロップス（Scotch collops）、子羊の足を丸焼きにしたジゴット・オヴ・ラム（Gigot of lamb）、ゆでた鶏肉

に落し卵とホウレンソウをあしらったハウタウディー（Hawtowdie）などはこの時代が起源の伝統料理である。

ステュアート王朝による同君連合から連合王国の時代になると、食文化は外国の食材とその調理法に左右されるようになり、食文化史においては、スコットランドはイングランドとほぼ同じ道をたどることになる。しかしながら、イングランドとは異なる面も多いので、いくつか特徴的な部分を紹介する。

スコットランドはイングランドより北に位置するために、穀物も寒さに強いものが主体である。イングランドでは大麦、小麦が主要穀物であるが、スコットランドでは大麦とライ麦、オート麦がこれに代わる。イングランドでは小麦から白いパンを作り、スコットランドではライ麦、オート麦から黒パン（褐色パン）を作る。大麦はカルデロンという大釜で煮込まれてスコットランドの伝統食ポリッジになった。

スコットランドとイングランドで明確に嗜好が異なるのは酒である。同じように大麦を原料としながら、イングランドではビール、特にビター・ビールが国民酒と位置付けられるのに対して、スコットランドではウィスキーが国民酒とされる。最初は修道院で薬用として作られたというウィスキーは、やがて醸造技術が民間に流出し、スコットランドの気候風土とよく調和して、目覚ましい発展を遂げた。スコットランドに多い泥炭地は農業には不向きだが、泥炭を燃焼させて麦芽を乾燥させると独特の煙のような香り《スモーキー・フレーバー》が生まれて、ほかにまねのできないスコッチ・ウィスキーとなった。19世紀にアイルランド出身のイーニアス・コフィーによる連続蒸留設備の発明で大量生産が可能になると、貴重な輸出品となった。糖化、発酵、蒸留、熟成まで、そのすべてがスコットランドで行われたウィスキーのみがScotch whiskyと呼ばれ、外国産のwhiskeyと同じ綴りで書かれることを拒絶している。

個性豊かなスコットランド料理を味わう

大麦を使った典型的なスコットランド料理に「スコッチ・ブロス」（Scotch broth）がある。これは具材のたっぷり入ったコンソメスープで、大麦を精白したパール・バーリーに、肉（マトンが多い）、ニンジン、タマネギ、セロリ、カブ、リーキなどの地元野菜を加えてじっくり煮込んだスコットランド版おふくろの味である。味付けは塩・コショウのさっぱりしたものが多いようであるが、ブイヨンやベーコンを加えるなど家庭によってレシピは異なるという。

複雑で長い海岸線を持つスコットランドは海産物にも恵まれ、ローマ・カトリックが断食の習慣を厳守させた中世以降は数々の魚料理が食卓を飾った。この伝統は今日まで続き、漁業はスコットランドの重要な産業であり、とりわけスコッティッシュ・サーモンのおいしさは国際的な評価を得ている。長い冬を越さなければならないスコットランドでは魚を燻製にすることも古くから行われ、ニシンを燻製にしたキッパーはその代表であるが、その他の魚の燻製も多い。

「カレン・スキンク」（Cullen Skink）はスコッチ・ブロスと双璧をなすスコットランドのスープ料理であるが、肉ではなく燻製のタラを使ったスープである。タラはハドックと呼ばれる種類で、日本ではモンツキダラとかコダラと呼ばれるが、スケソウダラより大きく、体長は1メートルを超す大きなタラである。ハドックはフィッシュ・アンド・チップスの原料としても有名である。かつて「レッド・ヘリング」というニシンの燻製は、獲物を追跡中の猟犬がそのにおいを嗅ぐと道を間違えるというくらい強烈なにおいが特徴であったが、カレン・スキンクは牛乳と月桂樹の葉で程よい香りに仕上がっている。一般的にはバターでタマネギをしっかりと炒め、ジャガイモとハドックを加えて牛乳で煮たクリーミーなスープである。名前のカレンはマレー・カレンという漁師町の名前からとったもので、スキンクは牛の脛が語源で、牛脛スープが原型だったことがわかる。

カレン・スキンク

スコットランドのビスケットも世界中に知られた銘品である。代表格は、スコーンとショートブレッドである。レシピなど詳細は後述するので、ここではショートブレッドの由来について簡単に触れておこう。一説には、メアリー女王が「ペチコート・ブレッド」という円形を放射線状に切り分けたフランスのビスケットが大好きで、ここからショートブレッドが生まれたとされる。この説とは別に、スコットランドには残りのパン生地をオーブンで乾燥させて「ビスケットパン」を作るという中世のレシピがあり、このビスケットの酵母をバターに置き換えてショートブレッドが生まれたとする説もある。起源はともかく、ショートブレッドは、昔はとても高価なもので、結婚式、クリスマス、新年などの特別な日に出されるものだった。今ではおなじみの長方形のもののほか、円錐形の「ペチコート・テール型」から棒状の「フィンガー型」まで、様々な形のものが売られている。かつてはスコットランド土産の定番であったが、ロンドンのお土産店や空港の免税店、また日本でも買うことのできる人気商品になっている。

（石原孝哉）

コラム4

ハギス

滝　珠子

イギリスを旅行してソーセージを食べない方はまずいないであろう。

B&Bでのイングリッシュ・ブレックファストには、親指ほど太いこんがり焼いたソーセージが付きものである。それによく炒めた玉葱のグレイビーをとろりとかけるとなかなかおいしい。実用的な理由でイングリッシュ・ブレックファスト専門のパブさえある。飽きないのかなーと思うけど、朝昼夜を問わず結構流行《はや》っている。

近所に住む一人暮らしの老紳士が夕刻ソーセージを選んでいらしたので、「えっ！　お夕食にもソーセージを召し上がるのですか？」と尋ねたところ、“Why not?”と笑われたことがあった。

豚肉以外にも、羊、鹿、鶏、鴨の詰めたものもあり、180度のオーブンで30～45分焼く。それに熱々のグレイビーをかける。

ハギス

肉屋の店頭には、カンバーランド、リンカンシャー、グロスターなどのソーセージが綺麗に並べられているが、筆者は隣町のニューマーケットの細く長いのが好みである。多分に身贔屓《みびいき》かもしれない。

「ニューマーケットのは馬肉でつくってあるんだよ」とからかう人もある。この街は競馬の故郷《ホーム・オヴ・レイシング》と呼ばれ、街全体が馬によって生活しているのを、イギリス流のジョークで皮肉っているのである。

スコットランドのソーセージに有名なハギスがある。ハギスといえば、先ず思い浮かぶ名前にスコットランド一の詩人ロバート・バーンズがある。

日本人なら誰でも知っている「蛍の光」の作詞家である。

バーンズの「旧友を忘れるなかれ《オールド・ラング・サイン》」の歌は、英国内で大晦日の夜零時に必ず歌われる。隣の方と両手を交差して結び、それを上下に振り一年間を偲んで歌う。従ってバーンズは、バーンズ・ナイトと共に、今も年2回、現代人の前にお目見えするのである。1月25日は、1759年バーンズが生まれた日で、その生誕を祝うバーンズ・ナイトの催しで各地が賑わう。

ディナー・パーティーは「バーンズ・サパー」と呼ばれ、伝統の儀式で始まる。

ウィスキーの乾杯、バグパイプ、タータンチェックのスカート（男性）とスカーフ（女性）、くるくる廻るスコティッシュ・ダンス、ハギス・ディナーの香り、そして「ハギスに捧ぐ」(Address to a Haggis) 彼の詩が朗々と流れる。

汝　誠実なり
たおやかなおもて持ちし
プディングのたぐいを極めしもの

それら星なる者達のさらに上に輝きし
胃の腑、臓の腑、腸の腑を持て
汝　華やかき栄華に値しこと
限りなし

「琥珀色のビーズにまごうそなたの精髄」、とバーンズの歌うハギスは、セイボリー・プディングで、羊の心臓、肝臓等を含む挽肉に、玉葱、オートミール、赤カブに、塩、スパイス、ストックを混ぜ、胃袋に詰めたものである。

一見、小さな茶褐色のハリネズミに似ていて、冗談好きなスコティッシュは「実はこれはハイランドに隠れ住む可愛い小動物ですよ」と言って異国人を驚かせる。

料理法は、まずオーブンを160度に設定する。温度を確かめてからオーブンの中段、中央に耐熱容器を置く。それに2〜3センチの水を張り、パック入りのハギスを封を切らずに入れ、時々位置を変えて75分焼く。10分間休ませてから袋から取り出し、身をほぐして皿に盛り、グレイビーをかけていただく。

胡椒とマスタードの効いたグレイビーをたっぷりかけたハギスはおいしい。イングランド料理に比べ濃厚で、かすかに血の匂いがする。寒いスコットランドではしっかりした味が合うのだろう。

バーンズの素朴な思い、ペイソス、ジョークと北国の灰色の空を偲びながら味わいたいものだ。

ちなみに、親しい友人数人にハギス夕食にご招待したいのですが……と申し入れたところ、全員にやんわり断られた。イングリッシュとスコティッシュは別人種みたいである。

12

ウェールズ料理

★ラム・リーキ・レイヴァーが生み出すウェールズの味★

カルデロンとベイクストーンのオンリー・トゥー

ウェールズ料理を遡るとケルトの時代まで遡及するが、この時代の資料はほとんど残っていない。当時のウェールズでは定まった首都がなく、王は廷臣を引き連れて各地を行幸し、滞在先で食料の献上を求めた。それが10世紀ごろの『ハウエル善王の法典』に収録され、おぼろげながらその姿が浮かび上がってくる。献上品には、パン、肉、後にウェールズを象徴する野菜となったリーキのほか、キャベツその他の野菜、それから忘れてならないのはビールが入っていることである。すべてはビールがないと始まらないのは今も昔も同じである。牛乳のほかバターやチーズの乳製品は極めて重要な食材であり、牛の数がそのまま経済力を示していた。肉は、狩猟によって得られる獣肉が相当な割合を占め、王の家来の中には狩人が常に随行していた。狩猟は一定の決まりの中で行われ、狩猟期間なども制限されていたことがわかる。

11世紀にイングランドはノルマン人の支配下に入るが、ウェールズ人は山岳地帯に籠ってノルマン人を撃退し、独立を守った。しかし料理は素朴で、原則として、煮るか、焼くかの

2種類しかなかった。煮る料理はカルデロンでじっくりと煮込まれ、食材を追加して何日も食べ続けた。焼く物は直火で焼いたほか、「ベイクストーン」と呼ばれるスレートの石板の上で焼いた。このベイクストーン料理は現在でも人気ある料理だが、今では形こそ同じ楕円形だが、金属製の調理板の上で焼かれている。ベイクストーンを使った料理の多くはクッキー類で、その種類は一冊の本になるほど多い。

カルデロン

12世紀末にヘンリー二世に仕えたウェールズのジェラルドは、ウェールズ人の生活は専ら、オート麦とバター、チーズの乳製品に依存し、ウェールズ人の台所では多彩な料理など期待できないし、食欲を満たすようなおいしい料理など何ひとつない、と切って捨てている。

13世紀末になってウェールズがイングランドの支配下に入ると、食文化史もイングランドとほぼ同じ道をたどることになった。

とはいえ、気候、地勢、歴史などの違いから、差異が生まれるのは当然なので、その特徴的な面を紹介したい。

ウエルシュ・マウンテン・シープと国民食のア・ラ・カルト

ウェールズはイングランドに比べて農地が狭く、農業は牧畜を核とした生産性の低い粗放農法であった。牧草地には山岳地も含まれ、牛の放牧ができない所では羊が、羊が放牧できない急峻な場所では山羊が放牧された。実際、ウェールズでは羊の牧場が人々の最大の労働市場であるような時代が最近まで続いていた。ウェールズの谷で、羊飼いが杖と口笛で巧みに牧羊犬を操る光景は芸術的な美しさすら感じるほど見事で、時間を忘れて見とれたことが何度もある。

20世紀末で羊の数が1100万頭というから人口の4倍近く飼育している計算になる。ウェールズでは子羊肉《ラム》が代表的食肉となった所以《ゆえん》である。食肉なら豚肉を優先すべきだと考えるのは地元の事情を無視した勝手な憶測で、かつてウェールズでは豚を屠るのは年1回、しかも1家族で1頭という習慣が長らく続いていた。その豚は塩漬けにされたり、ベーコンにされたりして長い冬の保存食となった。

ウェールズの牧羊は、羊毛が目的であったが、化学繊維の普及で羊毛の需要が減ると、羊は食肉用の種類に転換を迫られた。多くの品種の中から選ばれたのが、「ウエルシュ・マウンテン・シープ」という小型の羊であった。この羊は山岳地帯でも飼育が可能で、味は最高との評価を得ていた。しかし欠点もあり、体型は小型で肉を取るには不向きで、繁殖力も弱く年に1頭しか子を産まなかった。にもかかわらず、マウンテン・シープの肉質は抜群で、市場で高い評価を得て各地に輸出されている。

ラム・ステーキなどはレストランやホテルの看板メニューで、それぞれ独自のソースで味を競っているが、ウェールズの国民食といわれているのは「カウル」というラム・スープである。今日ではラムとリーキというウェールズを象徴する二つの食材を組み合わせた「ウェールズの食文化の代表」と目される料理だが、その起源を辿ると14世紀に遡り、手ごろな肉（ほとんどが塩漬けのベーコン）に季節の野菜を煮込んだ家庭料理であった。最初は肉で出汁を作り、野菜を入れてスープとして飲む。次の日はじっくり煮込んでシチューとして食べる。3日目以降は野菜を継ぎ足して1週間も食べることがあった。18世紀から19世紀まで、ウェールズでは食料不足が暴動に至ったことも珍しくなかった。カウルに入れる肉はますます少なく、野菜はカロリーとビタミンが豊富なジャガイモが主体となった。起源を辿れば、カルデロンで食材を継ぎ足しながら煮込んだ中世の農民料理に至る。このような農民の節約料理は、スコットランドやイングランドにもみられた。

ウェールズを代表するパンである「バラ・ブリス」も、毎週行われるパン焼きの最後に、残ったパン生地を集めて、果物を食べた後の皮を砂糖漬けにしたものや保存食のドライ・フルーツを入れて作った節約料理が起源であるといわれている。しかし、その後干しブドウや干しカラントなど高級ドライ・フルーツがたっぷりと入った贅沢料理となり、クリスマスやセント・デイヴィッドの祝日の定番料理となった。現在では、ティー・タイムには欠かせない一品となっている。

「ウエルシュ・レアビット」(Welsh rarebit)は単純なチーズ・トーストだが、その奇妙な名前ゆえに知名度が高い。昔は「ウエルシュ・ラビット」(Welsh rabbit)と呼ばれていたが、形が兎に似ているわけではない。一つの伝承として、次のような話がある。ウェールズでは地主が兎狩りを禁じていたために、兎の肉は貴重品であった。そんなウェールズ人を見て、これが兎の肉の代用品だと言ってイングランド人が軽蔑的に名付けたといわれている。これが「レアビット」に変わったのは、ウェールズを代表する料理となったために軽蔑的な雰囲気を払拭するためだといわれている。この料理の核になるのはチーズで、乳製品は食料不足に悩まされたウェールズでも昔から容易に入手できた。パンに

ケーシングのないグラモーガン・ソーセージ

チーズをのせて焼いただけの素朴な料理は、既に中世にその原型があったといわれている。ウェールズのチーズは柔らかく、焼きチーズには適さないため、わざわざチェダーのような硬くて溶けやすいチーズを使うのが高級とされている。

見た目はオムレツ——グラモーガン・ソーセージ

グラモーガン・ソーセージも実に個性的なウェールズの料理である。ソーセージは日本では腸詰と訳されるように、一般に動物の腸などの「ケーシング」と呼ばれる袋に肉を詰めて作る。グラモーガン・ソーセージはこのケーシングを使わないから、見た目はソーセージというよりはハンバーグに似ている。つなぎに卵を使って、ケチャップをかけたものはどう見てもオムレツである。もう一つの特徴は、このソーセージは肉を使わないことである。「ケーシングがなくて、肉もないのにソーセージと言えるのか？」というのが筆者の本音である。このグラモーガン・ソーセージの中身は、ウェールズ特産のケアフィリ・チーズとリーキである。ゆえにベジタリアン・ソーセージとして最近では特に女性に大人気とか。

もう一つユニークな食品を紹介する。ウェールズを旅すると朝食によく出てくるのが「レイヴァーブレッド」である。これはブレッドとはいいながらパンではなく海藻である。

一般的にイギリス人は海藻を食べない。そもそも海藻《シーウィード》などは雑草《ウィード》みたいなもので、人の食べるものにあらずという先入観があるらしい。昔イギリスの友人が日本に来たとき寿司屋に連れて行ったら上機嫌であったが、海苔をseaweedと説明したとたん気味悪がられた。レイヴァーブレッドの解説でも、わざわざ「食べられる」海藻から作ると説明がある。イングランドはともかく、ウェールズやアイルランドでは海藻は食材に使われている。レイヴァー（Laver）はウェールズ海岸の岩場で採れる海藻で日本の岩海苔に極めて近い。レイヴァーブレッドは19世紀の初めに、特に炭鉱労働者の朝食としてよく食べられ、その後一般に広まったとされる。日本の海苔に比べると、時間をかけて煮るので少しドロドロしているが、日本人の口には合い、磯の香りがよく、鉄分などのミネラルも豊富でベーコンやソーセージとも相性はいい。

（石原孝哉）

13

フランス料理

――★カタツムリ、カエルの足からフォアグラ、キャビアまで★――

ノルマンの征服にさかのぼるイギリスのフランス料理

フランス料理は現代イギリスの料理のなかでも高級料理として定評があり、有名レストラン、高級ホテルの多くが著名なフランス人シェフをおいている。

イギリスにおけるフランス料理の歴史は気が遠くなるほど古い。1066年のノルマンの征服以降、支配階級はノルマン人で、フランス料理は彼らの常食だったからである。食材に関する言葉がほとんどフランス語由来なのはそのせいである。考えてみれば、中世を通じて庶民が糊口をしのぐ家庭料理は別にしても、支配階級の食事ないし料理はすべてフランス料理だったことになる。

百年戦争以降、英仏関係は悪化したが、その後もイギリスでは何度かフランス料理が流行した。そのほとんどが政治的な理由によるものである。例えば、国王チャールズ二世は長らくフランスに亡命して、フランス風が身につき、帰国後は宮廷を中心にフランス風が幅を利かせ、フランス料理が流行した。そのような折、1685年にナントの勅令が廃止されると、弾圧を恐れたプロテスタントが国外に脱出した。国外に逃れたユグノーの数は40万人、そのうち5万人がイギリスにやってきた。ユグノーの中でレストランなど飲食業についた者は少数であったとされるが、サミュエル・ピープスの日記などから見ると、この時期にフランス料理が流行し、食事作法などもフランス風が人気を博したことがわかる。

しかしながら、名誉革命でフランスに亡命したジェイムズ二世の復権を画策するジャコバイトが、フランスの支援を受けて1715年にジャコバイトの乱を起こすと、反フランス感情は全国に広まり、それとともにフランス料理も影をひそめるようになった。

フランス料理がイギリスに大きな影響を与えた事件として有名なのはフランス革命である。すなわち、革命でフランスの貴族階級が解体されて、ギルド（同業者組合）がなくなると職業の選択が自由になった。その結果、シェフばかりでなく厨房係や給仕なども自由に店を開けるようになった。注目すべきは、かつて貴族の食卓を支えていた有能なシェフの多くがイギリス、とりわけロンドンに流れ込んだことである。もちろん、国内にとどまってパリでレストランを開いたり、遠くニューヨークのレストランで働く者もいたが、身近で安全なロンドンは、彼らにとって魅力的な職場であった。

その後ナポレオンが政権を握ると、イギリスでは再び反仏感情が高まったが、この時期はフランスから社会主義者や共産主義者などがイギリスに流入した。この時代のフランスは共和制から帝政、また共和制と目まぐるしく権力が入れ替わり、そのたびにロンドンは追われたフランス人の格好の受け皿となった。多くはロンドンのレストランやホテルで働いたが、中には家庭教師やフランス語の教師としてイギリスの上流階級の家庭に入るものもいた。しかしながら、この時代に料理の主流となっていたのはイギリス式の料理で、女性の料理家などが「料理本」で教えるような伝統的なものであった。

料理人が腕を振るう専門的なフランス料理は、高級レストランや宮廷などごく一部にとどまっていた。状況が変わったのはナポレオン戦争が終わって事態が収拾された19世紀の半ばであった。この頃になるとイギリスの伝統料理の中で高級料理とみなされていた「カントリーハウスの料理」などは過去のものとして退けられ、ロンドンのフランス料理のシェフの書いた「料理本」が新しいものとして人気を博した。フランス料理は、富裕層が高級レストランで楽しんだばかりでなく、上・中流家庭ではフランス人のシェフがフランス料理をフランス式マナーで提供することが珍しいことではなくなった。こうしてフランス料理は、高級料理としてイギリス料理の一角に確たる地位を確立したのである。

世界大戦によって、海外から食材を調達することが困難になったイギリスは自給自足体制に入り、食事は味覚重視から栄養重視へと変わった。既に述べたように、戦時中は階級による食事の差がなくなり、誰もが栄養はあるが味気ないイギリス料理を受け入れていた。この時代はフランス料理の食材が手に入らなかったが、舌の肥えたフランス人移民、なかでもドゴール将軍の率いる「自由フランス軍」がロンドンに開いた臨時政府に集まった人々は、数少ないフレンチ・レストランに押しかけた。

高級珍味から家庭料理まで

戦後は、フランス料理も短期間で目まぐるしい変化を遂げたが、それは若い世代が格式ばった高級料理を避けて、値段が安く手軽に食事ができる「ビストロ」に集まったからである。このような傾向は「手軽にできるフランス料理」といった多くの本により、またテレビの料理番組の影響で家庭にまで広がっている。しかしながら、20世紀後半から21世紀のロンドンにおけるフランス料理の立ち位置は、次々とイギリスに上陸する様々なエスニック料理の前にかつての輝きを失っているのも事実である。

「カエルの足」、「カタツムリ」といえばイギリス人が、フランス人の悪食ぶりを揶揄する決まり文句であるが、トリュフ、フォアグラ、キャビアといえばフランスの宮廷料理を連想する。ここからわかるように、フランス料理は高級料理ばかりでなく家庭料理から宮廷料理まで恐ろしく幅が広い。

エスカルゴ

フォアグラはルイ一六世の大好物だったことから宮廷料理として有名になり、やがて典型的な高級食材として人気料理となった。パテやソテーなど様々な料理の原料として使われ、日本でも人気がある。このフランスの伝統料理も、近年鵞鳥やアヒルに強制給餌して肝臓を肥大させる方法が動物愛護の精神に反するとして、ヨーロッパ各国で強制給餌が禁止されている。さらに、フォアグラ料理自体も健康食ではないとして、食べることを拒否する人も増えている。これに危機感を抱いたフランスでは、フォアグラを食の無形文化遺産を支える伝統食材として保護に乗り出した。

フォアグラと並んでフランスの珍味とされるのがトリュフである。独特の香りで知られ、「西洋松露」と訳されるようにキノコの仲間で、地中にあるために訓練された豚や犬の嗅覚に頼って探す。フォアグラとトリュフの包み焼きがよく知られている。フォアグラとトリュフは相性がよく、ステーキなど様々な料理に添えられて独特の香りと高級感を与えている。

フォアグラやトリュフを高級料理の代表とすれば、フランスの家庭料理の代表はポトフである。ポトフは牛肉、ソーセージなどをベースにニンジン、タマネギ、セロリなどの野菜をじっくり煮込んだ料理で、家庭によって入れる野菜の種類は異なり、肉も豚肉、鶏肉、牛の骨髄、あるいは牛の尾《オックステイル》など「おふくろの味」は千差万別だという。

ビスクもまた家庭料理の典型であるが、肉ではなくエビやカニなど甲殻類を使ったスープである。カニやロブスターなどで小さかったり不完全だったりして、そのままでは市場価値のない甲殻類をじっくりと煮込んで作った濃厚なスープで、裏ごしした殻まで余すところなく食べるのがこの料理の特徴である。フード・プロセッサーが普及した今日では、料理で残ったエビの頭など、捨てる食材を生かした節約料理としても人気がある。

（石原孝哉）

14

イタリア料理

★高級料理から手軽な家庭料理まで★

イタリア人労働者とともに

イタリアの母体になったローマの時代に多くの食材がブリタニアに紹介されたが、一部の野菜などを除いて今日のイギリスにはこの時代の痕跡はほとんど残っていない。ロンドンのロンバード・ストリートはイタリアのロンバルディアから金融業者が移り住んだ街であるが、ここにも食にまつわる遺産は残っていない。イタリア料理がはっきりとした形でイギリスに痕跡を残すのは、比較的最近のことである。すなわち19世紀末から20世紀にかけて大英帝国が世界中から富を集めるようになると、ヨーロッパでは相対的に生活の苦しかったイタリアの労働者がより良い生活を求めて大英帝国の母国に流れ込んだ。彼らはスコットランドで造船労働者となり、ウェールズで炭鉱労働者となった。

イタリア料理というと誰でもパスタやピザを連想するが、イタリア人労働者が大量に流れ込んだ地域、例えば、ウェールズ南部のグラモーガンやニューポートの炭鉱では多くのイタリア人労働者が働いていたが、真っ先に流行ったのはアイスクリーム・パーラーとカプチーノを売るカフェであった。この地域では「ブラッチス」（Bracchis）といえばカフェを意味した。ブラッチスは元々カフェを始めたイタリア人の名前であるが、それがいつの間にかイタリアン・カフェの代名詞になったのだ。カフェなどがウェールズで流行り始めたのは1890年代であったが、第二次世界大戦前には300軒に達していた。戦争が始まると、枢軸国に属したイタリア人は、敵国人とみなされ、マン島やカナダに疎開させられた。このような過酷な運命を乗り越えて、ウェールズにはいまだに多くのイタリアン・カフェのチェーン店が繁盛している。

スコットランドのグラスゴーでは造船所がイタリア人労働者を受け入れていたが、多くのイタリア人がアイスクリーム・パーラーやカフェのほか、フィッシュ・アンド・チップスやピザの店を開いた。なかでも、フィッシュ・アンド・チップスの店は大繁盛し、スコットランドでフィッシュ・アンド・チップスを普及させたのはイタリア人であると主張する歴史家もいる。スコットランドのイタリア人も、第二次世界大戦中は敵性外国人として迫害され、疎開させられたり、軍事施設の建設を強制されたりするなど辛酸をなめた。スコットランドでも苦難を乗り越えたイタリア系チェーン店が、今日でも営々として営業を続けている。

第二次世界大戦後まもなく、イタリアからイギリスへの移民が再開された。ベッドフォードのレンガ工場がもっとも多くのイタリア人を雇ったが、マンチェスターやロンドンに住んで、レストラン、ホテルなどのサービス業に従事するイタリア人も多かった。ロンドンではソーホーに多くのイタリア人が集まった。本格的なピザ・レストランが誕生したのもソーホーで、なかでも1965年ピーター・ポイゾットが設立したピザ・エクスプレス・レストランが有名で、最初は本場イタリア風に長方形のピザを切り取って売っていたが、やがて丸いピザを一人前ずつ売るようになった。やがて生地を伸ばすところを客の前で実演し、空中高く生地を投げ上げながら伸ばすなど曲芸師顔負けのシェフが人気を博し、話題をさらっている。

女王がお気に召したピザ

ピザがこれほど人気を得るようになった背景には、一人の女性の嗜好が大いに関係あるとされている。イタリア王ウンベルト一世の王妃マルゲリータ・ディ・サヴォイア＝ジェノヴァ（1851〜1926）は芸術や文化事業の保護者として有名だが、庶民の生活にも気を配り、積極的に民衆の間に溶け込んでいった。食生活でもそれ以前の王族の日常料理であるフランス料理の枠を超え、イタリア料理を愛した。有名なのがピザである。当時ピザはナポリが有名であったために、ナポリのピザ職人が数あるピザのなかから三つを選んで献上した。最初はガーリック味の「ピザ・マリナーラ」、次がアンチョビを使った「ピザ・ナポリ」、三つ目はトマト・ソースを使い、モッツァレラ・チーズとバジルの葉を加えたものであった。王妃はこのトマト・ソース味のピザをいたくお気に召したために、このピザは王妃にちなんで「ピザ・マルゲリータ」と名付けられた。ナ

ピザ・マルゲリータ

ポリのピッツェリア・ブランディの店には、この時王妃が書いた礼状が掲げられているという。

トマト・ソースといえば誰もがまずイタリア料理を連想するように、トマトはイタリア料理になくてはならない食材である。トマトの原産地はペルーのアンデス山脈地帯であるとされ、そこからスペインを経てイタリアに紹介された。トマトはイタリアの気候風土に合い、たちまち主要作物となっていった。生で食べられたり、乾燥させて保存したり、オリーブオイルに漬けて保存したりしたが、缶詰にして保存する方法が普及すると、用途はますます拡大した。トマトがソースとして使われ始めたのは、いくつかの説があるが、文献に初めて登場するのは1790年にローマのシェフ、フランチェスコ・レオナルディが書いた料理本においてである。パスタをソースで食べる前は、乾燥状態のものをチーズと一緒に食べていたらしいが、ソースで食べるようになってフォークが使われるようになったという。俗説ではナポリ王国のフェルディナンド四世の宮廷でパスタを絡めやすくするために4本爪フォークが発明されたことになっている。本場イタリアでは、家庭やレストランで生パスタが作られるほか、乾燥パスタが無数にあり、その種類は650種を超えるという。どのようなパスタをどのようなソースで調理するかはシェフの腕の見せ所である。

イギリスでは、肉を中心にして、パスタを配し、ティラミスをデザートとする本格的なイタリア料理も1960年代から急速に広まった。2018年の資料では、ロンドンに2000軒のイタリア料理の店がある。イギリスには60万人のイタリア人がおり、そのうちの58・3%がロンドンに住んでいるので、この数字を見ても驚くにはあたらない。イタリア料理の人気はレストランで食べるほか、家庭料理としても人気がある。

2018年に2000人のロンドン子を対象にした調査によれば、イタリア料理を家庭で作ると答えた人は82・35％に及び、彼らは食べておいしく、作って楽しいと述べている。一方、厄介で時間がかかるから作らないと答えた人は17・65％にすぎなかった。これを見てもイタリア料理が家庭でいかに人気が高いかわかる。では人々はどのような料理を食べているのであろうか。1位はパスタで47・39％、次はピザの19・59％、3位はラザニアの13・25％と続く。

The Stag Companyが2017年にイギリス全土を対象に外食を含めて単純に人気を調べたが、1位はスパゲッティ・ボロネーゼ、2位はピザ・マルゲリータ、3位はラザニア、4位はピザ・ペパロニ、5位はカルツオーネと続く。

（石原孝哉）

15

インド料理

★国民食の一角を占めるカレー料理★

アングロ・インド料理としてイギリスに定着

インド料理は、専ら肉料理が料理の王道と考えているイギリス人にとっては、「牛肉はヒンズー教徒が食べない」、「豚肉はイスラム教徒が食べない」といったタブーが多いゆえに、さぞかし苦手な料理であろうと思っていたが、さにあらず、最も人気のあるエスニック料理となっている。

イギリスで初めてカレーを売り出したのはロンドンのヘイマーケットにあるノリス・ストリート・コーヒーハウスで、1773年のことであった。しかし、本格的なインド料理がお目見えしたのは19世紀になってからで、「ヒンドゥスターニ」というコーヒーハウスが提供した肉と野菜料理に味付けしたご飯が添えられていた。この店を開いたのはディーン・モハメドという人物で、東インド会社下のインドで将校であったチャールズ・ステュアートをパトロンにして繁盛したが、財政上の理由もあってわずか2年ほどで閉店してしまった。

ヴィクトリア時代のインド料理は、「アングロ・インド料理」としてイギリスに根を下ろし、いろいろな料理本で言及されるようになった。アングロ・インド料理はインドに駐在したイギリス人の妻が、使用人のインド人シェフと交流する中で、インドの伝統料理とイギリス人の嗜好を組み合わせて作ったものである。

当時のイギリスは大英帝国の全盛期で、インドの女帝でもあったヴィクトリア女王のインド好みはつとに有名であった。ワイト島に建てた別荘オズボーン・ハウスには建物から調度品までインド風に統一した翼廊が作られ、女王自身も身近にインド人の召使いを雇った。ムンシという名の若いインド人は女王の厚い信頼を得、「友人」として遇されるに至った。このような女王の態度もあって、国民がインド料理に偏見を持つことはなかった。

アングロ・インド料理は、インド料理では特定の料理にしか出さないピクルス、野菜、果物などを混ぜて作る「薬味」を自由に他の料理と組み合わせたり、マンゴー、タマリンド、レーズンなどに香辛料、砂糖などを加えて作る「チャツネ」を多用するなどが特徴である。これは、インド北部の料理に南部料理の特徴であるココナッツのチャツネを加えるなど、インドの伝統には反するものであったが、イギリス人の好みに合い、普及していった。

本格的なレストランとしては1926年にエドワード・パーマーがリージェント・ストリートに開店した「ヴィーラスワミー」が最初とされている。この店は今でも高級インド料理レストランとして営業している有名店で、シンプソン夫人との恋で王位を捨てたエドワード八世が皇太子時代にこの店に来ているし、喜劇王チャーリー・チャップリン、首相ウィンストン・チャーチルも顧客であった。

しかし、開店当初から高級店だったのではなく、当初この店を支えていたのはベンガル地方のシレット出身の出稼ぎ労働者であった。インド人は何度かに分けてイギリスに移住したが、シレットからの移民がその草分けであった。彼らはイギリス船の船員として世界各地を巡るうちに、イギリスが気に入り、船を降りて定住したのである。エドワード・パーマーはより良い生活を求めてイギリスに来るインド人に、住居を斡旋したり、職業を紹介したり、きめ細かいサービスを通じてインド人コミュニティの信頼を獲得し、やがて彼の店はインドからロンドンに詣でる王侯貴族たちにインド料理を提供する高級店となった。この店では積極的にアングロ・インド料理も提供したために、それまで辛すぎる、においが強すぎると言ってインド料理を敬遠していたイギリス人の好みにも合うようになった。この店はインド風のシャンデリアとターバンを巻いたインド人の給仕人が呼び物となり、中流階級でも余裕のあるロンドン子が「ひとときのマハラジャ気分を味わうために」押し掛ける人気店になったのである。

しかしながら、世界大戦時代に入り、海外からの食料調達が途絶えると、イギリスは味を犠牲にした栄養料理の時代に入り、この「料理停滞」時代は第二次世界大戦終了後も尾を引いた。この時代はインド料理も停滞を強いられたが、シレット出身のインド人シェフは自分の店を持つ夢を捨てず、戦争で荒廃したレストランを格安で入手した。彼らはより経費のかからないテイクアウェイにも力を入れ、インド料理ばかりでなくフィッシュ・アンド・チップスにも乗り出した。次第に資本を蓄積し、商売のコツを覚えた彼らは、イギリス人が敬遠する祝日にも開店したり、長時間営業でパブがはねた後の客を呼び込んだりして、イギリス社会に定着していった。今ではビールの後にカレーを食べないと一日が終わらないというイギリス人も多い。

イギリスのインド料理はベンガル人が担う

インド料理の盛衰はインドからの移民と密接に関連している。イスラム圏のパキスタンがイギリスからの独立を宣言すると、すかさずインドも分離独立した。パキスタンでは、1958年アイユーブ・ハーン総司令官が、クーデターによってベンガル出身のイスカンダル・ミールザー大統領を倒すと、弾圧された民主派の多くがイギリスに逃れた。彼らは、同じベンガル人のシレット出身者の成功を見て、多くが飲食店で働いた。

東パキスタンではベンガル人を中心に独立志向が強く、これに手を焼いた政府は1971年、西パキスタンから軍を送って鎮圧しようとした。これに呼応してイスラム過激派がベンガル人を襲撃し、約300万人のベンガル人が虐殺された。彼らはインド、ミャンマー、それから旧宗主国イギリスへと避難した。殺戮から逃れようとした東パキスタン住民が大量に亡命を求めたために、かねてよりパキスタンと対立していたインド政府が1971年12月ついに介入に踏み切り、第3次印パ戦争となった。インド軍の攻勢でパキスタン軍は撤退し、東パキスタンは「バングラデシュ」として独立を果たした。独立後も国内政治は混乱を極め、また大洪水に見舞われるなどしたために、多くのバングラデシュ人がイギリスに移民した。

インド人はアフリカからもやってきた。旧イギリスの植民地であったウガンダでは印僑、すなわち渡来インド人が経済の実権を握っていた。1971年1月に軍司令官イディ・アミンがクーデターで政権を掌握すると、彼は恐怖政治を行い、不満のはけ口をインド人に向けた。「我々が貧しいのはインド人が搾取しているからである」としてインド人の追放を決定したのだ。インド人は故国へ帰った者も多かったが、イギリスにも4万人が移住した。バングラデシュとウガンダからの大量移民はイギリスのインド料理の底辺を急拡大させることになった。

ある統計によると、日本人が最も好きな料理は寿司だそうである。当然といえば当然だが、なんと第2位がカレーだそうだ。「カレーは日本料理か?」と突っ込みたくなるが、3位はラーメンでこれも中国料理がルーツである。外国のものを取り入れてそれを自家薬籠中のものにしてしまうのは日本人の十八番だが、日本のカレーはインドにはないし、日本のラーメンも中国にはない。（もっとも皆無というわけではなく、最近日本人が持ち込んだ店はあるという。）

こんな話をしたのは、イギリスにおけるカレーも似たような状態におかれているからである。カレーはインド料理の典型であるが、カレーという言葉が今のように料理を表す言葉として定着したのはイギリスにおいてである。起源はもちろんインドであるがタミール語のKariはソースを表す言葉で、それが中世英語の料理を表すcuryと融合して、今のようにカレー料理を表すようになったといわれている。日本には、ターメリックやクミンなどの香料にルーを加えたイギリス式カレーが明治時代に伝わったとされる。札幌農学校のクラーク博士がライスカレーという言葉とともに日本に広めたからとか、軍隊が取り入れたからとか、学校給食のメニューに入ったからとか、様々な説があるが、イギリス式カレーは日本で独自の進化を遂げて国民食になったのは事実である。

イギリスの国民食となったチキン・ティッカ・マサラ

さて、インド料理といえばアングロ・インド料理やバングラデシュ料理だったのは昔のことで、今のロンドンでは本場のインド料理が楽しめる。こってりとした料理にチャパテイやナンなど小麦が主食の北インド料理、米が主食のスパイスが効いて日本人には辛すぎる印象がある南インド料理、パキスタン料理や伝統的なインド料理など一口にインド料理というにはあまりに個性的なインド料理のアラカルトを堪能できる。もちろん、アングロ・インド料理を踏襲して、地方色を出さない店も多いが、筆者のおすすめは専門店である。ちなみに、日本人に人気のタンドリー・チキンや大きなナンを食べたかったら、北インド料理の中のパンジャブ料理か、パキスタン料理を選ぶことをおすすめする。それでも日本のように熱々の大きなナンが出てくるとは保証できないが……。

チキン・ティッカ・マサラ

イギリスでは1998年以来「ナショナル・カレー・ウィーク」という国民的行事が展開されていて、例えば2020年には10月5日から11日まで多彩な行事が繰り広げられた。

このような事実からイギリスでカレーが国民食となっていたのは誰もが実感していたが、ネットを見るとイギリスの国民食として、ヨークシャー・プディング、フィッシュ・アンド・チップス、などと並んで時々チキン・ティッカ・マサラがこの中に割り込んでいた。このような事実が積み重なり、2001年、時の外務大臣ロビン・クックに「チキン・ティッカ・マサラは本当にイギリスの国民食だ」と公に認められ、お墨付きを得た。この時点で、カレーはイギリスで年間50億ポンドも（約7500億円）消費されていたから、現代ではさらに増加しているものと思われる。現在イギリスには約1万軒のカレー・ハウスがあるが、その65％から75％はバングラデシュ出身者が所有しているとされる。ここで働くスタッフは約8万人で、250万人の顧客の胃袋を満たしている。国民食たる所以である。

（石原孝哉）

16

中国料理

★津々浦々に中国料理のテイクアウェイの店★

イギリス初の中国料理、新聞各紙のキャンペーンを嗤う

今日のイギリスでは、教会がないような寒村でも「チャイニーズ・テイクアウェイ」の店はあるといわれるほど中国料理は国民に浸透している。インド人の船乗りが最初にインドの味を紹介したように、中国の味も船乗りが先鞭をつけた。1880年代にロンドン東部のドックランドに中国人の船員が住み着いたのが中国人との接点だが、1884年の国際健康博覧会で中国料理が初めて一般のイギリス人に紹介された。食材や店の内装まで中国から取り寄せた本格的なレストランで、紅茶と料理を振舞ったが新聞各紙はこれを軽蔑し、嘲笑って一大キャンペーンを張ったが、これが逆宣伝になったか、味見した大衆はたちまち中国料理のファンになった。

1908年にピカデリー・サーカスに、文字通りの「チャイニーズ・レストラン」という店が開店し、これがロンドンにおける中国料理の草分けといわれている。30年代になると、ロンドンのイーストエンドのライムハウスに最初のチャイナタウンができた。同じころ、リヴァプールで船を降りた中国人船員が中国料理店を開き、ケンブリッジでは値段の安い中国料理店が

学生の人気を集めたことが記録されている。ＢＢＣ放送が１９３９年に、ラジオで簡単な中国料理のレシピを放送すると、ロンドンでは中国の食材を売る店が現れた。当時、ライムハウスのチャイナタウンだけで５０００人の中国人が住んでいたといわれている。

ソーホーのチャイナタウン

世界大戦が始まるとドイツ軍の空爆を受けてチャイナタウンは取り壊され、戦後になっても海運不況で船会社が中国人船員を解雇し、強制送還するなど中国人にとっては試練が続いた。母国に帰らなかった船員の多くは、料理人、給仕など飲食業に従事した。彼らの多くは、当時貧民街でいかがわしい店の並ぶソーホーに店を持ち、ここに新たなチャイナタウンを建設しようとした。看板商品は、八宝菜によく似た雑砕《チョプスイ》（chop suey）、焼きそばによく似たチョー・メン、卵チャーハンそっくりのエッグ・フライド・ライスといったアメリカ生まれの中国料理に、インド生まれのカレー、チップスなどを大胆に取り入れた雑多なものであったが、値段の安さもあって、たちまち庶民の人気を集めた。

１９５０年にイギリスが中華人民共和国を承認すると、母国に戻ることができなくなった中華民国大使館職員がソーホーに中国料理店を開いた。彼らはある程度資本があり、選りすぐりのシェフの料理によって舌が肥えていたので「本当の中国料理」の店を目指した。イギリス人が考える中国料理ばかりでなく、中国の料理は地方によって味も食材も全く違うことを実際の店で経験してもらった。有名なのは大使館の元シェフ、クオ・ヤンで、彼の店では「北京ダック」が売り物であった。この店にはマーガレット王女やスノウドン卿等の名士が訪れ、さらに名声が上がった。これは本格的な「中国料理」がイギリスに足跡を残した時期として銘記すべきである。元職員の中には中国料理の啓蒙活動に従事する者も多く、中国食文化史に大きな足跡を残している。

時をほぼ同じくして、共産党の中国を嫌った人々が香港経由でイギリスに流れ込んできた。彼らは、ソーホーのほか、ベイズウオーターに居住した。1970年代になると南ベトナムで商売していた多くの華僑が、イギリスにも避難し、中国料理の底辺を拡大した。特殊技能や資格を持たない中国人の多くが中国料理の持ち帰りの店で働いて糊口をしのいだ。持ち帰りはテイクアウェイと呼ばれ、1958年頃ベイズウオーターのロータス・ハウスという店が口火を切り、やがて中国料理にはなくてはならない販売手法となったものである。テイクアウェイの店で働く中国人は、最初は家族を養ったり、故国に仕送りしたりするのが精いっぱいであったが、次第に商売のコツをつかむようになった。やがて一定の資本を蓄積すると、自身がテイクアウェイの店を持ち、それが成功するとレストランを開くといった具合に商売を広げていった。中国料理店は香港から来た人々が先駆者で数も圧倒的に多かったので、いきおい広東料理が中心となり、イギリス人にとって広東料理が唯一の中国料理であるという状態が生まれた。やがて、ロンドンで生まれた持ち帰り方式はイギリス全土に広まり、中国人の90%がテイクアウェイに従事した。

チョプスイ

香港から流れ込む移民

その後も、香港を経由して多くの人々がイギリスにやってきたが、1984年マーガレット・サッチャー首相が鄧小平と英中共同声明を発表すると、50年間の一国二制度を保障したにもかかわらず、多くの香港人がカナダ、オーストラリア、またイギリスにも流れ込んだ。1997年、実際に香港の施政権が中国に引き渡されると、この時も香港人はイギリスにも流入したが具体的な数字はわからない。イングランドとウェールズに居住する中国人の数が返還前の1991年の国勢調査では15万9936人であったものが、返還後の2001年には24万7403人と急増している。

雨傘運動以来、とみに厳しさを増した習近平の香港抑え込み政策により、多くの中国人が国外移住を模索しているという。イギリスのジョンソン首相（当時）は一定の香港人を受け入れると表明したので、さらに香港からの移住が増えるかもしれない。香港経由で海外に移住する中国人の中には、高学歴で専門的な技能を持った人も多く、それを裏付けるように、かつては中国人の90％といわれたテイクアウェイ従事者の割合はかつての半分にも満たないといわれている。

近年、中国政府は学生の留学に力を入れているので、イギリスでも多くの学生が学んでいる。2018～19年の統計では12万385人という数字が上がっており、EU域外からの留学生では中国が群を抜いて多い。ちなみに、2位はインドの2万6685人だから、いかに中国人が突出しているかがわかる。さらに12万人という数字は、イングランドとウェールズに住む中国人の合計が40万人ほど（2011年の統計で39万3141人）であることから考えても無視できない人数である。これに加えて、2010年ころからは中国からの観光客が増加し、新型コロナウイルス感染症が蔓延する以前の20

19年には90万人近くに上っている。数字談義はともかく、中国全土から集まった学生や観光客は、各地域の本当の味を知っており、その好みは必然的に食にも影響を与えることになった。

中国料理の種類は広東料理一色から、宮廷料理の伝統を受け継ぐ北京料理、トウガラシや山椒など強烈な香辛料が特徴の四川料理、豊富な魚介類料理を特徴とする南京料理や広州料理、台湾料理を含む福建料理といった具合に間口を広げていった。

かつて初めて四川料理の店に入ったイギリス人が、料理の予備知識もないままに「チリ」(chili) という言葉から「チリィ」(chilly)、すなわち涼やかな、冷たい料理を期待していたところ、それはチリ・トウガラシがたっぷり入った激辛料理だったので、「ホット、ホット」と叫んで水をくれと叫んだ話がある。冷たいどころか「熱い《ホット》」し、「辛い《ホット》」料理だったというのがオチである。

当初はこの話にあるようにあまりにスパイシーであると敬遠されていた四川料理であるが、2000年以降、ことに若者の間で圧倒的に人気を得ている。このような盛況の陰に、中国料理のシェフで作家でもあるフクシア・ダンロップの影響を見ることができる。彼女はケンブリッジ大学で英文学を学んだ後にBBCの編集者となり、中国を取材する中で中国料理の虜となり、西洋人としては初めて成都の四川高等料理研究所でシェフとしての訓練を受けた異色の料理人である。四川料理を中心に5冊の著書を出す傍ら、新聞、雑誌、テレビなどを通じて四川料理の普及に貢献している。

現在、中国料理は健康食品としても評価が上っているが、これは多くの中国料理研究家が「医食同源」の中国的健康法を説く一方、中国料理による食生活の改善を奨励しているからである。その結果中国料理はイギリスの家庭にも普及し、「中華鍋」を台所に置いている家庭も多いといわれ、海鮮料理、菜食主義者向けのベジタリアン料理など多彩なレシピが家庭内で実践されているという。

（石原孝哉）

17

ギリシャ料理

★ワイン、オリーブオイルと様々なハーブが特徴★

キプロス紛争を逃れた移民たち

ギリシャ料理はヨーロッパでもっとも古い伝統を持つ料理で、一方、トルコ料理は世界三大料理の一つに数えられる由緒ある料理である。この二つは全く別々の料理であるが、イギリスに限ってみれば、この二つの料理は同じ土俵で紹介するのが最善である。

というのは、イギリスにおけるギリシャ料理とトルコ料理は共にイギリスによるキプロス支配と密接にかかわっているからである。地中海貿易の要衝であるキプロス島は、はや十字軍時代にリチャード一世が統治するなどイギリスとの関係は深い。東西文明の接点であるキプロスの歴史は複雑極まるが、最も新しい事件は1960年にキプロスがイギリスから独立したことで、この時多数のキプロス人がイギリスに流入した。

イギリスは植民地統治に分断政策を取り、ギリシャ系とトルコ系住民を対立させて統治したために、双方の対立は根強く、独立前は主として少数派のトルコ系住民がイギリスに流入した。独立時はイギリス連邦に属する「キプロス共和国」として発足したが、治安が悪く、キプロス正規軍である「キプロス民族防衛隊」とイギリス軍に加え、ギリシャ軍、トルコ軍、国連平和維持軍が駐留する不安定な状態におかれた。この混乱の中で、ギリシャ系を含めて2万5千人が、宗主国イギリスに移住した。その後も内戦、国連の平和維持軍の駐留、ギリシャ軍事政権の介入などの混乱のたびに難民が流入したが、1974年にトルコ軍のキプロス侵攻によって、1万人がイギリスに難を逃れた。現在、北半分はトルコのみが認める独立国で、南半分が国連に加盟しているキプロス共和国で、イギリス連邦に所属している。

イギリスに来たキプロス人の多くが飲食業につき、ギリシャ系はギリシャ料理を、トルコ系はトルコ料理を提供している。このような移民の歴史を頭に入れてから、料理の話に入る。

オスマン帝国の宮廷料理に影響を与えたギリシャ料理

ギリシャ料理の店に行くと「Taverna」という看板がよくあり、日本人は「食べるな」を連想してテンションが下がる。イギリス人はTavern、すなわち居酒屋を連想してテンションが上がる。現代英語のTavernはほとんどパブと同じ意味で使われるが、語源を遡ればラテン語を経て、Tavernaに行きつくからこちらが元祖である。

ギリシャ料理を語るときにまず念頭に置かねばならないのは、ギリシャという国がヨーロッパとアジアとアフリカの接点に位置するという事実である。ここには早くからオリーブ、ブドウ、レモンやオレンジなど様々な果樹が栽培されていた。台所にオリーブオイル、ワインが必需品として供えられ、レモン汁、オレンジジュースなど様々な果樹の恵みが食材の中で重きをなすのは必然の結果である。

第17章
ギリシャ料理

ヨーロッパの主食である小麦粉から作ったパンとともに、アジアの主食であるコメを食材としたり、タマネギ、ニンニク、ナスなど原産地の違う野菜を自在に活用するのは、ここが古くはマケドニアの、さらには東ローマ帝国の首都であり、近代になってからは長くオスマントルコに支配されて、早くから異文化を吸収して自家薬籠中のものにする伝統があるからである。サフラン、ナツメグ、オレガノ、ディル、シナモン、ミント、クローブ、パセリ、フェンネル、ベイリーフ、コリアンダーなども同じで、ほかの国の人々がうらやむほど多彩なハーブやスパイスを自在に使い分けるのは、このような伝統のおかげであろう。近代になって、南米からトマトやジャガイモが入ってくると、いち早くこれを取り入れ、今ではトマトはオリーブオイルとともにギリシャ料理の核になっている。グルタミン酸が豊富なトマトは、中東や地中海料理では、スープや煮物に限らず様々な料理の中心的な食材になっている。

ギリシャ料理は、長いオスマン帝国支配下でトルコ料理の影響が大きいが、イスラム諸国ではタブーである豚肉を食材にしているほか、イスラム教で禁止しているワインは、ギリシャ料理にはなくてはならない酒となっている。このようにギリシャ料理は守るべき伝統を堅持し、オスマン帝国支配下でも守り続けた。伝統を守るばかりでなく、逆にオスマン帝国の宮廷料理に多大な影響を与えている。その典型は魚料理である。ギリシャ正教では、肉を絶つ断食の習慣を守ったために海鮮料理が発達した。多くの島を有するギリシャには海の幸が豊富で、地元の魚介類を活用するのは当たり前だが、中央アジアから来たトルコ料理には海鮮料理の伝統がなかった。そのために魚料理はオスマンの宮廷で新奇なものとしてトルコ料理に組み込まれていったのである。その際、ハーブやスパイスを多用す

イエミスタ

るギリシャ料理の技もトルコ料理に受け継がれていった。トルコ人がほかのイスラム諸国に比べてアルコールに寛容なのは、中央アジアで馬乳酒を飲む伝統があり、それとギリシャのワイン文化が重なったせいではあるまいか。

既にみてきたように、イギリスにおけるギリシャ料理は、イギリス領キプロスで異変が起きるたびに流入する移民によって、主としてロンドンに持ち込まれた。ロンドンでは、家庭料理から始まり、地中海料理レストランやテイクアウェイの店を通じて一般に広まっていった。地中海料理を看板にしている店で、トルコ料理やレバノン料理と並んでギリシャ料理が提供された。ギリシャ料理はその地理的、歴史的経緯から様々な料理の影響を受けてきたために、このような店で提供されることに全く違和感はなかった。逆に言えば、ギリシャ料理の個性が埋没し、地中海料理としてひとくくりにされているわけである。これは、ロンドンのレストランガイドをめくれば、地中海料理《メディタレイニアン》の中にギリシャ、トルコ、ヨーロッパなどが並列されていることからもわかる。

このような現状のなか、ギリシャ料理の個性を強調して伝統的なギリシャ料理を出すレストランも増えている。最近とみに注目される「健康志向」は、オリーブオイルと新鮮食品を売りにするギリシャ風の各種サラダの人気を後押ししているし、肉の入らないサラダはベジタリアンに人気がある。

羊肉を串にさして焼くスヴラキはトルコ料理のシシ・ケバブのギリシャ版で、現在ファストフードとして大人気である。ムサカは同名の料理がトルコ料理にもあるが、ナスやジャガイモをグラタン風に仕上げた逸品である。米や挽肉などの具材をブドウの葉やキャベツに包んで焼くドルマや、野菜の中身をくりぬいて、中身をオリーブオイルで炒めて調理し、具を再び野菜に戻してオーブンで焼くイエミスタなど、ギリシャ料理の幅は広い。

（石原孝哉）

18

トルコ料理

★世界三大料理の一つ★

トルコ・コーヒーとチャイ

トルコとイギリスの関係は17世紀初期、コーヒーで縁が深まったとされる。当時ロンドンには、洋服屋、靴屋など少数のトルコ人がいたらしいが、彼らを通じてトルコ・コーヒーの淹れ方が伝わり、やがて、コーヒーハウスを通じてトルコとの交易も広まった。その後イギリスの交易の表舞台にトルコ人は登場しなかったが、1878年、イギリスがキプロスを植民地にしたころから、トルコ人移住者が増え始めた。彼らの多くは繊維取引に従事したが、イギリスの繊維産業の没落で自立を迫られた多くのトルコ人が、トルコ料理のレストラン、ケバブ・ショップ、カフェなどを経営したり、そこで働いたりするようになった。カフェではトルコ・コーヒーが人気であったが、これはジェズベと呼ばれる専用の鍋に、粗挽きのコーヒー粉末を入れ、砂糖とともに直火で煮だす独特の淹れ方で作る。慣れないと舌にざらざらとした粒が残るが、トルコ人はカップの底に残った滓を模様に見立てて占いを立てるなど、コーヒー滓まで文化になっている。カフェではトルコ紅茶のチャイも売っているが、コーヒーと違って価格は安く、日本の番茶感覚で何杯も飲む。トルコ人はイスラム教徒でアルコールは「表向き」ご法度で、その代わりにチャイを飲むのである。チャイはガラスの専用コップで飲むが、砂糖がしっかり入り、何杯も飲むには甘すぎるというのが筆者の印象である。

キッチンカーのドナ・ケバブから宮廷料理カヴン・ドルマまで

ケバブ・ショップはトルコの代表的な焼き肉料理店だが、レストランのほかテイクアウェイの店も多い。イスラム教徒であるトルコ人は豚肉を食べない。牛も地中海気候は飼育に適していないので、肉料理は羊や山羊、鶏が主になる。ドネル・ケバブ、これをイギリス人はドナ・ケバブと発音するが、これはもっとも知られたケバブで、挽肉を固まりにして回転させながら焼き、ナイフで削ぎ落とす独特の調理法が人気である。一般には羊肉だが、鶏肉が入るなど店によって個性がある。芸術的な手さばきでナイフを操り、ピタパンという中東で一般に見られる薄パンに野菜と一緒に挟むドナ・ケバブ・サンドイッチはテイクアウェイで大人気で、キッチンカーでの販売も多い。筆者がケンブリッジで住んでいた家は郊外で近くに店はなかったが、近くの公園には木曜日に、キッチンカーが定期的にやってきた。温かいケバブは夜食にはもってこいでいつも行列ができていた。筆者がドナ、妻と娘は牛肉を鉄串で焼いたシシが定番で、顔なじみになった店員が、筆者のドナだけチリを余計に入れてくれるのがいつしか習慣になった。

トルコ料理の特徴の一つにトマトがある。トマトは南米原産で、トルコ料理に取り入れられたのは18世紀末と歴史は浅いが、今ではトルコ料理はもとより地中海料理に不可欠な食材になっている。日

ドナ・ケバブ

本料理のうまみといえば昆布が念頭に浮かぶが、これはグルタミン酸が豊富だからである。トルコ料理ではうまみを出すのはトマトの役目である。トマトは野菜の中では飛び切りグルタミン酸が豊富で、これを上手に使いこなすのがシェフの腕の見せ所となる。

例えば、ムサカはギリシャ料理やエジプト料理など広く地中海料理に見られる国際的な料理だが、トルコ料理のムサカはトマトでうまみを出したミートソースでナスなどの野菜を煮込み、一緒にご飯が付いてくるので日本人には食べやすい。このほか有名なトルコ料理といえばキョフテがあるが、これはまさにトルコ版ハンバーグで、若い世代に人気が高い。

ケバブ・サンドイッチなどがファストフードとして広まったことでイギリスに確固とした市場を得たキプロス・トルコ料理であるが、現在では本格的な料理を出す有名レストランも増えている。

もともとトルコ人は騎馬民族であったために馬と羊、およびラクダや山羊の肉料理、加えてチーズ、バター、ミルク、ヨーグルトを使った乳製品料理が伝統料理としてあり、それがセルジュク・トルコの王宮で調理技術が発展して基礎ができたものである。オスマン帝国時代にヨーロッパや地中海地方に進出すると、各地の食材や調理技術を取り入れて世界三大料理の一つといわれるほど洗練されたものになった。魚介類を食材として使ったり、中央アジアの主食である小麦粉のほか、アジアの主食の米を使ったり、オリーブオイル、イチジク、アンズ、レモン、メロンといった果物や、外来のトマトや、多種多様な香辛料など、広大なオスマン帝国の版図から得られる食材を自由に使いこなすようになった。有名な宮廷料理として鳩を丸ごと焼いたロースト・ピジョンや、マルメロをブドウの葉で包んだアイヴァ・ドルマや、くりぬいたメロンに羊挽肉、米、ピスタチオ、アーモンドなどを詰めてオーブンで焼いたカヴン・ドルマなどがある。

（石原孝哉）

19

その他のエスニック料理

★食のデータにあらわれたイギリスの食文化★

統計に見るイギリスのエスニック料理番付

このように見てみると、イギリスはエスニック料理王国の感がある。これはロンドンなどを歩いてみればすぐ実感できることであるが、これを数値化した興味深い調査が２０１９年12月にキャロライン・ウィリアムズによって行われた。その結果はネット上にも公表されているので紹介する。

この調査はグーグルのデータから、人々がどのような食に関心があるかを調べたものである。

具体的には、日本食では、日本レストラン、日本のコメ、ご飯、すし、和食、ないし有名和食店名などキーワードを余さず拾って、これをすべて合わせて日本食に分類するという手法をとっている。これらは、人々が外食でレストランを探すときに入力すると思われる単語で、それを数値化したのがこのグラフである。

これはイギリス全土を対象とした数値であるが、1位は、群を抜いて中国料理で、人気度は70を超えている。この調査では地域ごとの人気度も調べているが、中国料理はイングランド、スコットランドなど、特定の地域に偏らず高得点を挙げている。

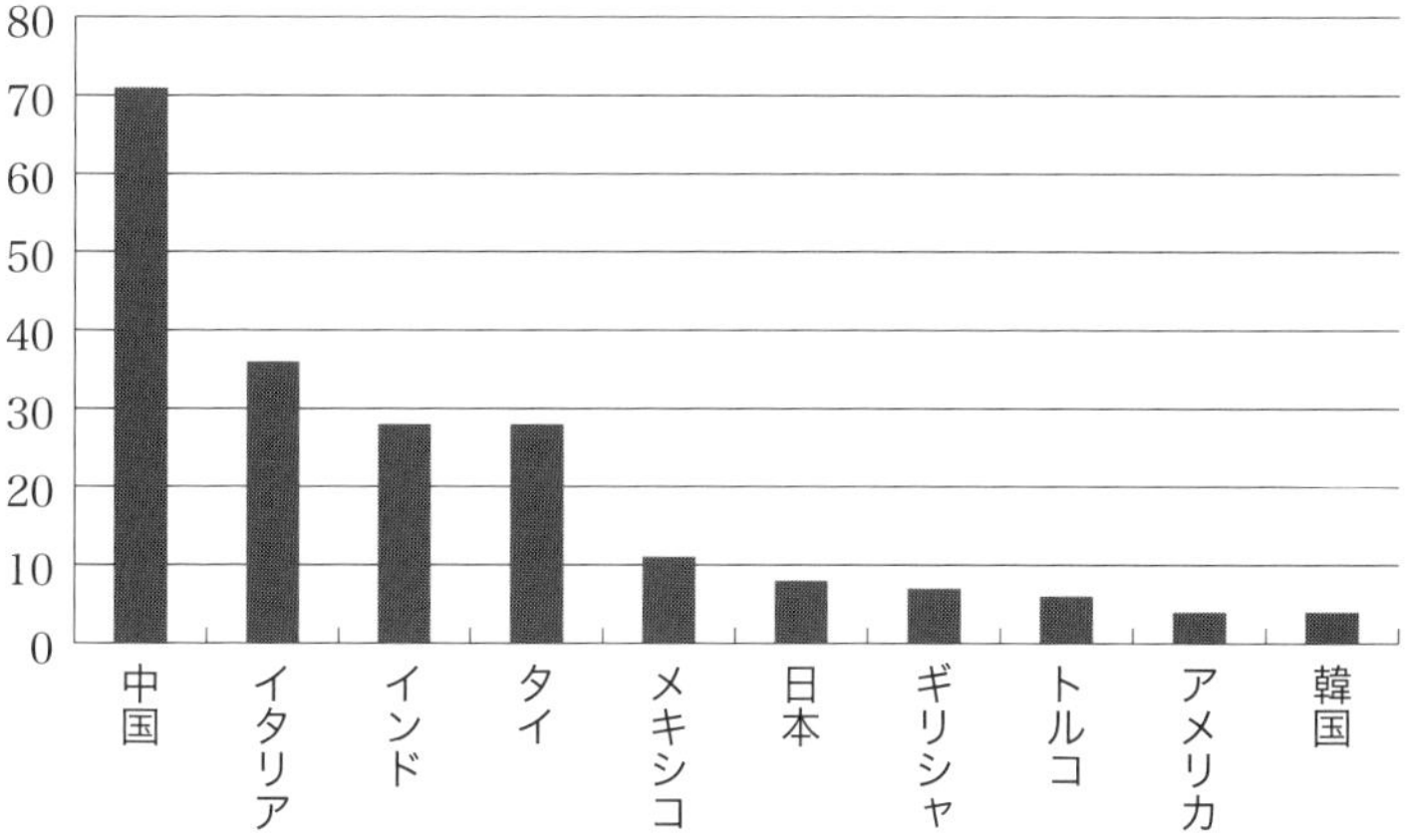

エスニックベスト10

2番目はイタリア料理であるが数値は中国料理の半分である。イタリア料理はローマの昔からイギリス人に馴染んで最も身近な料理である。戦後はパスタとピザがイタリア料理の顔になり、家庭ではほぼ毎週スパゲティが茹でられ、イギリス人は1週間で1人平均89グラムのピザを食べているとの報告がある。（Nils-Gerrit Wunsh社が2019年に行った調査）

インド料理とタイ料理が拮抗しているのは意外である。イギリスには150万人近いインド系の人がいるのに、タイ人はわずか4万人弱だから、人口比で見ても意外に思われる。しかし、もっと詳しく見ると、すでに紹介したようにカレー料理などは家庭料理に取り入れられて、日本で好きな料理の2位にカレーがランクされているように、完全にイギリス化されているためではあるまいか。イギリスの「国民食」ランキングで、1位がフィッシュ・アンド・チップス、2位がサンデー・ローストに次いで第3位にチキン・ティッカ・マサラが、分類されていることからもイギリスにおけるインド料理の受容状態が見て取れる。この調査が、もっぱら外食をする際に検索する単語を調査していることにも留意したい。

日本料理も6位に食い込む

タイ料理、日本料理、メキシコ料理などはここ10年余りで人気化した新しいエスニック料理である。人気の理由はいくつか挙げられるが、大きな要因の一つに健康食ブームがある。すなわち、無肥料、無農薬の有機農法で育てた有機野菜を食べ、高脂肪、高カロリーの食を避け、新鮮な生の食品を中心に食生活を組み立てるという運動である。日本食の寿司などもその代表的な食品である。同じアジア料理でも、インド料理よりさらにスパイスが効き、刺激的なタイ料理は、新奇なものを進んで取り入れるイギリス人気質にうまくはまって、インド料理に物足りなさを感じたイギリス人の心をつかんだようである。メキシコ料理もこの傾向の延長上にあるものと考えられる。

イギリスでは、大手小売店セインズベリーズが健康食品にいち早く注力し、多くの食品を開発したり、積極的に販売したりした。それまで日本食レストランに行かなければ食べられなかった「スシ」が、パック詰めの容器で店先に並んで、日本人には嬉しいことであったが、実際に食べてみて「これを寿司と思われたらユネスコの無形文化遺産の看板が泣く」と思ったものだ。

現在では、回転寿司のチェーン店、日本風のラーメン店、ジャパニーズ・バーベキューと称される焼き肉店、うどん店、懐石料理店など、日本食といえば「スシ・バー」しかなかったころとは様変わりの活況を呈し、新奇なものに目のないロンドン子の関心を集めている。

（石原孝哉）

III

食材の文化史

20

ビーフイーターの国

★主食は牛肉？★

牛肉喰らい

ロンドン塔の衛兵ヨーマン・ウォーダーズは、古式豊かな服装と歴史の重みゆえに観光客に人気があるが、別名を「ビーフイーター」という。直訳すれば「牛肉喰らい」とでもなろう。彼らがなぜビーフイーターの別名を持つに至ったかの詳細は不明だが、1669年にロンドンを訪れたトスカーナ大公フェルディナンド二世・デ・メディチが、彼らが毎日多量の牛肉を貰っていた話を聞いて「牛肉喰らいと呼ぶべきだ」と言ったのがきっかけだといわれている。

牛は古くから人間とかかわりの深い動物で、スペインのアルタミラの洞窟壁画にも野牛が描かれているし、フランスのラスコーの壁画には牛がたくさん描かれている。古代文明では、メソポタミア、エジプト、クレタで牛が祭祀とかかわる動物であった。旧約聖書には雄の小牛が生贄として頻繁に登場する。雄牛は、活力、生殖力、強さの象徴として、生贄に捧げられた後、身分の高い者に食べられた。戦いの前に戦士に振る舞われたともいわれている。牛肉はイギリスでもローマの時代から記録に残ってはいるが、雄牛は農作業の担い手であり、雌牛は搾乳用であった。

中世になると、貴族の館で開かれる宴会で、牛を一頭屠《ほふ》って饗応したという記述を見かける。また、15世紀には、役牛や乳牛ではなく、食肉用の牛が選別されて飼育されるようになった。この頃から食肉としての牛の飼育が目に見えて増加していった。

牛肉が勇気の源泉

シェイクスピアの時代には、イギリス人が牛肉をこよなく愛し、活力源としていた様子が見える。例えば、ヘンリー五世がフランスに乗り込んで、アジンコートで決戦に臨む場面を見てみよう。戦い前夜、フランス軍の総大将オルレアン公が軍司令官とイングランド兵の品定めをして、「やつらに大量の牛肉と鋼鉄の武器を与えれば、狼のように食らい、悪魔のように戦うでしょう」『ヘンリー5世』(3幕7場)と話している。イングランド兵が勇猛果敢に戦う源泉は大量の牛肉を食べるからだというのである。ところがここは敵地フランスで、史実を見てもフランス軍が先回りをして村々から食料を略奪したために、イングランド軍は食料が十分手に入らなかった。これを承知のオルレアン公は「ところが痛ましいことに、今やつらには牛肉が払底している」とフランス軍の有利を示唆し、これに応じて軍司令官が「だから明日になればわかるでしょう、やつらの腹は空っぽで、戦う肚《はら》ができていないことが」と答えて、牛肉を食べないイングランド兵など一気に押しつぶすとばかりに意気軒昂である。ところが、史実では、イングランド軍の長弓部隊の攻撃で、フランス自慢の重騎兵がぬかるみにはまって身動きが取れなくなり、牛肉どころかパンさえ十分には食べられなかったイングランド軍が圧勝している。

注目すべきは、戦い前夜にフランス側はイングランド側を「愚か」、「頭の鈍い」、「知恵がない」とさんざん馬鹿にしていることである。どうも牛肉を食べ過ぎると馬鹿になるという俗信があったようで、『トロイラスとクレシダ』にも、「牛肉喰らって呆けた大将さんよ」（2幕1場）というせりふがある。『十二夜』では、身分はナイトであるが、脳みそがないとの評判のサー・アンドルーが次のように述べている。「ぼくはときどき、ひょっとしたら人並みの知恵しかないのかなあって思うよ。僕は牛肉を良く食うんだけど、牛って頭がにぶいだろ、それでぼくの頭もにぶくなったのかなあ」（1幕3場）。

「牛肉を食べないと力が出ない」という風評はアジンコートの勝利で払拭し、同時に「牛肉を食べると頭が悪くなる」という俗信も、イングランド軍の緻密な作戦とヘンリー五世の勇断が図に当たって、一掃されることになった。

イギリス人の牛肉嗜好はますます強まり、食肉牛の品質は著しく向上した。ヘレフォードが原産の茶色に白いまだらが特徴のヘレフォード種、スコットランド原産で黒毛のギャロウェイ種、ノルマンディー原産で征服王がイングランドに持ち込んだといわれるイングランド最大のサウス・デヴォン種、スコットランドのアバディーンが原産で、小型の黒毛短角牛アンガス種などが主なイギリスの食肉牛である。これらは大英帝国の拡大に伴って世界中に広まり、品種改良の原種としても活用された。

中でもアンガス種は味が良いことで知られ、世界中で飼育されている。アンガス牛肉は柔らかいのが特徴で、これによって牛肉料理は煮込み料理から、ステーキなど肉の素材を直に味わう料理へと大きく方向転換し、料理革命を起こしたといわれている。ちなみに、肥育されて霜降りになったアンガス牛肉は、和牛の味にも近いため、日本にもオーストラリアから大量に輸入されている。

ステーキは最初イタリアから生まれたという説がある。メディチ家時代のフィレンツェでは、毎年8月10日に守護聖人ロレンゾの祭日がある。その折は大きな篝火《かがりび》がたかれ、そこで巨大な牛肉が焼かれた。これがビステッカ・アッラ・フィオレンティーナ（bistecca alla fiorentina）の起源である。ある時、イギリスの騎士たちがこの祭りに参加し、この肉が大いに気に入り、何度も何度もおかわりを求めた。フィレンツェの人たちはこれを口真似し、ビフステイキ（bif steik）となり、これからsteakという言葉が定着したという。これは一つの俗説であるが、サーロイン・ステーキにも同じような俗説がある。1617年、ジェイムズ一世は祖国スコットランドを訪問した帰路8月15日から18日に、ランカシャーのホートン・タワーを訪問した。その際に出された、ロイン・ステーキがことのほかお気に召した国王は、その場でサーの称号をつけて、サー・ロイン・ステーキとしたというのである。サーの称号とは騎士の称号を与えることで、良くできた話である。似たような話は、ヘンリー八世にもあり、王がロインのステーキがあまりにおいしかったのでサーの称号を与えたことになっている。ヘンリー八世の話には、裏付けがないが、ジェイムズ一世がホートン・タワーを訪れたのは史実で、しかもこの時盛大な仮面舞踏会や宴会が催されている。

2020年、この時にホートン・タワーで催された饗宴のレシピが発見され、競売にかけられた。それは129種類の料理ばかりでなく、料理人の名前も記録された詳細なものである。そこには確かに小牛のロイン料理が載っているが、それはステーキではなくロースト・ビーフであった。料理は、

ホートン・タワー

鹿、猪、白鳥、雉、鷺《さぎ》、七面鳥など贅を凝らしたものだったので、当主のリチャード・ホートンは褒美に鉱山の採掘権を付与された。ところが、料理の出費はそれをはるかに上回り、多額の借財を背負いこむこととなった。当時、債務不履行者は負債者監獄に入れられたが、皮肉なことに、リチャードが収監されたのは国王のおひざ元、ロンドンのフリート監獄であった。

いささか脱線したが、話をサーロインに戻すと、語源は古いフランス語のsurloigne、現代フランス語のsurlongeであろう。sur（上部の）＋longe（腰肉）では、洒落にもならないが……。

（石原孝哉）

コラム5

インド人と牛肉

石原孝哉

インド独立運動といえばマハトマ・ガンジーをまず思い浮かべるであろう。ガンジーがインドであれほど国民的な人気を保っていた理由の一つは、彼が熱烈な牛保護論者だったからである。ガンジーの名言に「ヒンドゥー教の中心は牛の保護であり……牛の保護はヒンドゥー教から世界への贈り物であり……牛を保護するヒンドゥー教徒がいる限り、ヒンドゥー教は生き続けるであろう」という言葉がある。彼は熱心なヒンドゥー教徒であったから、牛を保護するのは当然と言えば当然のことである。

ヒンドゥー教は牛の殺生を禁じ、インド連邦憲法の第48条には、「牛、子牛、乳用動物、使役動物」を殺してはならないと定めている。ヒンドゥー教のシヴァ神は雄牛ナンディに乗って天空を駆けるし、慈悲と子供の神クリシュナは、牛飼い、牛の保護者として描かれる。かくして神となった牛からもたらされた牛乳、凝乳《カード》、バター、さらには尿や糞に至るまで神聖視される。祭祀では、これらすべてを混ぜて聖なる「神酒」を作り、神像と信者に塗り付ける。

マハトマ・ガンジー（1869 − 1948）

だが、歴史をたどるとヒンドゥー教徒も昔は牛肉を食べていた。と言っても、紀元前1800年から紀元前800年のヴェーダ時代のことだが、当時のカーストの最上位のブラーマンの仕事は牛を供儀《くぎ》、つまり生贄として神に捧げ、その肉を人々に分け与えることであった。ところが紀元前5世紀ごろになって、仏教が普及すると、ブラーマンも肉を自由にふるまうことができなくなった。釈迦は、人であれ動物であれ殺生を禁じていたから、供儀という名目での殺牛も認めなかった。そしてアショカ王（紀元前256～232年頃）が仏教に帰依すると、仏教徒は一大勢力となり、以後900年にわたり、仏教とヒンドゥー教は激しく対立した。この過程でヒンドゥー教は古代の聖典リグ・ヴェーダに書かれている牛の供儀は比喩であり、象徴に過ぎないとして、これを否定し、殺牛を禁止するという思い切った戦術転換をした。以後牛肉の代わりに牛乳が儀礼的な食物となり、主要なたんぱく源となった。この戦略が図に当たって、ヒンドゥー教は8世紀ごろまでに仏教を駆逐することに成功した。

牛を味方に

しかしながら、ヒンドゥー教にとっては新たな競争相手が登場した。それは、豚肉を禁忌とするイスラム教徒であった。ここに、牛肉を食べないヒンドゥー教と豚肉を食べないイスラム教という新たな対立関係が生まれた。イギリス支配下のインド帝国では、イギリス政府の分割統治によってヒンドゥー教、イスラム教はさらに激しく対立することになる。これを憂いたガンジーは、あらゆる宗教を超えて団結し、イギリスに対して非協力、不服従運動を展開した。ガンジーが、イギリス人の支配者はとんでもない「牛肉喰らい《ビーフイーター》」であると宣伝したかどうかは知らないが、牛肉大好き人間に対する不服従が受け入れられやすかったことは確かである。ガンジーは南アフリカで弁護士をしていたころは牛肉も食べていたといわれるが、この頃は完全な菜食主義を貫き、イギリス人との違いを際立たせていた。

第二次世界大戦が終結した後に、インド独立が達成された。ガンジーにとって不幸だったのは、ヒンドゥー、イスラムの争いが過激化し、ついにインド・パキスタン分離独立に向かって動き始めたことであった。カシミールを巡って、印パ戦争が始まると、宗教を超えてイギリスに対抗しようとしたガンジーはイスラム教徒に譲歩し過ぎるとして、ヒンドゥー教徒の原理主義者に暗殺された。

国民会議派は、全国的な党章として雄牛と子牛の絵を採用し、文盲の有権者を取り込んで有利に立った。一方、野党は国民会議派の牛のマークに×をつける（賛成する）ことは、牛を殺すことを意味するという噂を流して対抗したが、スマホやパソコンの無い時代のこと、先手必勝であった。インドでは先ず牛を味方にすることが戦略の基本となる。

21

豚肉とイギリス人

★ベーコン作りは秋の風物詩★

ドングリ落としと豚飼いの収穫祭

豚の歴史は人類の歴史と同じくらい古いといわれ、イギリスでもローマ人が来たときは既に飼育されていた。古代における豚の飼育は、オークの森と密接に結びついていた。オークは、多くの日本の本にあるような常緑樹の樫《かし》ではなく、日本の水楢《みずなら》に近い黄葉落葉樹で、成木になるまで200年、平均樹齢600年、樹高40メートルにもなる巨木で、イギリスには各地に広大なオークの林があった。ケルト系のブリトン人は彼らの宗教指導者であるドルイドが神聖視したオークの森の近くに住み、豚を飼育した。豚は春先に10頭以上の子を産むが、しばらくは餌を与えて育て、自分で餌をとれるようになるとオークの林に放牧された。豚は雑食性で、土中のミミズや昆虫、灌木の根や若芽を食べるために、森は灌木の少ない風通しの良い美林となり、オークにとって理想的な生育環境になる。灌木がなくなれば、羊が草を食むことができる。羊は毛に絡まるので灌木が苦手なのである。豚が掘り起こし、羊が下草を食べると、そこには栄養豊かな牧草が生える。この森林牧草地はウッド・パスチャー（Wood pasture）と呼ばれ、中世イギリス農村経済を支え

ドングリを落とす豚飼い

てゆくことになる。この森は後に典型的なイギリスの森となり、18世紀には「風景庭園《ランドスケープ・ガーデン》」として人工的に再生されることになる。そこはキツネ狩りをする貴族が、馬を自由に走らせることのできる明るい森である。

この森には、秋ともなればオークの巨木が枝がしなるほどのドングリを実らせる。エイコーンと呼ばれるこのドングリは、日本のドングリよりはるかに大きく、2〜3センチの細長い実である（実が大きいのはイングリッシュ・オーク、実が小ぶりなのはウエルシュ・オークと呼ばれる）。これが豚の大好物で、昔の絵を見ると農民が棒でドングリを叩き落として豚に食べさせているところが描かれている。

豚飼いは「スワインハード」（swineherd）と呼ばれて、職業であった。蛇足だが、スワインは豚、ハードは世話する人の意味である。牛飼いはカウボーイではなくカウハードで、羊飼いはシープハードだがシェパードと発音する。犬のシェパードは牧羊犬である。

彼らは朝、持ち主から豚を預かって、豚の群れを森に連れて行き、棒でたたいたり、木に登ってドングリを落すのが仕事であった。中世の本には彼らが賃金をもらっているところが描かれている。秋も深まると、棒でたたかなくてもドングリは降り注ぎ、豚は丸々と太って脂肪をたっぷりと蓄える。11月になると、繁殖用の雄と出産可能な雌を残して大部分を屠殺して塩漬けにする。豚はドングリなしでも生きられるが、放牧して草や木の根などしか与えないと体重がみるみる減少し、肉も硬くなる。飼い主にとってはドングリが落ちるごく短い期間が屠殺の適期であったために、秋の屠殺は冬の訪れを告げる一大行事となった。塩漬けにしたものを燻製にすれば、ハムやベーコンになる。腸に詰めればソーセージとなり、血を混ぜて茹で上げればブラック・プディングになる。これらは、彼らにとって長くて暗いイギリスの冬を過ごすには不可欠な保存食であった。この習慣は、キリスト教の伝播とともにハロウィーンと重なり、秋の収穫祭として村の年中行事化していった。収穫祭といえば、秋の刈り入れを連想するのは農耕民族たる日本人だからである。ちなみに、羊飼いの収穫祭は春の5月1日（メイデイ）で、盛大な羊の毛狩り祭りが行われ、羊は毛を刈られて放牧される。羊飼いには年に一度の現金収入が入る。というわけで、秋は豚飼いの収穫祭であった。豚の絶叫と阿鼻叫喚の血生臭い行事は収穫祭にふさわしくないなどということなかれ。狩猟民族は、血の一滴まで無駄にしないのが美学である。してみれば、ハギスやブラック・プディングも血の血漿ならぬ美学の結晶ということになる。

豚の飼育変遷史

さて、ハロウィーンの時期に放牧していた豚を集めて処理するという習慣は、アングロ・サクソン人にも踏襲されたが、ノルマン時代に入って試練に直面する。ノルマン人が広大な森や林を、王領としてしまったからである。農民は森に入ることを許されなくなったために豚を森に放牧できなくなった。しかし農民が豚を飼えなくなって一番困るのはおいしいベーコンやハムが食べられない領主であり、やがて一定の条件のもとに森も利用できるようになった。ノルマン王朝の土地台帳『ドゥームズデイ・ブック』には国有林ごとに豚の数が明記してある。例えば、ベッドフォードシャーのルートンの二つの森は2050頭と決められている。地主たる国王は、豚の飼い主に対して2050頭分の税金を徴収するという意味である。

税金を払うことで安心して豚を飼えるようになると、農民にも余裕が生まれた。秋の屠畜の時期は、唯一豚の生肉が手に入る時期であった。それ以外の時期の豚肉はベーコン、ガモン、ハムなど保存食しか食べられなかったので、事故でもない限り生肉を調理することは稀だったからである。この時期はリンゴの実が熟す時期であり、豚の生肉を調理した料理にリンゴ料理が添えられるとそれがイギリス伝統の秋の味となった。

時代が進み、飼料に穀物、カブやジャガイモなどの根菜類が使われるようになると、牛や豚の冬越しも簡単になり、一年中屠殺できるようになった。産業革命が進むと、イギリスでの豚の飼育は都市部にも広がり、残飯などを与えて小規模に飼育されることも多くなった。やがて濃厚飼料を使ってこのように集約的に豚を育成する方法はファクトリー・ファーミングと呼ばれるようになった。今日では、このような肥育は本来の育成法ではないとして見直しが進み、広い農場にかまぼこ型の豚舎を置き、自由に放牧する方法が主流になっている。このような農場はファームと呼ばれ、自然に近い、健康的な豚を育てることができるとされている。

イギリスの代表的な豚にバークシャー豚がある。黒豚のイメージが強いが、これは日本で鹿児島黒豚として特産化しているためである。原種はバークシャー州原産の豚に中国の大型豚やシアメーズ種などを交雑し、改良を重ねて固定化したものである。現在人気のあるブリティッシュ・ランドレイスはデンマークの優良豚を輸入して改良したもので、味に定評がある。このようにして豚肉は、イギリス人にとって欠くべからざる食材となった。

ところで、酒飲みなら身に覚えがあろうが、ヨーロッパで一杯やるときにつまみとしてまず頭に浮かぶのが生ハムではあるまいか。スペインでは、肉屋の店先に黒豚の後ろ脚がずらりとぶら下げられ、最初見たときはグロテスクでとても食べる気にはなれなかった。しかしながら、ナイフを巧みに操り、紙のように薄切りに切り取る肉屋の技術に見とれ、一口食べたのが病みつきになった。特にうまいのは、イベリコ豚の生ハムである。その中でも最上級はjamon iberico de bellotaという。ちなみに、bellotaは英語でいえばacornで、ドングリである。やはり、豚はドングリ育ちでないとだめらしい。イギリス自慢の豚肉も、生ハムに関してはスペインの後塵を拝している。

(石原孝哉)

コラム6

タブーとなったブタ

石原孝哉

肉化率35％の消化能力

イギリスで古城を巡ると、城壁の一部がせり出しており、そこに丸い穴をあけた板が張ってある一角がある。これがトイレで、排泄物は城外に落ちるようになっていた。後の処理は豚に任せる。18世紀の花の都パリでは、紳士が淑女をエスコートするときの原則は、道の中側に女性を置くことであった。そして、「ギャルデ・ロー」という叫び声が聞こえたら、すかさず女性を道の真ん中に避難させねばならなかった。窓から汚物が降ってくるからである。公害ならぬ黄害の原点である。パリでは、お丸に入れた汚物を下水に流す決まりであったが、多くの人々は窓から捨てており、捨てる際の礼儀作法が「ギャルデ・ロー」であった。道路に落ちた汚物は、野菜くずや他のごみと一緒に豚がきれいに食べてくれた。

余談だが、アメリカの作家クリストファー・モーリーは、淑女のハイヒールは「おでこにキスされた女性が発明したものである」と言った。本当は歩かなくてもよい身分の男性のステイタス・シンボルとして乗馬用のかかとの高い靴が王侯の間に広まったのが起源である。これとは別に、昔は道路が汚物にまみれ、汚い歩道を歩くときに汚物から服を守るためにハイヒール靴が最適とされて、ブーツとともに上流階級の男性の間に普及したという説がある。

いささか臭い話になったが、豚は本来清潔好きで、好んで糞を食べるわけではない。言いたかったことは、豚が恐るべき消化能力の持ち主で、食べたものの約35パーセントを肉にする能力を持っていることである。その能力故に、泥水に潜む昆虫や、土中のミミズ、草や、根などを食べても生きてゆけるのである。

『コーラン』が豚を禁忌とする理由

イスラム教徒が豚を食べないのは『コーラン』（2章173節）で豚肉が禁止されているからである。ユダヤ教徒が豚肉を食べないのは旧約聖書（「レビ記」、11章7節）で豚肉を禁じているからである。「レビ記」は食材の禁忌のオンパレードで、ラクダ、野兎、豚、ハゲワシ、カラス、タカ、ペリカン、ハゲタカ、コウノトリ、サギ、コウモリ、モグラネズミ、ヤモリ、トカゲ、カメレオン……。「レビ記」が書かれたのは紀元前1450年前後といわれるから、さもありなんとは思うが、コウモリを鳥と一緒にしたり、簡単には捕まりそうもない鳥類だの、食欲をそそるとは思われないヤモリ、カメレオンだのを禁じたりしているのはどういうわけであろう。

一方、それから約2000年遅れて書かれた『コーラン』には、肉としては唯一「豚肉」だけが禁じられている。イスラム教ではなぜ、豚を例外としたのであろうか。旧約聖書では、豚を食べてはならない理由として、反芻しないことが挙げられている。「すべてのひづめがわかれたもの、ひづめのまったく切れたもの、反芻するもの」は食べてよいが、豚はひづめは割れているものの、反芻しないから禁忌であるという。納得はしかねるが、理由は説明されている。

ところが『コーラン』には豚を禁忌とする理由は述べられていない。ただ、多くの文献を読むと「豚の不潔な習性」がその原因であることがわかる。例えば、アメリカの文化人類学者マーヴィン・ハリスは12世紀の医師ラビ・モーゼズ・マイモニデスの言葉に着目している。彼はエジプトのイスラム王朝サラディン王に仕えた宮廷医であるが、豚の習性と食べ物が汚いゆえに律法が豚を禁じているとして、「もし立法がエジプト人とユダヤ人に豚を飼うのを許したら、カイロの街と家はヨーロッパのように不潔になってしまうだろう。なぜなら、豚の口は糞と同じくらい汚いからである」と述べている。

ここから、『コーラン』が豚を禁忌とする理由が糞食にあることがわかる。それと同時に、当時のヨーロッパでは、豚が排泄物の最終処理をしていた実態が読み取れる。さらに、一歩を踏み込めば、イスラムの立法者たちは豚肉を禁じることによって不潔なヨーロッパ、すなわちキリスト教国との差別化を意図したものと思われる。ヨーロッパでは豚は不可欠な食材であったが、イスラム圏では牛、羊、山羊が主体で豚肉への依存度はそれほど高くはなかった。

豚には汗腺がなく、暑さに弱い動物で、暑いときは泥水を浴びて皮膚を泥で覆わねばならなかった。当時のイスラム圏は砂漠や乾燥地の多いアフリカや中東に広がり、豚には住みにくい環境であったことも、飼育数が少なかったことの一因であろう。一方、キリスト教圏は湿潤な気候に恵まれたうえ、主食のドングリやシイの実のなる森が豊富であった。

ところで豚を追放したイスラム教国は清潔になったであろうか? 答えはノーである。路上に汚物を落すのは豚ではなく人間だったからである。ハリスによれば、中東では最近まで豚の代わりに犬が最終処理をしていたという。このためかどうかは知らないが、イスラム教では犬は不浄な動物とされ、犬がなめた容器は7回洗わないと使用できないとか、犬がモスクにきたら、モスク自体を清めなければならない、といわれている。思い出されるのは2019年6月、インドネシアで犬を連れたキリスト教徒の女性がモスクに入り、宗教冒涜罪で逮捕された事件である。有罪となれば、最高禁固5年という重い罰が下される可能性があるという。翻って、日本では愛犬に顔をぺろぺろなめさせて幸せそうな動画に、「いいね」が重ねられている。

22

自由にできない森と川の恵み

★領主が握る所有権★

鹿を密漁して故郷を追われる？

シェイクスピアは23歳前後で幼い子供たちや妻を残してロンドンに出奔《しゅっぽん》したが、その理由は近くのチャールコートの森で鹿を捕獲したためであるという。この森はトマス・ルーシーという有力者の荘園で、鹿は地主のものであるから犯罪だが、それにしては処分が重い。処罰は仕方がないが、失敗は、文才豊かなシェイクスピアがそれをざれ歌に書いて諷刺したことだった。激怒したルーシーが、治安判事の権限を行使して、厳しすぎるとも思える追放処分にしたのである。

狩猟民族にとっては、昔から野生動物は重要な食材で、鹿や猪はじめ、穴兎、リスなど森のあらゆる動物が食材になった。イギリスの歴史を振り返ると、アングロ・サクソンの時代には森に対する規制は見られない。厳しくなったのはノルマン王朝になってからで、狩猟好きなウィリアム征服王は多くの森を王有林とした。ノルマンの騎士にとって、狩りは単に鹿などを捕る娯楽ではなく、馬を自在に乗りこなし、獲物を弓で仕留めることは騎士にとって欠くべからざる軍事教練であった。まさに趣味と実益を兼ねた一挙両得の妙手であった。そのために森は法律で厳しく管理されていた。大きく分けると木や植物に関する規制と動物に対する規制に分けられる。例えば、森に入るには許可が必要で、開拓したり、耕作することはできなかったし、樹木を切り倒したり、灌木を刈ることもできなかった。ただし、森のなかに私有地を持っているものは、そこに自由に豚を放牧することが許された。ちなみに、この時代は王の命令で村、ないしその一部が森と分類されると、居住が制限されたり、立ち退きを求められたりすることさえあった。

王有林をめぐる数々の決まりごと

例えば、ニュー・フォレストはハンプシャーからウィルトシャーにまたがる広大な森だが、征服王の猟場にするために人工的に作ったものである。名前の「新しい森《ニュー・フォレスト》」は新しく作られたからである。村民は追い出され、36の教会まで取り壊された。征服王の次男リチャード・オヴ・ノルマンディーとその弟で赤顔王ルーファスは共にこの森で狩猟中に死んだが、伝説によれば追い出された村人の怨念故《ゆえ》だという。しかし、村人たちはそれ以前から有していた入会権《コモン・ライト》を保持し続け、馬、牛に草を食べさせることができた（ただし、鹿と餌を競合する羊はめったに許可されなかった）。そのほか、薪を集めたり、燃料用の泥炭を採掘したり、セント・マイケルの祭日（9月26日）以降はワラビを採ることができた。ワラビは食べるためではなく、家畜の敷き藁として冬に使うものである。最大の権利は、豚にドングリを食べさせる権利であった。「マスト」（Mast＝ドングリ）と呼ばれるこの権利は、毎年60日間と定められ、時期はドングリが実る時期に合わせて森林監視官が布告した。60日の期間は厳正であったが例外もあった。それは妊娠中の雌豚であった。「大権付豚《プリヴリジド・サウズ》」という仰々しい名前を付けられた雌豚は、いつでも森に入れたが、夜は飼い主が豚舎に連れ戻さねばならなかった。

狩猟動物に関しても細かな規定があり、主として以下の5種類の動物が保護された。雄鹿、雌鹿、猪、狼、野兎である。鹿を雄雌に分けているのが面白い。動物の規制は拡大され、ダマジカ、キツネ、テン、ノロジカ、穴兎、雉、ウズラなどが加えられた。

ちなみに、イギリスの猪は13世紀に絶滅し、狼も15世紀に絶滅したために大型狩猟動物はほぼ鹿をさすことになった。これをよく表しているのがvenisonという英語で、かつては大型狩猟動物全体を指す言葉であったが、次第に鹿肉だけを表す言葉となった。蛇足だが、現在イギリスには野生の猪がいるが、これは、肉用として飼育されていたものが逃げ出して野生化したものといわれている。

これら大型狩猟動物は国王、ないし金を払って狩猟許可を得た貴族しか捕ることができなかったために、庶民は専ら小動物を捕獲して食材とした。野兎、リスやハリネズミはその典型である。野兎は領主によっては狩猟動物に含めていることもあったが、その場合でもわずかな罰金を科されるのみで、たいていは見逃された。また、湿地や河口地域では、鴨や雁など渡り鳥がたくさん捕れ、庶民の食卓をにぎわしていた。

川で捕れる魚も、原則として土地所有者である領主のものであった。例えば、サケやマスは領主の食べ物であったが、小さい魚は許可を得て農民が捕獲した。コイの仲間のディス、カワヒメマス、やはりコイ科のタイリクスナモグリ（gudgeon＝大陸砂もぐり）などは貴重な食材であった。断食日の習慣があったために、領主は専用の池を作ってそこに魚を飼って、いつでも食卓に出せるように配慮していた。ウナギも川魚では高級魚で、庶民は専らヤツメウナギを食用にした。ヤツメウナギといえばへンリー一世の悲劇を思い出す。

ヘンリー一世には20人を超える庶子がいたが、相続権を持つ嫡子はマティルダとウィリアムの2人きりだった。ところが1120年、嫡嗣のウィリアムを船の遭難事故（ホワイトシップの遭難）で失い、最初の妃マティルダは1118年に死去していたので、新たな世継ぎを儲けるためにアデライザ・オヴ・ルーヴァン（娘のマティルダより1歳年下）と再婚して後継者を得ようとした。だが、結局若い王妃は妊娠しないまま、王は67歳で死亡した。精力が付くとして、勧められたヤツメウナギの食べ過ぎが原因であったという。今日では、ヘンリーとヤツメウナギの逸話は、食事は偏食せず、バランスよく食べるべしとの教訓として語り継がれている。

（石原孝哉）

23

大麦とオート麦の話

★イングランドとスコットランドの主食争い★

大麦

大麦は中央アジア原産で、世界でもっとも古くから栽培されていた作物の一つである。多くは、煮て粥状にして食べていた。古代エジプトでは主食のパンも大麦から作られていた。大麦パン製造の過程で、大麦を粉にしやすくするため発芽させたときに偶然ビールの製法も発見されたと考えられている。このためにパンとビールはエジプトの食生活の中心であった。大麦の粥も古代エジプトではそのまま残っており、古代ギリシャでも重要な食料だった。ローマの時代には市民の主食は小麦へとかわり、大麦は醸造原料になった。

一方、ヨーロッパ北部の寒冷地では小麦が育たず、大麦とオート麦が主要穀物であった。中世スコットランドの小作人は、朝と昼は大麦のポリッジだけ、昼はディナーで一番のごちそうが出るのだが、それでも大麦と野菜入りのポテッジであった。大麦に肉や野菜をくわえ、煮込んだシチューであるスコッチ・ブロスは贅沢品で庶民には手が届かなかった。

バイキングにとって大麦とオート麦は最も大切な穀物で、この伝統は今でもオークニー諸島やシェットランド諸島に残って

バノック

おり、そこではビア（bere）と呼ばれる大麦から作った粉を使った伝統料理が人気である。例えば、ビアの粗挽き粉で作るバノック、ビアもしくはライ麦の全粒粗挽き粉で作るコースブレッド、煎餅のように薄く作るフラットブレッドといったビスケットに近いパンがそれである。いずれも、イーストなどを使わず、ベーキングパウダーなどを使って作る。

　有名なスコーンはイングランドでも人気の食品だが、スコットランドが発生の地で、ビアの粗挽き粉、ないしビアとオートの粗挽き粉を混ぜて焼いたものである。

　イングランドでは、ローマ時代、アングロ・サクソン時代を通じて大麦は、パンないしポリッジとして庶民の主食であった。大麦やオート麦のパンは発酵させない堅パンだったので長期保存できた。昔はパンを1週間から数ヶ月おきにまとめて焼いて貯蔵しておく習慣があったので、古くなったパンはナイフも通らないほど硬くなった。そのため予め適当な大きさに切って保存した。15世紀までは、小麦から作る白パンは贅沢品で、日常は主に大麦とオート麦粉から作った堅パンを食べていた。しかし、食事の中心が次第にポリッジや、ポテッジからパンへと移行すると、イーストで発酵させる白パンの材料である小麦が重用され、大麦はビール醸造用としての用途が主となっていった。

ジョン・バーリーコーンといえば、文学愛好家はスコットランドの国民詩人ロバート・バーンズの同名のバラッドを思い浮かべるであろうが、これはもともとイングランドの古い民謡をバーンズがアレンジしたものである。バーンズ版だけでなく、イングランド各地に異なった歌詞があるが、大枠は、擬人化された大麦が、一度は死ぬが、ビールやウィスキーとして甦るというものである。現在では、陽気な酒讃歌であるが、テーマが死と再生であることから、キリストの死と再生のイメージと重ねて人気があり、解釈を巡って様々な見解がみられる。

この民謡はアングロ・サクソンの時代から歌われていたとされるが、そのころからすでに大麦が酒の原料として使われていたことが窺える。

オート麦（燕麦）

オート麦は中央ヨーロッパで穀物として栽培され、ローマ帝国がこの地方に進攻するとともにローマにも伝えられた。ローマにおいては主に飼料用であったが、ゲルマン人は人間の食用としていた。中世に三圃式農業が成立すると、オート麦は大麦とともに1年目の春に蒔かれ、主に飼料用として利用された。これは農法の進歩によって農作業や輸送用として農村部で広く馬が使用されるようになり、各農村において農耕馬の飼料の需要が急増したためであった。

サミュエル・ジョンソンは大した文学作品を残しているわけではないが、シェイクスピア、ディケンズと並んでイギリス人に人気がある。それは一人で辞書を書き上げたことにもよるが、そのユーモア精神故である。典型としてよく引き合いに出されるのがオート麦の項目である。「イングランドで

オート麦（燕麦）の穂

は馬の餌であるが、スコットランドでは人が食べる」。オート麦はジョンソンの指摘を待つまでもなくスコットランド人の主食で、小作人が地代を納めるときに年貢米ならぬ、年貢麦として納められた。粗挽きもしくは押しつぶしたもの（オートミール）を水や牛乳などで炊いた粥（ポリッジ）は最も一般的な食べ方である。グルテンが少ないためにパンには向かないが、現代ではフレーク化する技術が進み、手軽なシリアルとして朝食の定番になっている。グラノーラは、オートミールに玄米や麦などを混ぜ、蜂蜜や油を混ぜて焼き、さらにドライフルーツを混ぜたものである。ダイエットに励む女性に人気のオートブランは、オート麦の皮、「ふすま《ブラン》」からできている。

ジョンソンの時代には、現在巷《ちまた》に流布しているようなオート麦の栄養分析はできていなかったと思われるが、スコットランドの国民食を「馬の餌」とこき下ろされた弟子のジェイムズ・ボズウェルが「したがってイングランドでは馬が優秀で、スコットランドでは人が優秀である」としっぺ返しをした話は有名である。

現在では、オート麦は朝食の定番となっているが、これは「クエーカー・オーツ・カンパニー」や「ケロッグ」などアメリカの食品会社が看板商品として売り出したことが大きい。日本では、渋沢栄一や昭和天皇が洋食の朝食の時に好んで召し上がられていたことが知られている。
このような事実にもかかわらず、オート麦が馬の餌であったことも冷厳な事実である。オート麦は、トウモロコシ、小麦などに次いで世界で6番目に生産が多い穀物であるが、その生産量は最盛期より3割も減っているという。その理由は自動車の普及によって馬が減少し、馬の飼料としてのオート麦の生産が縮小しているためだそうだ。泉下のジョンソンとボズウェル、この事実にいかなる反応を示すことだろうか。

（石原孝哉）

24

小麦とライ麦の話

★競い合うイギリスパンとフランスパン★

小麦

初夏にイングランドの田園を走ると、ダウンと呼ばれる丘陵が果てしなく続き、そこが黄金色に染まって特有の田園風景を作っている。これはほとんどが冬小麦である。ところが、イングランド北部やスコットランドは冷涼で小麦には適さず、もっぱらオート麦やライ麦が主体になる。

小麦の栽培はメソポタミア地方で始まり、紀元前3000年頃にはヨーロッパに伝わっているから、ローマ支配以前からイギリスにあった食材であるが、大麦などに比べて贅沢品であった。当初は、大麦などとともに粥にされたが、粉に挽いてパンにするようになると需要が増した。パンにしたときの味は良かったが高級品だったために、庶民のパンは大麦、オート麦が主体の硬い黒パンであった。

小麦のパンは、祭りのときに神に捧げられたことからもその希少価値ぶりは窺える。これほど古い穀物であり、おいしいパンの食材でありながらなぜ小麦は貴重品だったのだろう。答えは簡単で、収穫量が少なかったからである。なぜ少なかったかというと、小麦には二つの系統があり、一つは穂が柔らかく、成熟すると穂がほつれて種がこぼれてしまうものである。もう一つの系統は、穂が硬く、頴《えい》が固く覆われているために、穂から種が取り出しにくいものであった。穀物として利用できるのは、この両種の中間で、自然には落ちないが脱穀によって簡単に種を取れる種類であった。風媒花の麦は自然の中で交配し、時に良いものもできるが安定しなかった。今のように、メンデルの法則がわかり、科学的な交配や遺伝子組み換えの無かった時代には、ひたすら良い種を選び続けることによって、何百年も努力するしかなかった。かくして、ローマの時代末期にはパンの主原料になったが、小麦は寒さに弱く、それがヨーロッパの中・北部で栽培されるようになるにはさらに年月が必要であった。

イギリスでは、水車の普及によって、硬い殻を持った小麦でも容易に製粉ができるようになった。これはノルマンの征服で加速化され、１０８６年の『ドゥームズデイ・ブック』によればイングランドに５６２４の水車があったとされる。農夫は収穫した麦を水車小屋に持ち込んで製粉し、粉の16分の1から24分の1を挽き賃として粉屋に支払う。粉は裕福な家では自宅でパンに焼いたが、たいていはパン屋に持ち込んで焼いてもらった。一度に大量に焼いて保存しておく習慣はここから生まれた。

12世紀になるとポリッジに比べて堅パンが増加し、15世紀を過ぎると小麦、ライ麦のパンが主流になっていく。普通はライ麦粉と小麦粉を混ぜるが、小麦

小麦

粉だけのパンも次第に増えていく。小麦パンとはいえ、ブラン、すなわちふすまが残っていたのでブラウン・ブレッドであるが、イースト菌で発酵させていたので柔らかかった。ふすまをすっかり取り除いた大型の白パンがいつ頃できたかは詳細にはわからないが、17世紀初頭には既にロンドン子がバター付きのトーストを堪能していたことが知られている。白いふかふかのパンは、裕福の証、ステイタス・シンボルであった。

イギリス料理はフランス料理に劣るといわれるが、パンに限って言えばイギリスに軍配が上がる。フランスパンは皮が硬く中もぱりぱりしているが、イギリスパンはよく膨らんでしっとりとしている。もちろん食は好みによるが、パンとしてはふっくら、ふわふわが高級である。原因は小麦の種類が違うためで、フランスの小麦はグルテンが少ないために粘りけが無く、大型のパンができない。苦肉の策が、直焼きでしっかり皮を焼くバケットに行きついたのである。一方、イギリスの小麦は粘性が高く、ふっくらとよく膨らんで大型パンができた。

これはイギリスの小麦のほうがグルテンが多いためである。グルテンとは穀物の胚乳から生成されるたんぱく質の一種であるグルテニンとグリアジンが水を吸収して網目状につながったものであるが、粘性ばかりでなく味に重要な影響を与える。

日本人が、米の産地や銘柄にこだわるように、ヨーロッパ人は小麦の産地と銘柄にこだわる。誰も自分の親しんだ味こそ一番であると言い張る。たとえ、筆者がパンはイギリスに軍配を上げるとしても、フランス人はこれに納得しないであろう。「フランスパンは長持ちする」、「イギリスパンのような柔らかいパンでは役に立たない……。夫婦喧嘩の時に安心して棍棒代わりに使うことができるのはフランスパンだけだ」。

フランスはヨーロッパ有数の小麦生産国でありながら「なぜイギリスの後塵を拝するのか？」というのは外国人の筆者の見解で、フランス人は最初からたんぱく質の多さでパンの質を計らない。彼らは「白い食パンはパンではなくフランスパンこそパンである」と信じているからである。彼らは小麦粉の質を計る目安として灰分を使い、数値化している。灰分は皮の部分に多いから、数字が高いと全粒粉に近いことになる。タイプ45はケーキ用に、タイプ65はビスケット用で、生産されている小麦粉の90％以上を占めるタイプ55がフランスパン用に使われる。

ちなみに、日本のパンがフカフカなのはグルテンが非常に多いアメリカやカナダの硬質小麦をふんだんに使っているためである。フランスやイギリスは自国の小麦保護のために、輸入を制限しているので、このまねはできない。日本のパンのおいしさが、米を保護するために他の穀物を犠牲にした農業政策の失敗の結果であるのは何とも皮肉である。

ライ麦

ライ麦は、もともと小麦畑の雑草であったが、風媒花であるために小麦と交雑し、小麦に似た姿の個体が除草を免れ、これを繰り返すうちに独立した品種となったといわれている。小麦が持ち込まれたときに、より寒さに強いものが選別されていったことは既に述べたが、元が小麦の雑草という出自ゆえに、ライ麦は小麦とは似て非なる発展を遂げた。ヨーロッパの寒冷地では、冷害の時に備えて小麦畑にライ麦を混ぜて蒔いておいた。これは日本で、冷害にそなえて稗を植えていたのと同じで、一

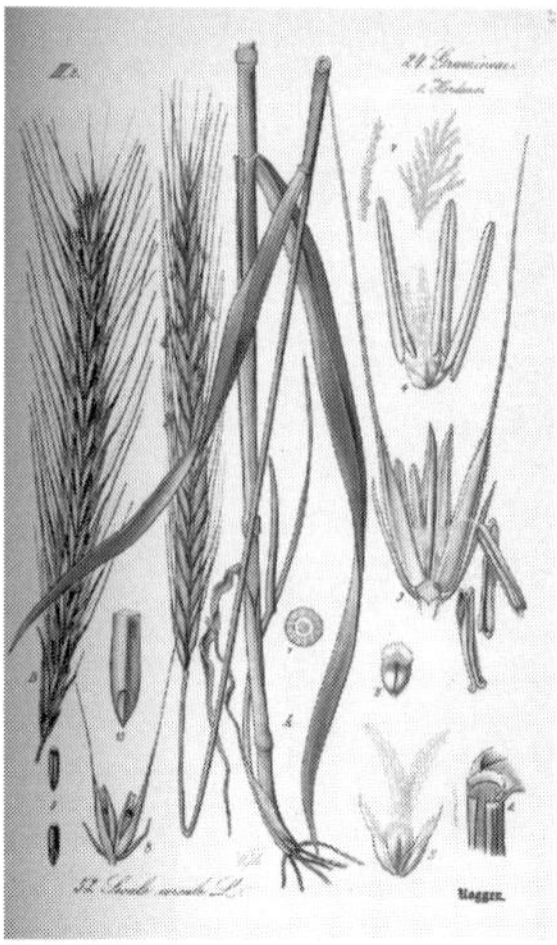

ライ麦

種の保険であった。やがて、特定の地域や土壌では小麦の生育が特に悪く、そのような畑ではしばしば小麦畑をライ麦が覆うようになった。これを知った農民は、酸性土壌や乾燥地、寒冷地など小麦に不向きな場所では、最初からライ麦を主目的として栽培するようになった。

このような経過を経て、イングランドの北部からスコットランドにかけては、ライ麦が盛んに栽培され、中世を通じて農民の主要なパンの食材となった。

ライ麦パンはその酸味のため日持ちがする。これは、パンを一度に焼いて貯蔵していた中世にはありがたいことで、硬くなったパンは水や酒やスープに浸して柔らかくして食べた。このほか粥やスープにして食べることもあった。

ライ麦文化圏ではライ麦パンの二次的な利用も盛んで、硬くなったものをお湯に溶かして、酵母によって発酵させ、様々な酒を造る。ロシアのクワス（kbac）はアルコール濃度が低く、清涼飲料として夏の風物詩だが、アメリカ、カナダでは蒸留してライ・ウィスキーとして売られている。

イギリスでは、18世紀に入ると囲い込みや農業革命の進展によって小麦の生産が急伸し、小麦の一大輸出国となった。これに伴い、食味に劣るライ麦の輸出が急減した。ライ麦パンは普通小麦粉とライ麦粉を混ぜて作るが、時代が下るにつれて小麦の混合量は多くなる傾向にある。小麦粉が多いほど食べやすくなるためである。しかし、現代においてもライ麦パンの風味を好む人々は多く、ライ麦の割合が高く酸味の強い混合パンや、ライ麦粉のみで作るパンもいまだ盛んに製造されている。ライ麦は食物繊維やミネラルを豊富に含み、健康に良いとされている。この養分の豊富さも、近年、ライ麦パンが見直され、消費の増える一つの要因となっている。

（石原孝哉）

25

ポテトの登場

★貧民食から万能食へ★

ジャガイモを嫌ったイギリス人

ジャガイモはペルーのインカ原住民が、紀元前8000年から栽培していたといわれるが、1536年スペインのペルー占領で、ヨーロッパにもたらされたという。イギリスでは、探険家ウォルター・ローリーがアメリカから持ち帰ったが、宮廷で不評を買い、一般には広まらなかったとされる。1663年、王立アカデミーは栄養価を認めて食品として認証したが、それでもイングランドにはなかなか広まらなかった。

この間にアイルランドでは栄養価の優れたジャガイモが庶民の主食になっていった。アイルランドの小作人は、庭の片隅や、地主から借りた猫の額ほどの土地にジャガイモを植えた。地主は、金になる牛の飼育に夢中で、狭くて放牧に不適な農地を簡単に貸し出した。食料としてのジャガイモは優秀で、1エーカーの土地にジャガイモを植え、一頭の乳牛がいれば一家を養うことができた。このようにしてジャガイモは瞬く間にアイルランドの主食になっていった。

ところがこれを見たイギリス人は、ジャガイモは「アイルランド人の食べる貧民食」として軽蔑し、上・中流階級の食卓に上がることはなかった。18世紀の末になってやっと救貧院の食事にジャガイモが登場したことからも、貧民の食べるものというレッテルが浸透していたことがわかる。ドイツでは1744年の飢饉以来フリードリヒ二世がジャガイモを奨励し、その栄養価に着目したフランス人の農学者アントワーヌ＝オーギュスタン・パルマンティエがフランスに広めた。パルマンティエはドイツに捕虜として捕らえられているときにジャガイモしか与えられないのに病気一つしなかったことから、ジャガイモの栄養価に着目した。彼は、王妃マリー・アントワネットにジャガイモの花を髪に飾ってもらったり、ブーケにして舞踏会に持参してもらうなど、巧みな宣伝でたちまちフランスに普及させることに成功した。

イギリスでは、19世紀になってもまだジャガイモは市民権を得ず、民衆の健康保護を訴えたウィリアム・コベットすら、トウモロコシとスエーデン・カブは健康によいが、ジャガイモなどは「アイルランド人が食べるなまけ芋」だとして糾弾した。

ジャガイモ飢饉

このようなポテト論争の後、まずイングランド北部に広まったジャガイモは1840年代には都市部の労働者にも広がった。ところが、見本となったアイルランドでは1845年から49年にかけてジャガイモの疫病が蔓延し、いわゆるジャガイモ飢饉が発生した。

1801年のアイルランド統合以来、アイルランド島は全土がイギリスの直接統治下に置かれていた。しかし、アイルランドには製造業が発展せず、国民の大半は農民であった。ところが、過度にジャガイモに依存していたために、飢饉直前には人口の3割がジャガイモに食料を依存する状態に

ジャガイモの花

なっていた。1845年にジャガイモの疫病が発生すると、食糧不足に見舞われた農民は種芋まで食べてしまったために、翌年の収穫量は激減した。このような状況のなか、1848年には冷害と長雨のために作付けしたジャガイモがほとんど実らないという大凶作に見舞われた。

このときアイルランドからは、100万人以上ともいわれる多数の餓死者が出た。資料によって差異はあるが、約80万人がアメリカ、カナダに移住し、ほぼ同数がイギリスにも逃れたという。ロンドンのイースト・エンドにはアイルランド人が溢れた。

イギリスでは、ジャガイモが普及していたとはいえ、他の食料が充実していたためにアイルランドのような被害は免れた。1860年代になると、ジャガイモは魚とともに大量に供給されるようになり、産業革命の屋台骨を支える肉体労働者にはなくてはならない主食となっていった。ジャガイモを油で揚げたチップスに魚のフライを組み合わせた「フィッシュ・アンド・チップス」は労働者のお気に入りの料理となり、やがてフィッシュ・アンド・チップスを専門に売る店がロンドンに出現し、たちまち全国に広がっていった。

1930年代になると、フィッシュ・アンド・チップスは労働者階級ばかりでなく、中流階級にも広がりを見せるようになる。そして、第一次世界大戦で、女性が軍需工場で働くようになると、フィッシュ・アンド・チップスは手軽な外食として、また、便利なテイクアウェイ食品として夕食の食卓に並ぶようになった。

最初、救貧院の給食から始まったジャガイモが、やっと一般家庭に定着したのである。

（石原孝哉）

26

野菜の話

★野草摘みからサラダレシピまで★

修道院から始まる野菜の栽培

野菜は農耕民族にとっては不可欠な食材であったが、狩猟民族にとってはいつも副食の域を出なかった。そこでは「ベーコンを家に持って帰る」(Bring home the bacon) ＝「生計を支える」というようにいつも肉が主役であった。

既に述べたように、ローマ支配下のブリタニアには、ローマ帝国各地からいろいろな野菜が持ち込まれ、様々に調理されていた。しかし、アングロ・サクソン時代に入ると、ローマの食文化も農業技術もすたれてご破算となり、もう一度組み立てなおす必要があった。地中海文化はキリスト教の普及とともに、再びイングランドに根を下ろしてゆくが、野菜についていえば、最初に優れた品種がまず修道院の中で栽培され、長い年月をかけて徐々に庶民にも広まるという過程をたどった。例えば、アングロ・サクソン時代には、野菜というよりは野草を摘むのが女性の重要な仕事であった。セイジ、ローズマリー、タイムなどのハーブのほか、イギリスに自生するワイルド・セロリやせり科の野草アレクサンダーズなどが採集された。アカザ科のグッド・キング・ヘンリーは葉と茎が食用であったが、硬くてよく煮込まないと食べられなかった。秋は女性たちには忙しい時期で、タンポポ、ルリヂシャ、カラクサナズナ、アカイラクサ、ハマアカザ、ルリハコベ、ハコベ、オオバコなどは霜が降りる前に摘まねばならなかった。各種のキノコも採集して乾燥させ、冬に備えた。家の周りにはフェンスで囲んだ狭い農地があり、リーキ、ニンニク、エシャロット、キャベツ、青ネギ、ヒソップ、パセリなどが栽培されていた。各種の豆類は乾燥させて保存した。

修道院には、多種多様な野菜のほか、薬草となるあらゆる種類のハーブが植えられていた。さらに、祭壇に飾る様々な花も栽培されて、まさに別世界であった。

地面から生えるものを食べるのは下品

ノルマン時代になっても、このような状態に大きな変化はなかった。しかし、身分制度の確立とともに、上流階級は肉料理、庶民は穀物や野菜中心の粥料理といった差別が顕著になっていった。前部のコラムで紹介したように、ノルマン時代初期から豚《pig》を育てる庶民と豚肉《pork》を食べる上流階級は厳然と区別されていたが、中世後期になると上流階級の食事と庶民の食事が、身分として分けられるようになった。その結果、食材としての野菜が軽視されたのである。その理由は、「野菜のように地面から生えるものをそのまま食するのは下品で、貴族らしからぬ」というものであった。地中に育つジャガイモやカブが長い間蔑視されたのも理解できよう。

テューダー王朝に入ると、野菜の種類も増えて、味も複雑になっていった。一つは修道院が解体されて、広大な領地が、その野菜園、薬草園とともに民間に渡ったことである。ヘンリー八世は、自らの権力を誇示するために、ヨーロッパ各地から珍しい植物を集め、それを貴族たちに見せびらかしてご満悦であった。王はホワイト・ホール宮殿に20エーカーもある庭園を造らせて、そこに珍しい植物を収集した。王が植物収集の際に利用したのは、当時唯一の植物図鑑で、*Ruralia Commoda* という、14世紀初期に書かれたラテン語の本であった。このような王の態度は、すぐに貴族たちの見習うところとなり、彼らはフランスやオランダから園芸家を招聘して農園で指導させた。

この風潮はエリザベス朝になってさらに加速化し、農作物や果樹に関する本が盛んに翻訳されるようになった。領主たちは領内に畑や果樹園を作ったが、それをまねた庶民は自分の小さな空き地や庭の一角に野菜を栽培した。やがてロンドン近郊の農民たちが、商業的に野菜栽培を始めるようになった。

野菜栽培が、屋敷内の空き地利用から始まったことを表す良い例がコヴェント・ガーデン・マーケットである。ここはラッセル一族の所有だが、そこを世話する庭師が野菜を売ったのが始まりで、やがてそこに近隣の農家が野菜を持ち寄って売るようになり、これが発展して市場となった。これが勅許を得て、公に許されたのは1670年のことであった。ちなみに、当時、野菜販売は庭師の役得で、大きな屋敷を世話する庭師が、屋敷の一角に野菜を栽培し、主人が必要とするだけの量を確保したあと、残りを自由に処分することができた。

菜食主義者ジョン・イーヴリン

イギリスで野菜といえば忘れてならないのがジョン・イーヴリンである。彼はチャールズ二世の時代の作家であるが、植物や植林に関する本を書き、庭園を設計するなど博学ぶりを発揮した。イギリス最初の学会である王立協会《ロイヤル・ソサイアティ》の会員で、多方面で才能を発揮した。彼が注目されるのは、肉食系の廷臣がひしめいていたチャールズ二世時代のイギリスにあって、珍しく草食系男子だからである。草食といっても、それは今日的な意味ではなく、文字通り菜食主義者《ベジタリアン》で、健康の鍵は畑にあると信じて疑わなかった。その一徹さは菜食主義に基づいて一書を著していることからもわかる。それが1699年に出された*Acetaria: A Discourse of Sallets*で、『サラダ論』とでも訳すべき稀覯本であった。そこには、サラダに関するあらゆることが書かれており、サラダ園にはどのような植物を選ぶべきか、その植物に適した栽培法、サラダにするときのレシピに至るまで事細かに記してある。

ジョン・イーヴリン（1620 − 1706）

　レシピは几帳面なイーヴリンの性格そのままで、詳細過ぎてとてもこの紙面では紹介しきれないが、極端に省略して説明すると、「指示通り（品目ごとに詳述しているが省略）……に厳選した食材を選び、虫食い、汚れ、べとべと、斑点……などなどの不適切な葉を丁寧に取り除き、厳選した水で、指示通りに洗い、指示通り…の方法で水切りをする。」ここまでが下ごしらえで、レシピと呼べるのは、ドレッシングの作り方である。これも、極端に手短に説明すると、「ゆで卵の黄身にマスタード、オリーブオイル、酢を混ぜる」ということになる。まるで「秘伝書」のようなイーヴリンのレシピだが、味は今日のありふれたフレンチ・ドレッシングに近い。注目すべきは、イーヴリンがサラダを生で食べることは男性には勧めているが、女性には、「ゆでる、焼く、酢漬けにする」ことを勧めている点である。ゆでたサラダなど御免こうむりたいが、何度もペストやコレラなど感染症の恐怖に晒された経験のあるイギリス人の多くは、いまだにサラダに慎重であった。

イーヴリンは死ぬまで菜食主義を貫き、そのせいか当時としては長命の85歳まで生きた。

（石原孝哉）

レタスの話

コラム7

石原孝哉

催淫効果のあるレタス・アヘン

野菜の中でレタスほど謎めいた食材はないであろう。ローマ時代には宴会では盛んに食べられたが、これはレタスが悪酔いを予防すると考えられていたからである。また、男性の性的能力を向上させるとされ、催淫効果のある媚薬とも考えられていたので、結婚式にも出されていた。アングロ・サクソン人はレタスを「眠り草」(sleepwort)と呼んでいた。これはレタスが微量の麻酔成分を含んでいるためである。レタスの茎からはラテックスと呼ばれる乳液が出るが、この中にはラクトカリウスないしレタス・アヘンと呼ばれる弱い麻酔成分が入っていることが知られている。ちなみに、この「眠り草」は現在食用となっているレタスとは近縁種であるが別の野生種で、Luctuca Virosaという種類である。

19世紀のイギリスでは、若い女性が多量のレタスを食べていれば、安産で、問題なく出産を迎えられるという俗信があった。一方、家庭菜園にレタスをあまりたくさん植えるのはタブーで、女性が子宝に恵まれなくなるという俗信もあった。

眠り草と言われた野生のレタス

レタスに関する習慣を遡ると、その一つにアドーニスの神話がある。木から生まれた美少年アドーニスは、女神アフロディーテの掌中の珠であったが、女神の忠告を無視して狩りに行く。猪を見つけて見事に槍を打ち込んだが、軍神アレースが変身した狂暴な猪は、これをものともせず、アドーニスの脇腹に牙を突き立て、殺してしまう。アドーニスが死んだ場所がレタス畑であったために、レタスは「愛の死」の象徴となり、男性の性的な不能の象徴となった。イギリスの、女性の不妊伝説はこの辺が起源であろうと思われる。

レタスについては異説も多く、木から生まれたばかりのアドーニスを女神アフロディーテがレタス畑に隠したという説もある。有名なのは、女神がアドーニスの傷口にネクターを流すと、真っ赤な血が流れだして地面を染めた。そこから血のような真っ赤な花が咲き、それがアネモネだという「アネモネ伝説」である。アドーニスの死を悲しんだアフロディーテの涙で、白バラが赤く染まって、赤バラが生まれたとの説、アドーニスの死を聞いたアフロディーテが裸足で野原を走って、そのときバラの棘を踏んだら、彼女の血で白バラが赤バラになったとの説もある。

ちなみに、文学ではアドーニスが死んで、そこからアネモネが生まれたことから、アドーニスは死と再生の象徴となった。

古代エジプトにもレタス神話がある。紀元前2000年頃のエジプトでは、レタスは農耕神ミンに捧げられる神聖な食材であった。ミンは通常、ファルス（男根）を屹立させた姿で描かれ、子孫繁栄の象徴と考えられた。ミンの神前にはレタスが供えられる。

レタスが男性機能を向上させるという伝説はこの辺りが起源と思われる。

この習慣のもとになったのは、セトとホルスの神話である。セトは兄のオシリスを殺害し「兄殺し」の汚名を受けたが、その後オシリスとその妻イシスとの間に出来た息子ホルスが成長すると、この甥と王位を巡って争うことになった。二人の争いは、エジプト神話らしい荒唐無稽な展開を見せるが、最終的にはホルスの母イシスの知恵でセトが敗れる。イシスは、ホルスの精液をセトの大好物であったレタスの葉にかけ、それを食べたセトはホルスの子を宿す。（ちなみに、男が子を宿すことはないなどと言っていてはエジプト神話はわからない。）最後に、判定となった時にセトの体内からホルスの子の声が聞こえて、セトの頭から黄金の太陽冠が現れた。二人の争いはその後も続くが、最後はこの王冠がホルスのもの

ミン神の後から神官がレタスを担いで続く

になり、ホルスが勝利する。後のエジプト王はファラオと呼ばれたが、自らはホルスの化身であると称した。

　イシスがホルスの精液をレタスの葉にかけてセトに食べさせるという知恵は、レタスの乳液が精液を連想させることから生まれたとされる。図版に見られるミン神の山車の後ろには二人の僧に担がれたレタスが続くが、この絵で見るレタスは、今日われわれが見るようなものではなく、箒《ほうき》型の形状をしている。古代のレタスには2つの系統があり、これはプリックリー・レタスという種類で、開花時の草丈は1・7メートルに及ぶ。もう一つは、イギリスでよく見られるコス・レタスである。

27

紅茶の話

★砂糖とミルクを入れて国民的飲料に★

茶の歴史は古く、中国では隋王朝の貴族階級が喫茶の習慣を持っていたことが知られている。日本では『日本書紀』に登場するが、本格的に普及したのは鎌倉時代で、栄西禅師が源実朝に献上したのが端緒となった。ヨーロッパに茶を紹介したのは日本と交易があったオランダ人で、1609年に平戸から日本茶を、同時にマカオからは中国茶を本国に送っている。当時アジア貿易を支配していたのはオランダの東インド会社で、イギリスの東インド会社は専らインドに重点を置いていた。

教区教会まで巻き込んだ紅茶密輸業

イギリスで茶が普及したのは、チャールズ二世妃のキャサリン・オヴ・ブラガンザ（1638〜1705）が茶を愛し、持参金としてポルトガルから茶と砂糖を大量にイギリスに持ち込んだからである。チャールズ二世は銀による持参金を望んだが、最後はキャサリンの望みをかなえた。茶も砂糖も高価で、銀を凌ぐ価値があったからである。キャサリンは、茶をそれ以前のように薬として服用するのではなく、社交の場での演出に使った。特権階級しか手に入れられない茶に、同じく高価な砂糖を惜しげもなく入れて、貴婦人たちに振舞った。茶に砂糖を入れるというのは、中国の伝統では考えられないことであった。これは発想の転換というより、高価なものを組み合わせるという自己顕示欲のなせる業といったほうが正しいかもしれない。やがて、より発酵の進んだブラック・ティーが砂糖と、さらにミルクとの相性が良いことがわかって、砂糖入りミルクティーがイギリスの貴族夫人のスタイルとして定着することになる。

茶には高い税金がかけられ、茶を売るコーヒーハウスも免許制になった。ちなみに、コーヒーハウスはコーヒーばかりでなく、紅茶やチョコレート（ココア）を飲ませる場所で、ここは紳士たちのたまり場であった。このようにして、1680年代になると茶は宮廷から女性に広まり、コーヒーハウスから紳士たちの間に広まっていった。

18世紀になると、茶が東インド会社の主たる貿易品となり、大量に買い付けられるようになった。一方で、砂糖も自前のプランテーションから大量に手に入るようになり、茶は一気に中流階級まで普及していった。1720年代になると、紅茶の人気がますます高まり、ついに緑茶や烏龍茶など他の茶を合わせた量を超えてしまった。そうなると紳士淑女たちの間に、紅茶の淹れ方、飲み方の作法、茶器の選定などの作法ができ、安定した税収を確保できることから政府もこれを後押しするに及んで、紅茶を飲むことが愛国的であるとさえみなされるようになった。18世紀後半になると、イギリスの茶税が高いために、オランダの安い茶を密輸入する者が後を絶たなかった。イギリスは島国であり、オランダは対岸であるから、密輸業者《スマグラー》はいとも簡単に茶を運び込むことができた。運び込まれた茶は、安全な場所（一番多かったのは教区教会だったという）に保管されてから、慎重に売りさばかれた。

アメリカ独立戦争の引き金となった茶の税金

密輸は植民地アメリカでも大々的におこなわれていた。業を煮やしたイギリス政府は1773年、新たに茶法を制定した。これは、茶税を逃れようとして植民地側がオランダ商人から茶を密輸入していたのを禁じ、大量の茶の在庫を抱えて財政的に行き詰まったイギリス東インド会社に植民地での茶の販売独占権を与えるものであった。東インド会社は当時の市価の半額の安値で茶を売り出そうとした。これに怒った植民地の人々が、モホーク族の扮装をしてボストン港に停泊していた東インド会社の船を襲撃し、積み荷の茶を海に投げ込んでしまった。これが「ボストン茶会事件」で、アメリカの独立戦争の引き金になった有名な出来事である。

リチャード・トワイニング（1749 − 1824）

1784年、宰相ウィリアム・ピット（小ピット）は、英断を下して茶税を119%から12・5%に引き下げた。ピットは、「イギリスで消費される1300万ポンド（約5902トン）のお茶のうちで、合法的に輸入されたのはわずかに550万ポンド（約2497トン）に過ぎない」と憤懣をぶちまけているが、119%も税金をかければ教区牧師だって密輸に手を貸すのも仕方があるまい。

税金が下がったことで、茶は上・中流階級の嗜好品から、国民の必需品といわれるほどの普及を見せた。

実はピットに減税を進言したのはリチャード・トワイニングで、減税によって一番儲けたのがトワイニング紅茶店であった。19世紀になると、茶の生産はさらに増加したが、それはインドで暑さに強いアッサム種の茶の木を見つけたことによる。それまでも、中国から種を持ち出して育苗したが、いずれも成果ははかばかしくなかった。しかるに、１８２３年にロバート・ブルースが暑さに強いアッサム種の種と苗を手に入れた。彼は翌年死亡したが、茶の栽培は弟のチャールズに受け継がれ、インド各地や今のスリランカ、バングラデシュに広がった。イギリスは大規模なプランテーションで茶を栽培し、合理的な加工法で、安価な紅茶を大量生産することに成功した。

（石原孝哉）

28

砂糖の話

★薬、贅沢品から調味料へ★

ステイタス・シンボルとなったイギリス版お歯黒

砂糖の歴史は古く、インドでは紀元前からサトウキビのジュースを飲用していたが、4世紀のグプタ王朝時代にジュースから粒の砂糖に精製する方法を発明した。サトウキビの栽培と砂糖精製は、6世紀にはペルシアに伝えられ、そこから地中海に伝えられた。ローマ人は砂糖を知っていたが、それは薬として使われ、実に高価であった。十字軍によってヨーロッパに紹介され、大航海時代になると、スペインやポルトガルの手で新世界にサトウキビ農園ができた。イギリスがサトウキビ栽培にかかわるようになったのは、17世紀半ばであった。護国卿に就任してイングランド共和国の実権を握ったオリヴァー・クロムウェルは、第一次英蘭戦争に勝利した後に「西方計画」を発令し、スペインから西インド諸島の覇権を奪う戦いに乗り出す。1655年イギリス海軍提督ペンとベナブルズ将軍がジャマイカに侵攻、この島を実効支配すると、アイルランド人年季奉公人をジャマイカやバルバドスに送り込んだ。現在もジャマイカの地名や人名にはアイルランドの影響が見られるのはその名残である。スペインとはジャマイカ争奪戦を繰り広げるが、16

70年にマドリード条約を通して正式にスペインから獲得した。王政復古後のイギリスは紅茶に砂糖を入れる文化とともに砂糖の需要が拡大した。既に述べたように、チャールズ二世妃キャサリンが茶に砂糖を入れて飲む慣習を宮廷に広め、ここから茶と砂糖という二つの贅沢品が上流階級の標《しるし》となったのである。

もう一つの標が貴婦人たちの黒い歯であった。エリザベス一世も薬として砂糖を服用していたが、女王はこの薬が大好きで、晩年は歯が黒くなったといわれている。王政復古後、砂糖は薬から贅沢品へと立ち位置を変えたが、黒い歯はいまだにステイタス・シンボルであった。砂糖の取り過ぎは虫歯の原因となることは今や常識で、わが友人の歯医者は営業活動と称してチョコレートを友人に振る舞う。もちろんこれは酒席の余興であるが、健康の問題から砂糖が控えられるようになるのは20世紀の後半になってからである。

18世紀を通じて、砂糖の消費は拡大を続け、例えば、1770年の砂糖消費量は1710年の5倍に達していた。これがほとんどお茶に入れるためであったというから、イギリス人がいかに砂糖入り紅茶にのめり込んでいったかがわかる。

黒人奴隷の血と涙の結晶

旺盛な砂糖需要に応じるために、イギリスはジャマイカでサトウキビ栽培を加速化させた。そこではスペイン人がかつて黒人の奴隷を使ってサトウキビ農園を経営していたが、イギリスはこれを継承し、さらに発展させていった。奴隷貿易で中心的な役割を果たしたのが、王立アフリカ会社《ロイヤル・アフリカン・カンパニィ》であった。

この会社の前身は、チャールズ二世の弟であり、後にジェイムズ二世となるヨーク公が代表を務めた勅許会社で、奴隷貿易を独占的に認められていた。これを継承した王立アフリカ会社は１６８０年から１６８６年の間に、年平均５千人の奴隷をカリブ海・北米植民地に送り、１６７２年から１６９８年の期間全体では10万人を超える奴隷を供給したとされる。王立アフリカ会社の行った交易は三角貿易として有名である。つまり、イギリスからアフリカに銃器、火薬、刃物といった軽工業製品を輸出し、アフリカからは戦争捕虜、債務者、誘拐被害者などを奴隷として北アメリカや西インド諸島へ連れて行き、アメリカからは砂糖や原綿、煙草などをイギリスに持ち帰った。王立アフリカ会社の奴隷は他の密輸された奴隷と区別するため、会社代表ヨーク公 "Duke of York" の頭文字 "DY" または王立アフリカ会社の略称 "RAC" の烙印が押された。この一事からもわかるように、奴隷は家畜扱いされ、食事は与えられたが、賃金は支払われなかった。１６９８年に王立アフリカ会社の独占は廃止されたが、この利益の多い商売に、ブリストルやリヴァプールの貿易商人が先を争って参入すると、皮肉なことに奴隷貿易は前にも増して拡大した。

奴隷貿易で儲けたのはイギリス人ばかりでなく、ヨーロッパ各国も競って奴隷を売買した。この結果、１７００年には年間１万３千人だったものが、１８１０年には５万５千人、１８１１年から１８７０年までの60年間には、年平均して３万２千人の奴隷が送り込まれた。

さすがに18世紀末になると、反奴隷貿易の運動がクエーカー教徒などを中心として広まり、イギリスは１８０８年に世界に先駆けてアフリカ人奴隷貿易を廃止した。

しかし、前文の数字を見てわかるように、廃止以降も奴隷貿易は続いていた。これは罰則が緩かったために密貿易が盛んに行われていたからで、船長はイギリス海軍に捕まりそうになると奴隷を海に突き落として罰金を免れていた。また、フランスは、革命時に奴隷制を廃止したにもかかわらず、ナポレオンが奴隷制を復活したために公然と奴隷貿易が行われていた。イギリスでは、何度も法律改定がなされた後、1833年、やっと奴隷制度廃止法が成立した。フランスでも第2共和制の1848年に奴隷制が廃止され、アメリカでは1862年にリンカーンが奴隷解放を宣言し、その3年後に奴隷制度が廃止された。世界的には1884年のキューバが最後に奴隷貿易を廃止した。

増え続ける砂糖消費

ここに見比べてほしい数字がある。それはイギリス人の年間一人当たりの砂糖消費量で、1704年に4ポンド（1・8kg）だったものが、1800年には18ポンド（8・2kg）と4倍に、1901年には90ポンド（40kg）と22倍に増加している。奴隷の労力によって砂糖の価格が下がり消費が拡大したわけで、砂糖の消費拡大とアフリカ奴隷貿易の拡大は表裏一体であったことがよくわかる。しかし、この数字をさらに詳しく見てみると、大方の国で奴隷制度が廃止された後も砂糖の消費は増加し続けていることがわかる。実は、18世紀の砂糖消費は紅茶に砂糖を入れる習慣で拡大したが、19世紀末に白パンとジャムの朝食が流行し、プリザーヴと呼ばれる各種のジャムが作られたことによる。代表的なのはイチゴジャムで基本的には、イチゴ1に対して砂糖2の割合で煮詰めれば長期保存のできるジャムができるとされた。プラム、アンズ、リンゴなどジャムの材料が田舎にはふんだんにあり、主婦が家庭で簡単に作れることで砂糖消費が拡大したのである。

このような砂糖の消費拡大を支えたのは、黒人奴隷に代わって送り込まれた多数のアジア人であった。彼らは奴隷としてではなく、合法的な年季奉公人として中南米にむかった。サトウキビ畑では、インド人、中国人、少数の日本人、また黒人奴隷の子孫が汗を流していた。この時代は世界人口移動の時代で、ヨーロッパから、北アメリカ、豪州、南アフリカなどに5千万人の白人が移住した。その間に5千万人のアジア人、アフリカ人がヨーロッパ人の経営するプランテーションに送り込まれた。それは砂糖を楽しむ5千万人と、サトウキビを刈り取る5千万人であった。

その後砂糖の原料にも変化が見られた。ナポレオン戦争の際にイギリスはフランスとその同盟国に砂糖輸出を禁じたために、砂糖が逼迫したヨーロッパ大陸では寒冷地でも収穫できる甜菜糖から砂糖を作るようになった。約一世紀後の1880年には、ヨーロッパの砂糖消費において、甜菜糖がサトウキビを上回った。イギリスでも第一次世界大戦中に砂糖の輸入が脅かされると、甜菜糖栽培が普及した。今日、世界の砂糖産地はブラジル、インド、EUに分類されるが、各国が自国産業を保護しているために、地産地消が進み、世界の貿易量は生産量の25%程度である。

（石原孝哉）

コラム8

ロンドンのコーヒーハウスの風景

佐藤　豊

現在のエチオピアがコーヒーを発見し、その後、アラブ世界を経由してヨーロッパにコーヒーが伝わってきた。ヨーロッパで最初にコーヒーハウス文化を大々的に広めたのはイギリスであった。最初のコーヒーハウスがオープンしたのは、1650年にオックスフォードで、レバノン出身のユダヤ人ジェイコブがコーヒーハウスを開店した。ただし、この店は長続きせずに、1652年にロンドンの最初のコーヒーハウスはパスカ・ロゼによって開かれた。ロゼの主人でイギリスの商人のダニエル・エドワーズがトルコでコーヒーの味を覚えていたのが契機になり、ロゼがコーヒーハウスをロンドンに開いてから大流行した。ロンドンのコーヒーハウスには様々な種類が現れ、例えば「ウィル」では文芸、「ホワイツ」では娯楽・社交界、「セント・ジェイムズ」では外国や国内のニュース、「グレシアン」では学術・教養、「ロイド」では船舶関係や保険業者で有名であった。初期のコーヒーハウスでは、カップではなく、皿《ディッシュ》という取っ手のない底の深い皿を使ってコーヒーを飲んでいた。ダニエル・エドワーズがコーヒーを飲むとき、2皿か、3皿飲み、それを1日に2度か3度飲んでいた。

コーヒーハウスで政治的に何か良からぬことを話しているのではないかと心配した時の王チャールズ二世は、コーヒーハウスにスパイまで送り込んだ。さらに王は1675年にコーヒーハウスの集会を取り締まる「コーヒーハウス禁止宣言」を公布したが、これに店主たちが強く反発したため、すぐに取り消された。過去

ロンドンのコーヒーハウス風景（1710年）。給仕の少年（手前）がディッシュにコーヒーを注ぐ

には、お酒を出すパブとエールハウスは多かったが、コーヒーハウスの数があっという間にパブを抜いたため、パブの主人たちは、儲けが逃げてしまうと考えて、コーヒーハウスに対し激しい非難を浴びせた。またコーヒーハウスは男性だけの店であったため、女性たちは激しいクレームを投げかけた。1674年に「コーヒーに反対する女性たちの請願書」が出された。男性たちが一日中夜遅くまでコーヒーハウスに入り浸って、奥様方の相手をしなかったために出された請願書であった。

　コーヒーハウスの重要な役割は「情報センター」であった。現在の新聞のようなものは存在していなかったが、ニュースレターやパンフレット、宣伝用ビラなどを読んで情報を入手できた。コーヒーハウスは「目にみえないカレッジ」とも呼ばれた。17世紀後半はニュートンの時代で、欧州では知の巨人が輩出した「科学革命」の時代である。他方でニュートンは最後の魔術師であると経済学者ケインズが言ったし、錬金術の研究もしていた。『コーヒー――暗黒の歴史』（A・ワイルド）によると、ティリヤード宅のコーヒーハウスに集まった若手研究者の化学反応により「脳の爆発」が起こり、結果としてイギリスで著名な「王立協会」が設立された。コーヒーハウスという「目にみえないカレッジ」の力により王立協会は結実していたとみていい。「何と偉大な大学か／他になかったと思う／コーヒーハウスでは学者になれる／1ペニー支払えば」（W・H・ユーカーズ）といった詩まで現れた。政治や文学など様々な分野においてコーヒーハウスという新しい公共の場で人々の脳が発酵し近代が推進されていった。

Ⅳ

イギリスの食習慣

29

イングリッシュ・ブレックファストとコンチネンタル・ブレックファスト

★ヨーロッパとは違う、イギリス独自の朝食文化★

イギリスの食事と言えば、有名なのはその朝食の豊かさであろう。Ｂ＆Ｂなどの小さな宿に泊まっても、ボリュームたっぷりな朝食を楽しむことができる。筆者が初めて海外に行ったのはイギリスで、そこで重い朝食に慣れてしまってからヨーロッパ大陸に行ったため、ロールパンとコーヒー程度しかないコンチネンタル・ブレックファストが出てきた時には「たったこれだけ？」とひどくショックを受けたものである。

ちなみに、コンチネンタル・ブレックファストという言葉は19世紀中ごろのイギリスで生まれたもので、イギリスのボリュームのある朝食に対し、フランスや地中海沿岸地域をはじめとするヨーロッパ大陸で見られる軽い朝食を指す。コーヒーと、ジャムやバターを添えたロールパンから成るものが典型的である。コーヒーがカフェオレ、紅茶、ココアに、ロールパンがクロワッサンやブリオッシュになることはあっても、どちらにせよ簡単な朝食である。

では、イギリスの朝食はどのような経緯で生まれてきたのか。歴史的経過をたどってみよう。中世にまで遡ると、カトリック教会が朝のミサが終わる前の食事を禁じたために、朝食を食べる人はほとんどいなかった。この夜の断食（ファスト）の禁を破ってブレック・ファストが生まれた事はすでに触れた。しかし13世紀になると、貴族のすぐ下に位置し広大な土地を所有するジェントリ層の生活に、現在の豪華な朝食の原型が登場する。

ガイズ・ビュールの「イングランドの伝統的な朝食の歴史」によれば、彼らは、伝統的なアングロ・サクソンの価値観や文化、料理を守ることが責務であると考えており、カントリーハウス（田舎の所領地にもっている大邸宅）における食事は、重要な社交の機会であった。ジェントリーは、伝統的なもてなしの心で友人や隣人、訪問者などに対して充実した食事を振る舞った。このもてなしは、所領地で生産される肉や野菜の質、そして料理人の腕を誇示する場でもあり、食材はアングロ・サクソンの調理法を用いて料理された。午前10時ごろに朝食を取った後は、狩りに出かけるので、夕食まではたいした食事はしなかったために、朝食が最も重要な食事となった。しかしこれは、ジョン・バーネットも『豊かさと貧困』で指摘するように、あくまでジェントリ層の田舎での生活に限った話である。では、それ以外の階層についてはどうだったのだろうか。

イングリッシュ・ブレックファスト

イアン・モーティマーの『シェイクスピア時代のイギリス生活百科』によれば、16世紀のエリザベス朝期には、多くの医学書が「朝食は身体に悪い」と唱えていたにもかかわらず、どの階層の人も多くが朝食を取っていたらしい。ただ、身分の低い者はパンのみ、あるいはバターが付く程度、ジェントルマンはパンとバターのほか、頭をすっきりさせ、健康によいとされたセージを付けることもあった。貴族でもパンに魚料理にビールやワインといった軽食であった。

都市に住む上・中流階級に関しては、18世紀になるまで朝食の存在は薄かったようだ。海軍本部の事務方トップで事実上の海軍大臣まで登りつめたサミュエル・ピープスが1660年から1669年にかけて書いた、かの有名な『ピープスの日記』を見ると、毎日の食事の内容が細かく書かれているのにもかかわらず、朝食への言及は非常に少ない。1660年の日記には、「朝食に燻製ニシンを食べた」のような記述も見られるが、「ソールズベリー・コートのスタンディングの店で朝の一杯をやり、酢漬けニシンを食べた」のように、朝の酒一杯とつまみ程度であることがほとんどである。そして、後年の日記には朝食の記述がさらに少なくなっていく。よって、ピープスは朝食を食べないか、食べてもごく簡単なものだけだったと推察される。しかしそれから一世紀後に書かれた、伝記作家ジェイムズ・ボズウェルの『サミュエル・ジョンソン伝』では、特に1770年代以降に朝食という言葉が頻繁に登場する。例えば、1776年には「4月9日は受難記念日だったが、その日私は彼と共に紅茶とクロス・バンズで朝食を取った」のように書かれている。ここで書かれているクロス・バンズとは、主に四旬節に食べられる、十字架形の飾りがついた甘い菓子パンである。この頃には、都市の上・中流階級にも朝食という習慣が定着し始めていたようだ。そして、産業革命の頃から、重い朝食が幅広い階層で取られるようになる。

18世紀の初め頃から、第二次エンクロージャーや農業経営の近代化などにより自作農や小地主が急速に減少し、土地を失った者が都市に移動して都市労働者となることが増えた。18世紀終わりから19世紀初めにかけての産業革命期には、都市労働者を中心とする庶民に、オートミールで作ったお粥であるポリッジまたはパンと、砂糖入り紅茶を中心とするイギリス風朝食が定着した。イングランド北部では、オート麦が主要作物だったためにポリッジを、南部ではパンを食べるのが一般的だったという。工場労働者の多くは朝7時か8時に労働を始めるため、調理に時間をかけられないが、砂糖入り紅茶なら短時間で作ることができ、またパンを焼くオーブンがない家庭が多かったが、パンは買ってくればよかった。労働に必要なカロリーが手早く取れるという意味で、都市労働者に適した朝食であった。

19世紀には、労働者だけでなく、都市の上流階級においても朝食に関する変化が起きた。もともと朝食を重くしていたジェントリ層と違い、都市の上流社会の人々にとって一日の主要な食事であるディナーは昼食のことであったが、1840年代以降、晩遅くに食事をすることを好んだヴィクトリア女王をまねて、夕食をディナーとし、それと釣り合いをとるために、様々な温かい料理が出るイギリス風朝食をそれまでより遅い朝8時から9時に取るようになった、とバーネットは指摘する。一方、ビュールは、産業革命以降に急速に富を得て階級上昇を果たした人々が、自分の富や上品さを誇示しようとジェントリ層の朝食習慣を取り入れたのだ、と考えている。どちらにせよ、朝食と夕食を重視するこの形は、昼間は仕事で家を離れている都市の上・中流階級の人々にとっても好都合で、知的職業人や商工業者などの間で取り入れられていく。

20世紀になると、イギリス風朝食はさらに広がりを見せる。第一次世界大戦までには、イギリス風朝食がホテルやB&B、鉄道などでも標準的なものとして供されるようになったし、富裕層だけでなく、中流階級の人々もしっかりした朝食を毎日取るようになっていた。労働者階級にまでそれが広まり、イギリス人の約半数が現在のようなイギリス風朝食を食べるようになったのは、第二次世界大戦後の1950年代前半である。

ただ、1950年代をピークとして、それ以降は徐々にイギリス風朝食を食べる人は減っているようだ。F・M・L・トンプソンの『ケンブリッジ英国社会史』によると、1976年のある調査では、調理された朝食を食べている人はたった18パーセントで、あとはシリアルまたはパンだけ食べる人と、何も食べない人だったのだ。このようになった原因は、働く女性が増えて調理する時間がなくなったことや、肥満を恐れる若者が増えたことだと言われるが、家庭の果たす役割が小さくなった現代を象徴する現象と言えるかもしれない。イギリス風の朝食が、観光客にとっての「イギリス的なもの」でしかなくなってしまわないといいのだが。

（糸多郁子）

コラム9

イングリッシュ・ブレックファストのおもいで

市川雅子

イギリスの食事はおいしいよ。20世紀の終わりに近い夏、二人の英文学の先生とともにイギリスに詩人や作家たちの足跡を訪ねて旅をしてきた夫が言った。何が美味しかったんだろう、とそのときは思っていた。

その後、娘と息子と共に2度ほどイギリスの旅に出かける機会を得た。一度目はウェスト・ハムステッドの古いフラットを拠点として借りた。ロンドンを楽しむ間もなくその翌日からまずは北上、スコットランドのインヴァネスを目指しておよそ1週間、毎日、トントン、B&Bの扉をたたいてvacancies（空き部屋）を尋ね、1泊しては車を走らせての旅を続けた。こぢんまりとしたホテル風のB&B、パブの二階にあるB&Bなどにも、たまには泊まることもあったが、ほとんどは家族経営で、自宅の部屋を開放したB&Bだった。そのためもあってか、朝食は決まって典型的イギリス式朝食だった。

ある日、泊まった宿で、朝食を取りに行くと、宿の主人が〝Good morning!〟の挨拶とともに、フライパンを上手にあつかってベーコンと目玉焼きを焼いてくれた。ソーセージは1本？ 2本？ と聞いてくれたりして、女主人がお茶の支度をしている間に、手際よく朝食の準備をしてくれていたのを思い出す。

典型的なイギリス式の朝食とは？ といわれると、思いつくのは、日本ではみられない小さな白インゲン豆を煮たもの（ほとんどが缶詰だといわれているが、甘めのケチャップ味のような

イングリッシュ・ブレックファスト

感じ）、フライド・トースト、イギリス独特の柔らかいソーセージと厚切りのベーコンを焼いたもの、目玉焼きに添えたフライド・トマト、マッシュルーム。そしてオレンジジュースにたっぷりのミルクティーというところか。

しかしながら、この当時でさえ、訪ね歩いたB&Bやホテルでは、これらすべてが出てきた宿はまずなかったと記憶している。ほとんどの朝食は、この数種類のうちのあるものがfried eggs（目玉焼き）に添えられているだけだったように思う。

「普段は私たち、シリアルとミルクティーで朝は済ませているのよ」と、どこやらのB&Bの女主人が言っていたことから、簡素な朝食で済ませているイギリス人も多いのかもしれない。

1週間の旅の後、フラットに戻り、しばらくは、ロンドン界隈の散策を楽しんだ。数日後、今度はウィンザー城を皮切りに、ウインチェスターを経由する南西部の1週間の旅に出た。初日のホテルで朝食に出されたのは、久しぶりの典型的イギリス式朝食だった。それは何故か懐かしさを感じさせるおいしさだった。一日の始まりにこのたっぷりとした朝食を食べると、もう夕飯までほとんど何も食べなくてもいいとさえ思えたのは私だけだろうか。また、朝食を取りながら、ふとこんなふうに考えたりもした。日本では旅館やホテルの華やかな食事も旅の楽しみの一つだけれど、イギリス人にもこのような趣味嗜好があるのだろうか。イギリス人は自然の美しい景色の中に点在している中世のままの遺跡や館、城、そしてそこにある家具や調度品などを鑑賞することの喜びを求めて、旅に出かけるのではないのだろうか。なので、（朝食にしてもあれこれと考えるより、決まったパターンがあるのは宿にとっては都合がよく、）料理でもてなすのが「おもてなし」だと思っているのではなく、そこに居られることを大切にしているのではないのだろうか。

この後、ある大きな農家のB&Bに泊まった朝、さすがにと思う朝食に出くわした。何と卵は2つ、ソーセージは立派、ビーンズたっぷり、分厚いベーコン2枚に椎茸のように大きなベイクト・マッシュルーム、そして、数種類のシリアルも"Serve yourself"（どうぞご自由に）とあり、濃厚そうなミルクと共に棚に置いてあった。そこで思ったのは、こんな大きな農場を何人かでまわしていくには、このくらいの朝食を食べないと、一日の仕事の気合いが入らないのかなあということだった。さすがに全部は食べられなかったが、自家製のベーコンは塩加減はきついものの、程よいスモークが効いていて、とても上等であった。

その3年後にもう一度、スコットランドから最南端のランズ・エンドまでの3週間の旅に出かけた。

その折にも特に目新しい朝食はなかったように思う。そして、イギリスの地方を巡ってゆくと、その景色も建物も時の流れを感じさせることはなく、相変わらず美しいままであった。

当時はまだイングランドでは事前の予約無

しでもB&Bなどはとることができ、のんびりとその日その日の家族旅行が続けられた。インターネットの普及で、誰もが事前にルートも宿も調べている時代の今日、こんなのんきな旅行はもうすることはできないのだろうが。

その後今世紀に入って、夫と二人、1年間ケンブリッジに住む機会を得た。その年の秋が深まる前のよく晴れた日、もう一度ゆっくり巡ってみたいと思い、湖水地方を目指して車を走らせた。

ウィンダミア湖から徒歩20分ほどの所にある、ご夫婦で営んでいるB&Bに予約が取れた。宿の名前にある通り、朝食の庭には2匹の赤毛のリスが顔を出して迎えてくれた。すると朝食を共にする同宿の客が、イギリス在来のリスが外来種に駆逐されそうだと冗談とも本気ともつかぬ表情で話してくれた。

宿の2泊目の朝食にニシンの燻製《キッパー》がでてきた。柔らかく、大きさもイギリスらしくなくこぢんまりとして上品なお味だった。おいしいので買って帰りたいと宿の主人に尋ねると、近くの（といっても車で少し時間がかかったが）スーパーマーケットでも手に入ると教えてくれた。魚はB&Bの朝食では滅多にお目にかかれず、

キッパー

ありがたかった。(この宿主のご夫婦にはごってりとしたベーコンは似つかわしくない?)

その年の夏、知り合いの方がアイルランドに休暇を利用していらしていて、せっかくなので少しご一緒にアイルランドを楽しもうということになった。ケンブリッジ郊外のスタンステッド空港からライアン・エアで、アイルランドまでは1時間半ほどで着いた。

翌日のダブリン市内のホテルで取った朝食はイングリッシュ・ブレックファストならぬアイリッシュ・ブレックファストだった。それまで、イングランドの宿ではお目にかからなかったが、話には聞いていた真っ黒いソーセージが朝食のお皿にでんとのっていた。初めて目にしたアイリッシュ・ソーセージだった。肉以外にその血を練り込んであるという。

今までどこの宿で出されたものでも食べられないものはなかったのだが、これればかりは、一切れ口に運んだものの、その先が続かなかった。どうしてか、そう血なまぐさいほどではなかったと思うのだが。

黒い食べ物でもう一つ。年が明けて、2月25日。ケンブリッジのクレア・コレッジでバーンズ・ナイトのディナー(スコットランドの詩人ロバート・バーンズの誕生日を祝う晩餐で正式にはバーンズ・サパーという)に女性一人の空きがあるのでご一緒しませんか? とお誘いを受けて、思い切ってでかけてみた。クレア・コレッジのワイン・ソムリエを兼ねられているケンブリッジ出版社の社長さんのワインの乾杯で始まり、スコットランドのタータンのキルトの正装に身を包んだ男性がバグパイプの演奏とともにハギスをお盆にのせてかかげつつ入場してきた。会場を一回りした後、いよいよハギスのカットとなり、マッシュポテトとともにお皿に配られた。ちょっとこわごわナイフを入れて口にしたのだがスターターとしての少量だったのでどうにかいただけた。

ハギスは、血はもちろんその動物（今は羊であると思う）の毛以外のものはすべてミンチにして胃袋に入れて茹でてしまう、と読んだことがあり形も色合いもあまり食欲を誘うものではないが、イギリス人の中には好きな人もいるという。その後のスコティッシュ・ダンスは、息が切れたが楽しいひとときであった。

最後に、“breakfast”の発音について。高校時代の英語の先生は発音にきびしく「breakfastは最初にアクセントがあるのよ、fastをfirst（ファースト）のように間延びして発音してはいけません。ブレックファストですよ。」とおしゃっていた。

イギリスでの朝食の経験は、高級ホテルではなく、ロンドンの観光旅行者の多いホテルや地方のマナーハウス、多くはこぢんまりとした旅先のB&Bだった。よって、これぞイングリッシュ・ブレックファストです、という確信はない。次回、イギリスに行く時には、是非、ロンドンの一流ホテルで高級感あふれる（しかしあまり変わらない気もするが）イングリッシュ・ブレックファストを経験したいものである。

30

ランチとディナーの歴史をたどる

★ディナーは昼食？　それとも夕食？★

筆者はイギリスに行くと、大学の学食や図書館にあるカフェでランチを食べることが多いが、そこで見る多くのイギリス人のランチは質素である。調理された温かい料理を食べる人もいるが、たいていはサンドイッチと飲み物ぐらいで、大学生の中にはクリスプスと呼ばれるポテトチップスだけで済ませる者もいる。夕食はかなりの量を食べてもランチは少量しか食べない人が多いらしいのだが、「ランチ」には、どのような歴史があるのだろうか。

昼食のディナーから夕食のディナーへ

今でこそ軽い食事である昼食だが、実は昔は昼食が一日のうちで最もボリュームのあるメインの食事であり、「ランチ」ではなく「ディナー」(正餐)と呼ばれていた。カントリーハウスで暮らすジェントリ層だけは昔から朝食を豪華にして昼食は軽くしていたが、それは例外である。昼食がなぜディナーでなくなったかを考えるには、他の食事との関係を考えなければならない。

1日に朝食・昼食・夕食と3食食べる習慣がイギリスの全階

層で定着したのは、19世紀中葉だと言われる。昔は昼食と夕食の2食で、朝食はなしか、あってもごく軽いものだったのだ。『シェイクスピア時代のイギリス生活百科』によれば、16世紀貴族やジェントルマンは、中世以来の伝統に従って午前11時にディナーを、午後5時ごろにそれよりはずっと軽い夕食を取っていたし、ロンドンの住民や商人は正午にディナーを食べ、夕食は午後6時ごろだった。

18世紀に入ると、徐々に朝食が重要性を帯びてきた。都市に住む上・中流階級は、18世紀後半には朝食を取ることが普通になっていたようだ。産業革命期からは、昼に家に戻ることができない都市労働者も、仕事に行く前の早朝に、以前より重めの朝食を取るようになった。仕事に行けば、ゆっくり昼食を取る時間などないからである。

19世紀前半に、食事時間に関する新たな習慣が形成される。1840年代以降、スノッブな上流階級の人々は、遅い時間に夕食を取るのを好んだヴィクトリア女王に倣ってディナーを夕食にし、朝食を朝8時から9時に取るようになったのだ。それに伴い、朝食と晩遅くの夕食の間を埋めるものとして、軽い昼食を午後1時から2時に取る習慣ができたのである。これがランチである。この習慣は、仕事のため自宅で昼食を取れない都市の上・中流階級の人々にとっても好都合であり、すぐに取り入れられた。

上流の人々のランチは、夕食ほどではないとはいえ、様々な肉料理、野菜、チーズ、ケーキにシャンパンなどのかなり豪華な内容であったが、ビュッフェ形式で席順や正装なども必要のないカジュアルな形であることも多かった。ルース・グッドマンの『ヴィクトリア朝英国人の日常生活』によれば、ランチに誰を招待したかは、社交界ではディナーほど重要な意味をもたなかったので、ランチは人々が気軽に交流できる場としても機能したらしい。それに対して、中流の勤め人の昼食は、オフィスで紅茶とビスケットを食べるか、チョップ・ハウスという肉料理を主とする安っぽい食堂で食べるぐらいのものだった。自宅にいる妻子も、多くは前夜の夕食の残り物を使った、肉や魚の軽い料理を食べていた。

労働者階級は、ほぼ19世紀を通じて昼食をディナーと呼ぶ場合が多く、正午に取っていた。働き手である男性が正午に家に戻れる場合、昼食が一日の主要な食事となり、スエット・プディングかジャガイモ、肉汁のソース、少量の肉などを食べた。職場が遠くて戻れない場合は、パン一切れか、景気の良い時には少量のベーコンを付け合わせたパンなどの簡単な弁当をもっていった。妻子は家にいれば肉を食べることはほとんどなく、ジャガイモなどを食べた。日曜日だけは特別で、できるだけ良い食材をそろえ、かたまり肉を食卓の中央に置く伝統的なディナーを家族で食べた。ただし、このように肉が週に何度も食べられたのは、かなり稼ぎの良い人々だけである。もっと下層の労働者になると、エンゲルスが1840年代前半に『イギリスにおける労働者階級の状態』で観察したように、肉は食べられないか、あっても「ジャガイモの中にきざみこまれたわずかなベーコンだけ」だったのだ。そのような労働者の昼食は、パンやジャガイモなどの炭水化物ばかりだった。

20世紀になると、徐々に階級間の食習慣の違いが小さくなる。19世紀の末ごろからは、植民地をめぐる他国との戦いに勝てるよう、貧民の食事内容を改善しようとする動きがあり、度重なるストライキの成果もあって労働者の賃金が上昇し、労働時間も減少した。さらに第二次大戦後は福祉国家になって貧困者が減少し、労働者の食習慣も変化したのだ。1930年代には、労働者階級も朝8時から9時に朝食を取るようになっていて、昼食時間も1時に近くなり、多くの人がジャガイモとソーセージやミートパイ、それに時々野菜を付けて食べていた。しかし、どの階層にとっても昼食の重要性はさらに薄まっただろう。というのは、19世紀後半以降は徐々に夕食より前に「ティー」を取るようになったからで、上流階級は午後4時ごろに「アフタヌーン・ティー」で、庶民は午後5時から6時ごろに「ハイ・ティー」で、紅茶とともに軽食を取るようになったからである。さらに、19世紀末には「ブレックファスト」と「ランチ」を合わせた、「ブランチ」と言う言葉も誕生した。これは、だいたい午前中の遅い時間帯に取られる昼食兼用の遅い朝食を指す言葉で、これらによりますます「ランチ」の存在は曖昧になってきた。

今では一般的な言葉であるランチだが、実は庶民に定着したのは遅く、川北稔氏の『世界の食文化17　イギリス』によれば、1930年代でも上流階級しか使っておらず、1950年代でも6割の人が昼食を「ディナー」と呼んでいたようだ。元は上流階級の優雅な午餐会を指していた言葉だが、忙しい現代人には、仕事や授業の間に急いで食べる「つなぎの食」の意味しかなくなってしまったのである。

（糸多郁子）

31

ディナーとサパー

★生活様式の変化と言葉の変遷★

英語では“dinner”が「一日で最も主要な食事（つまり多くの場合夕食）」で“supper”が「（軽い）夕食」と、多くの人が中学校の英語の授業で教わったと拝察する。前者は動詞“dine”（原義は「正餐を取る」）に、後者は動詞“sup”（原義は「すする」「少しずつ飲む」で“soup”と同根）に由来するので、原義からも「ディナー」が「正式な食事」、「サパー」が「（スープなどの）軽い食事」だとわかるし、「ディナー」が結果的に「夕食」を意味することも想像に難くない。だが、世界初の本格的な英語辞書として名高いサミュエル・ジョンソンの『英語辞典』（1755）では、“dinner”を「主要な食事。昼間に取る食事」と定義している。一方、“supper”はジョンソンによれば「一日の最後の食事。夜の食事」である。ジョンソンがこの辞書を一人で書いたのは18世紀のちょうど真ん中あたりのことで、この頃「ディナー」は「昼食」だったのである。

英語の意味の変遷に生活様式の変化をたどる

「ディナー」の意味が昼食から夕食に移行した背景には生活様式の変化がある。多くの庶民が明るい時間に農作業に勤しみ、日が沈んだら家に帰って休んでいた時代には、昼が一日の最も重要な食事、すなわちディナーであり、夜は軽い夕食すなわちサパーを食べて早い時間に就寝していた。だが18世紀後半に始まった産業革命によって、各地の農村に散在していた労働者人口が都市部に集中し、朝から夕方まで定められた時間を工場で働いて過ごすようになると、昼食は外で簡単に済ませ、夕方退勤後にその日の主となる食事を取るように、生活のパターンが変化した。こうして「ディナー」は19世紀中葉には事実上「夕食」を意味するようになったのである。

このように「ディナー」の意味合いが変化したことによって、代わりに「昼食」を意味する“luncheon”やその短縮形の“lunch”という言葉が使われるようになった。もともと「ランチョン」はチーズや肉などの「かたまり」を意味していて（例えば“luncheon meat”などにこの古い意味が生き残っている）、17世紀中葉には「朝食と昼食の間の軽食」の意味でも使われていたのだが、「ディナー」と入れ違いに19世紀中葉から「昼食」の意味で頻繁に用いられるようになった。ジョンソンの『英語辞典』では“lunch”と“luncheon”を同一語として扱い、その語釈を「手に持てるだけの食物」としている。現代英語では“lunch”が通常の「昼食」、“luncheon”が「昼餐」、「昼の正餐」の意味だが、“luncheon voucher”は単に昼食用の「食券」である。イギリスの企業には従業員に交通費ではなく昼食代を支給するところが多く、それは現金ではなく特定の飲食店で通用する食事券として支給され、この食事券を“luncheon voucher”と言う（“lunch voucher”とはあまり言わない）。この券を使える店は入口に“LV”のロゴが入ったステッカーを掲示している。

しかしながら、現在の英語でも「ディナー」を「昼食」の意味で用いる場合がよくある。一つは

"school dinner"や"Christmas dinner"といった慣用表現、もう一つは方言（特にイングランド北部方言）である。「学校給食」は"school lunch"と言うこともあるが、"school dinner"のほうがイギリスでは一般的だ。学校給食の配膳係の女性、いわゆる「給食のおばさん」は"dinner lady"であり、少なくともイギリスでは"lunch lady"とはあまり言わない。イギリスでは特に20世紀後半以降、学校給食が民間に委託されたことで、栄養価の低い即席食品が多く供されるなど、質の低下が問題化していた。それに対して人気料理人ジェイミー・オリヴァーが改善運動に乗り出し、その顛末がドキュメンタリー番組「ジェイミー・オリヴァーの給食革命」として放送されたのだが、その番組の原題はJamie's School Dinnersであった。「クリスマス・ディナー」は通常、12月25日の昼食である。『ハリー・ポッターと賢者の石』第12章にクリスマス・ディナーの場面があり、ここにロースト・ターキー、ロースト・ポテト、それにデザートのクリスマス・プディングなど典型的なメニューが描写されている。このディナーの後、ハリーはウィーズリー家の兄弟たちと外に出て雪合戦を楽しみ、それからティータイムとなる。このディナーを夕食だと思いながら読むと、その後に雪合戦とティータイムの場面が来ることに違和感を禁じ得ないのではなかろうか。

「ディナー」を「昼食」の意味で使う方言については、例えばペンギン版『現代英国辞典』が"dinner"を「特にイングランド北部の労働者階級の家庭で昼食の意味に用いる」と説明している。昼食が「ディナー」である場合、夕食はもちろん「サパー」なのだが、イングランド北部を始めとするいくつかの地域では夕食を"high tea"または単に"tea"と言うことも多い。例えば『プログレッシブ英和中辞典』（小学館）では"dinner"の項目で「正餐　昼または夜に取る一日のうちの主要な食事、

ふつう夕食　昼食にdinnerを取れば夕食はsupperまたはteaと呼び、夕食がdinnerのときは昼食はlunchと呼ぶ」（斜字体原文）と説明している。この場合の“tea”は「紅茶を飲みながら食べる簡素な夕食」ということである。また必ずしも労働者階級限定というわけではなく、中産階級の家庭でもかつて子供が子供部屋で食べる質素な夕食を伝統的に“nursery tea”と呼んでいた。『メアリー・ポピンズ』シリーズ第2巻『帰って来たメアリー・ポピンズ』第7章冒頭でメアリー・ポピンズは子供たちのために夕食（Nursery Tea［ここでは大文字表記］）を用意する。それはパンにバターとイチゴジャムだけの質素な「夕食」であり、この場面で長男マイケルは「プディングがない」と文句を言ってメアリー・ポピンズを怒らせている。

先に引用した『プログレッシブ英和中辞典』の説明に昼がディナーの時は夜がサパーとあったが、本格的なアフタヌーン・ティーの後の夕食も、当然のことながら遅めの時間のサパーとなる。また、ロンドンのウェスト・エンドなど劇場街に近い飲食店では、メニューの中に“pre-theatre supper”や“after-theatre supper”というのをよく見かける。これは演劇鑑賞の前（pre）か後（after）に軽く食べるためのメニューだ。イギリスの劇場では、夜の公演は8時頃に開幕して10時過ぎに閉幕するという場合が多いので、それに合わせて前後の時間に供される「軽い夕食」なのである。

レオナルド・ダ・ヴィンチの壁画でも有名な「最後の晩餐」はイエス・キリストが磔刑の前夜に12人の使徒と共にした「最後の夕食」であり、『新約聖書』の「マタイの福音書」第26章、「マルコの福音書」第14章、「ルカの福音書」第22章などにその場面がある。日本語では慣例的に「最後の晩餐」と称しているが、英語では“the Last Supper”または“the Lord's Supper”である。いずれの福音書でも、具体的に言及されているメニューはパンと葡萄酒だけであり（レオナルドの「最後の晩餐」には魚も描かれていたらしいが）、これは「聖餐」ではあっても「正餐」ではない。そういうわけで「最後の晩餐」は「ディナー」ではなく「サパー」なのである。

（安藤　聡）

コラム10

イギリス国王の食卓

川成　洋

「食べることが人間の基本的な営みである以上、料理は今も昔も富とステイタスのシンボルとなる」と喝破したのは、「キッチンの錬金術師」と称されている現代イギリスの不世出の名人シェフ、ヘストン・ブルメンタールである。おそらく、どの王国であれこうした自己顕示欲にふりまわされた王族は枚挙に暇なしであろう。通常、国王の健康長寿と極上料理の堪能を旨として強力な助言をする主治医が侍っているのだが……。

それにしても、王家の食卓が記録され始めたのは14世紀末からとされている。ちなみに、イギリス最古の料理本『フォーム・オヴ・キュリー』は1390年ごろ、リチャード二世の料理人たちが書いたといわれている。

リチャード二世（在位1377～99）は、10歳でイングランド国王に即位。その時すでに、兄、父、そして祖父、ともども逝去しており、しっかりとした親戚筋がいなかったためか、摂政不在のままの親政開始だった。これでは、まともな国政を維持できない。宮廷での陰謀の連続であったろう。果せるかな、リチャードが33歳、幽閉されていたポンテフラクト城の中で死去する。国王リチャードは料理に毒が盛られているのに気づき覚悟してそれを食べてしまう。このリチャード毒殺説は、シェイクスピアの史劇『リチャード二世』の解釈であり、あるいは料理を一切口にしなかった、餓死説もある。いずれであるか決定しがたいが、それにしても、リチャード二世の最後の食事はどのようなものだっただろうか。われわれが想像する食卓とは雲泥の差であることは間違いないであろう。

次にイギリス国王列伝の中ではひときわ話題性の高いヘンリー八世（在位1509～47）は、1519年の皇帝選挙で神聖ローマ帝国皇帝に選出された弱冠19歳のカール五世（スペイン王カルロス一世）を牽制するために、翌20年、皇帝選挙で惨敗したフランス国王フランソワ一世と同盟関係を結ぶべく、当時大陸の唯一のイングランド領であるカレー近郊の国境ガレに、「金襴の陣」という首脳会議場を開く。上昇志向の強い意欲的な両国王は富と権力を誇示するために、事前にスパイを潜らせ相手側の建築の規模や進捗状況を報告させ、ともに金に糸目をつけず空前絶後の豪華な晩餐用の建物を造った。双方から5マイル離れた地点に建築された建物の高さは、フランス側は36メートルの高さのパビリオン、イングランド側は煉瓦の土台の上に9メートルの木造の城であった。

6月7日から20日まで、両王妃並びに王族を筆頭に大勢の随員たちも参加した会合だった。イングランド側が用意したワインはブルゴーニュ産、ライン産、合わせて1万6千ガロン、さらに大樽70本のエールであった。祝宴料理ではイングランドのほうが量も種類も上回っていた。スープ、ゆでた去勢鶏、子山羊、白鳥の雛、鹿肉、カワカマス、フリッター、梨のパイ、カスタード、リンゴ、チョウザメ、孔雀、コウノトリ、雉、カモメ、鶏、シラサギ、髄骨、プラム、オレンジ、焼肉等々、であった。

だが、16世紀最大のイベントと言われた、こんなに贅を尽くした会合を開いたものの、両国の同盟関係は2年も続かなかった。ヘンリー八世は帰国する前に、神聖ローマ帝国皇帝カール五世と会談する予定をフランソワ一世に伝えていなかった。つまりヘンリー八世の裏切りになるが、ヘンリーの妃キャサリン（カタリーナ・

デ・アラゴン）は、皇帝カール五世の叔母であった。

エリザベス二世（在位1952〜2022）は戦時および戦争直後、食料配給手帳をもっていたという体験から概して倹《つま》しい食事であり、存命中は地元の食材や1990年からチャールズ皇太子の農場で作られた「ダッチー・オリジナル」というブランドの、有機栽培の食材を日々の食事にも公式の晩餐会にも取り入れていたという。

32

アフタヌーン・ティーとハイ・ティー

★対照的な二つのティー★

アフタヌーン・ティー

イギリスの食べ物はまずいと烙印を押されているようだが、少なくとも紅茶には当てはまらない。

特にアフタヌーン・ティーの人気は高く世界中に広まっている。日本でもホテルやカフェの目玉メニューとして女性を中心に楽しまれており、イギリスの食文化の華として大人気である。アフタヌーン・ティーの人気を受けて、近年の日本ではハイ・ティーまで提供するところも増えており、紅茶とともにお菓子や軽食、夕食を食べることが定着し始めている。

アフタヌーン・ティーといえば、紅茶とともに3段のスタンドでスコーン、サンドイッチ、ティーケーキ、焼き菓子が提供されるのがイギリスのクラシックなスタイルだ。日本では和風アフタヌーン・ティーと称して、紅茶の代わりに抹茶、スコーンの代わりに和菓子、サンドイッチの代わりにお寿司を出すところもあるという。そういえば、以前台北でいただいたアフタヌーン・ティーは中国茶に杏仁豆腐、ゴマの揚げ団子などと現地風にアレンジされていた。中身はお国柄を反映して多少異なるが、イギリスから始まったアフタヌーン・ティーは世界各国で愛され広まり続けていることがわかる。紅茶は、まさにイギリスが世界に誇れる食文化といえるだろう。

はじめにアフタヌーン・ティーとハイ・ティーの違いを区別しておきたい。アフタヌーン・ティーは貴族から、ハイ・ティーは庶民から広まったものである。それゆえに食べる時間、食の内容にちがいがある。日本ではハイ・ティーはホテルなどでお酒や食事とともに提供されることなどから、より高級なイメージを持つ方もいるかと思うが、イギリスではイメージが逆である。

ウォレス・コレクションのアフタヌーン・ティー

アフタヌーン・ティーは、19世紀中頃に第7代ベッドフォード公爵夫人であるアンナ・マリア（1783～1857）が始めたといわれる。当時の貴族は1日2食で、アンナは午後8～9時の遅い時間の夕食までお腹が空いてもたなかったため、午後おそくに紅茶とお菓子を食べることを習慣としていた。それがその友人たちにも広まり、貴族社会で社交の場の役割を果たすような形で定着し、その後イギリスの植民地を中心に海外にも伝播していったといわれている。

ちなみにアフタヌーン・ティーに欠かせないサンドイッチは、第4代サンドイッチ伯爵（1718～92）の名前に由来する。彼はカードゲームに四六時中夢中で、ゲームをしながら片手でも食べられるように「パンの間に具を挟む」ことを始めたといわれる。しかしこれは俗説で、史実の伯爵は多忙な官僚であり、遊んでいる時間はなかったとも伝えられている。

イギリスの格式あるホテルでのアフタヌーン・ティーにはドレス・コードがあったり、金額も張り、敷居が高いと感じる方もいるだろう。手軽に楽しめるのは、ホテルや街中のカフェだが、穴場は美術館・博物館に併設されているカフェである。筆者のおすすめはメリルボーンにある美術館ウォレス・コレクションのアフタヌーン・ティーだ。実際に貴族が住んでいた建物は雰囲気も抜群で、リーズナブルな値段でいただけるうえ、穴場であるということで現地在住の友人も一押しだ。レストランはガラス張りの天井から太陽の光が注ぎこみ、配された大きな植物の効果も相まって、まるで外にいるかのような開放感の中で優雅にアフタヌーン・ティーが楽しめる。２０１９年に訪れた際は紅茶は18種類から選ぶことができ、ハーブ・ティーやなんとゲンマイチャもメニューにあった。食事はスコーンとクロテッド・クリームにイチゴジャム、4種のサンドイッチ、3種のスイーツ盛り合わせが3段のスタンドで出され、お腹を空かせていかないと食べきれないほどだった。第4代ハートフォード侯爵が贅を尽くした豪壮な館で、この内容を19・5ポンドで楽しめるとは大変にお得である。

しかも、アフタヌーン・ティーを楽しんだ後は、18世紀フランス絵画を中心としたハートフォード侯爵の膨大なコレクションを「無料」で鑑賞できる。筆者はここを過去2度ほど訪れているが、いずれも友人たちとの話に花が咲きすぎて閉館時間を迎えてしまい、美術館には一度も足を踏み入れていない。それくらい居心地のよい場所である。次回は先にレンブラントやルーベンスの名だたる傑作をゆっくり鑑賞し、その後でアフタヌーン・ティーでくつろごうと心に決めている。

ところで、そんなに胃袋は大きくないという方にはクリームティーをおすすめしたい。紅茶とスコーンにクロテッド・クリームとジャムがついたシンプルなセットで、イギリス名物の紅茶とスコーンにフォーカスして気軽に楽しめるものとなっている。筆者は初めてクリームティーの看板を見たときにはミルクティーのミルクの代わりに生クリームでも入れるのかと思っていたが、地元デヴォンシャー自慢の濃厚なクロテッド・クリームと皿からあふれんばかりのジャムが出てきたので驚いた。ウエイターの話では、クロテッド・クリームはデヴォン産でなければ本物とは言えないとのことであった。

ハイ・ティー

一方のハイ・ティーであるが、これは19世紀後半にスコットランドとイングランド北部の労働者が始めたものといわれる。高価で手が出せなかった紅茶が安価となり、労働者階級でも楽しめるようになったこともあり、仕事が終わった5時過ぎに労働者がしっかりした夕食を紅茶と一緒に取るようになったのが起源とされる。肉・魚といったメイン・ディッシュが供されるため、ミート・ティーの別名もあるように、夕食の代わりにもなった。アフタヌーン・ティーが貴族の社交的要素が強く作法も重んじたのに対して、ハイ・ティーは食事を兼ねた家族団らんの時間でもあった。なお、ハイ・ティーの「ハイ」の由来は、アフタヌーン・ティーで使う専用のティー・テーブルに比べて、食卓テーブルの高さが高いということからだそうだ。

筆者がハイ・ティーをイギリスで初めて経験したのはずいぶん昔のことで、イギリス中がチャールズ皇太子とダイアナ妃の離婚の話でもちきりであったから、多分１９９６年のはずである。家族旅行で訪れたスコットランドの小さな村に宿泊したのだが、そのホテルでいただいたのだ。初めて聞くハイ・ティーなる響きに夕食のメイン・ディッシュも出てくる豪華な「ハイクラス」なアフタヌーン・ティーだとドキドキしたのを覚えている。しかし、出てきたのはスコットランド名物のサーモンのサンドイッチであった。美味しかったのは、3段のトレイにたっぷり乗っていたメレンゲで、口に入れると蜜のようにとろけた。大喜びしていたら、ウエイターがそっとお土産にといってメレンゲを持たせてくれた。しかもたくさん！　以来メレンゲは大好物となった。

（石原千登世）

33

テイクアウェイ

★各種持ち帰り用料理★

持ち帰り用イギリス料理

「テイクアウェイ」は言うまでもなく「持ち去る」「取り除く」という意味の句動詞 “take away” の名詞化である。持ち帰り用の料理とそれを売る店舗の両方の意味で使われる。イギリスのテイクアウェイの定番と言えばフィッシュ・アンド・チップス、サンドイッチ、ジャケット・ポテト、ホットドッグ、ハンバーガー、パイなどに加えて、チャイニーズ・テイクアウェイ（持ち帰り用の中国料理）、インディアン・テイクアウェイ（同インド料理）、それに中東発祥のケバブなど、外来の料理も多い。多少の当たり外れはあるものの、概してこのような地味で安価な料理が美味であることも、イギリスの特徴である。イギリスでは食品は非課税、外食には20パーセント（2022年現在）の付加価値税が課されるが、テイクアウェイの場合にはフィッシュ・アンド・チップスなどの「温かいもの」は外食と見なされて課税、サンドイッチなどの「温かくないもの」は食品と見なされて非課税、という複雑なシステムになっている。

イギリスの都市部によくある多種多様なテイクアウェイの料理店が普及したのは20世紀になってからのことである。例えば、

第33章
テイクアウェイ

フィッシュ・アンド・チップスにしても、19世紀半ばに油で揚げた白身魚が市場に登場し、後半になってジャガイモの素揚《チップス》げと一緒に売られるようになったのだが、ほどなく人気を博して瞬く間に普及し、20世紀初頭にはロンドンだけで千軒を優に超えるフィッシュ・アンド・チップス店があったという。だが近年は鱈《タラ》や鰈《カレイ》の漁獲高減少によって価格が高騰し、他のファストフードとの競争もあって、急速に減りつつある。フィッシュ・アンド・チップスの店では各種のパイやハンバーガーなどを売っていることもあり、イングランド北部ではチップ・バティというチップスを挟んだパンが、スコットランドではマーズ・バー（チョコレートバー）のフライがメニューに加わっていることも多い。フィッシュ・アンド・チップスは当たり外れの幅がそれなりにあるのだが、美味な店を見分ける方法がある。まず看板に「フレッシュ・フィッシュ」（冷凍でない魚）と明記されている店は間違いがない。次に、当然のことながら、海（特に漁港）に近いところは概して当たりと思ってよい。さらに言えば、客の年齢層が高い店は信用できる。高齢者が食べても胃がもたれないということであり、その地で長く愛されている店だという証拠でもあるからだ。

サンドイッチはスーパーや駅の売店などで出来合いのものを買う場合も多いが、好きな具を選んでパンに挟んでもらってテイクアウェイ出来る個人経営のベイカリーが、イギリスの小さな町にはよく残っている。ジャケット・ポテト（皮ごと焼いたジャガイモ）、ホットドッグ、ハンバーガーなどは街中の屋台で売っていることも多い。ジャケット・ポテトにはバター、各種チーズ、ベーコン、ハムなどを選んで挟むことも出来る。ホットドッグはたいていの場合、イギリスに特有のあのつなぎの多いぶよぶよしたソーセージだ。ハンバーガーを注文すると“With salad?”と訊かれることがよくあるが、これはサイドメニューを勧められているのではなく、生野菜を一緒に挟むかと訊かれているのだから、"Yes, please." と答えたほうがよい（値段は変わらない）。パイもまたイギリスの伝統的なテイクアウェイ料理で、無論スーパーや売店でも買えるが、温かいものを買って持ち帰れる店もある（例えばグレッグズという全国チェーンのベイカリーはパイが充実している）。ステーキ・アンド・キドニー・パイ、チキン・アンド・マッシュルーム、チーズ・アンド・オニオン、コーニッシュ・パスティなどの甘くない主食メニューからアップル・パイやチェリー・パイなどの甘い茶菓まで各種ある。

チャイニーズ・テイクアウェイの店もイギリスのある程度以上の規模の町なら必ずあると言ってよい。19世紀末にロンドンやリヴァプールに中国料理店が出現し、第二次世界大戦後に香港からの移民が増加したことで急速に数を増やした。テイクアウェイ専門の店は１９５８年にロンドンのベイズウォーター地区に開店したのに始まり、１９７０年代初頭には全国に普及していた。中華焼きそばや炒飯、春巻や麻婆豆腐など、基本的な中国料理は一通り揃っていて、中国のとも日本のとも少し異なるイギリス風の中国料理である。たいていメニューは英語と中国語の二か国語表示になっているので、見比べると面白い。レストランとテイクアウェイを兼ねている店も多く、同じメニューでもテイクアウェイのほうが安い。

インド料理をテイクアウェイ出来る店も、やはりある程度以上大きい町ならたいていある。イギリスにおけるインド料理の歴史は18世紀に遡り、全盛期のコーヒーハウスにカレーを供する店が既にあったという。19世紀後半のインド直接統治時代には、インド料理をイギリス流にアレンジしたイギリス式インド料理が確立した（日本のカレーライスも実はインドではなくイギリスから伝わった「洋食」だ）。インド料理も中国料理と同様、20世紀後半にその数を増やした。インドは南部で稲作、北部で小麦栽培が盛んなため、主食は南部で米、北部でナンが中心となるが、イギリスのインド料理店には両方を提供している店も多い。南部出身のインド人には、イギリスに来て初めてナンを食べたという人もいるらしい。イギリスで特に人気のチキン・ティッカ・マサラは実はインド伝来ではなく、１９７０年代にイギリスで発祥したものであり、グラスゴー起源説とバーミンガム起源説がある。

やはりイギリスの町で必ず見かけるケバブはトルコ語由来（原義は「焼く」「焦がす」）で、肉や野菜を天火焼きした中東の伝統的な料理である。イギリスでテイクアウェイとして普及しているのは、回転焼きした肉（ドネル・ケバブ、英語ではドナ・ケバブ）を削ぎ落して、野菜と一緒に生地に挟んだタイプだ。これも20世紀後半に急速に普及した。テイクアウェイの中国料理、インド料理、ケバブはもはやイギリス料理と言ってよいであろう。

また、大手スーパーの大規模店舗には、その店で調理した惣菜を量り売りするコーナーがよくある。最大手のテスコ、第二位のセインズベリーズ、庶民的なアスダとモリソンズ、高級感のあるウェイトローズとマークス＆スペンサーの惣菜売場やサラダ・バーは、種類も豊富で美味で実に楽しい。注目すべきイギリス料理はこんなところにもある。

（安藤　聡）

V

本当はおいしいイギリス料理

34

フィッシュ・アンド・チップス

★イギリスの伝統的な国民食★

イギリス料理は一般的に「おいしくない」とか「まずい」とよく言われる。川北稔氏は、娯楽と料理などのぜいたくを禁じたクロムウェル時代に続いて、産業革命により都市に人口が集中しはじめ、商業化された食生活の環境となり、自給や家庭で作っていた料理なども購入することで済ませる生活の商業化が進んできたことを一つの理由として挙げている。

フィッシュ・アンド・チップスのルーツをたどる

イギリスの国民食とも言えるフィッシュ・アンド・チップスも産業革命がひとつの基点となっているが、その原点は一体何処にあるのだろうか。フィッシュ・アンド・チップスは文字通り「魚とチップス」である。とはいえ、魚なら何でもいいというわけではない。魚はタラ、タラの一種のハドック、カレイの一種のプレイスがイギリスでは用いられている。魚はギリシャ・ローマ時代から油で揚げ、月桂樹の葉、香辛料、塩などをまぶすなどの保存方法があった。

新世界の発見により北大西洋産の安価なタラが入手できるようになったが、保存するためには干物にする必要があり、塩が重要であった。魚は保存食であった。しかし、フィッシュ・アンド・チップスが普及した背景には鮮魚が手に入りやすくなったという事実が重要である。産業革命により、19世紀中頃には蒸気トロール漁船の導入、1850年頃までにはイギリス国内の鉄道網が完成していたこと、氷の利用により冷凍保存が可能となり、ロンドンを越える地域に普及していったのである。

フィッシュ・アンド・チップス

魚食の習慣は本来カトリックの肉食禁止令が原点だが、エリザベス朝になってウィリアム・セシルの政策によってさらに強化されたことは既に述べた。パニコス・パナイーは『フィッシュ・アンド・チップスの歴史』のなかで、その後王政復古後の1660年代になって再び週三日の肉食禁止令が出され、その延長上で魚食は国民に受け入れられるようになった点に着目している。すなわち、17～18世紀にかけて魚の保存法の一つとして油で揚げる方法が試され、19世紀に至ってだんだん魚の衣上げ《バタードフィッシュ》に近くなっていった経緯である。19世紀半ばには、フライドフィッシュがユダヤ人の行商人の手で売られることが多かったために、ユダヤ人コミュニティと結び付けられた。やがてフライドフィッシュのにおいが多くのユダヤ人が暮らす、低所得のイーストエンドのゲットー（ユダヤ人居住地区）のにおいとなり、さらに労働者階級と結びつけられるようになった。

フィッシュ・アンド・チップスのもうひとつの食材、ジャガイモについても見ておきたい。ジャガイモはもともとアメリカ大陸からヨーロッパに伝わり、1580年代にはイングランドに伝播し、普及に時を要したが、1840年頃までにはすっかりイギリス人の生活に馴染みの食材になっていた。イギリスの食文化を代表する紅茶もジャガイモも外来のものであった。紅茶は王室から庶民に広まったが上品なもの、一方、ジャガイモは労働者を支えた食べ物という印象がある。ジャガイモはゆでる、オーブンで焼くという調理法が主であるが、もうひとつ油で揚げる方法もある。フィッシュ・アンド・チップスではジャガイモの調理法はもちろんであるが、チップスの形状も気になるところだ。日本ではチップスと言えば、薄切りのジャガイモを油で揚げたサクサクのポテトチップスのことを言う。しかし、イギリスでは棒状のフライドポテトをチップスと呼ぶ。アメリカならフレンチフライズとなる。林望『イギリスはおいしい』もフィッシュ・アンド・チップスを取り上げているが、チップスについて「これこそがイギリス人の国民的食品と言って差し支えない」と述べている。

さて、フィッシュ・アンド・チップスの誕生はどうなっているのだろうか。残念ながら、いつ、どこで誕生したかははっきりしていない。チャールズ・ディケンズの『オリバー・ツイスト』(1838)には「フライドフィッシュの倉庫」の表現があり、『二都物語』(1859)には「ジャガイモのチップス」への言及がある。1875年頃まではフライドフィッシュとフライドポテトの販売はそれぞれ別々の販売人によって行われていたようだが、それがいつの間にか融合したというのが実情のようだ。背景には、1870年代初頭にはチップスを揚げるためのコンロが発明され、1880年代にはフィッシュ・アンド・チップスを揚げるための移動式コンロも開発されたという事情もある。

川北稔は、フィッシュ・アンド・チップスはヴィクトリア時代に広がった「ホット・パイ・ショップ」から発展したものと考えている。ここではパイのほかに魚のフライとチップスが売られていた。ではイギリスで最初にフィッシュ・アンド・チップスを提供したのはいつ、どこであったろうか。これについては1913年設立のフィッシュ・アンド・チップス協会が1968年にマリン（MALINS）を世界で最も古いフィッシュ・アンド・チップスの店として認定した。マリンの店とは1860年のロンドンの下町イーストエンドにあった「ジョゼフ・マリン」の店である。

味付けはお好みで

筆者がはじめてフィッシュ・アンド・チップスをイギリスで食べたのはストラットフォード・アポン・エイヴォンにシェイクスピアの生家やロイヤル・シェイクスピア劇場を訪れた時だった。フィッシュ・アンド・チップスの看板が見えたので、迷わずその店に入った。フィッシュ・アンド・チップス専門店のようで、店内で食べることも持ち帰りもできる店のようだった。店内で食べるより持ち帰りのほうが税金（VAT）が安いので、テイクアウェイにすると白い紙に包まれた魚の揚げ物とチップス、2種類のタルタルソースがついていた。昔は新聞紙で包んでいたが、今では衛生上の理由で禁止されている。その第一印象は「まずい」というよりは「味が薄い」、「味がない」といったものであった。もともと白身の魚のため、味は淡白だ。そのため一緒に渡された2種類のタルタルソースを付けて食べた。チップスには塩味もついていなかった。魚もポテトもただ油で揚げただけのものだった。その後、レストランでフォークとナイフを使って食べる機会もあったが、味自体はあまり変わらなかった。塩や酢(モルトビネガー)、ディップを自由に使って、自分の好みに合うように味付けをして食べてほしいというのがイギリス流のようだ。万人に受けるように、味が極端に薄くなっているのかもしれない。

『イギリスの生活と文化事典』には、イギリスで生まれて大衆的な食品になったのはフィッシュ・アンド・チップスしかないだろうと述べられている。また、パナイーも、フィッシュ・アンド・チップスは産業革命とともに労働者に定着し、庶民に開かれた最初の外食産業となり、今やロースト・ビーフを押しのけて、イギリス人のナショナル・アイデンティティとなっている、と述べている。さらに1950年代、60年代になって外来のイタリア料理、インド料理、中国料理などの異国の料理がレストランに溢れるようになると、フィッシュ・アンド・チップスは数少ないイギリスの伝統的な国民食の代表となっていった。

(佐々木隆)

35

サンデー・ロースト

★イギリスの正統性の象徴として★

イギリス人に、「もっとも好きな料理は？」と尋ねると、必ずといっていいほど上位に入るのが「サンデー・ロースト」である。サンデー・ローストは、クリスマスのディナーに出される豪華なロースト料理の簡素版で、日曜日にいただく。オーブンで焼いた肉とジャガイモ、彩りの野菜、シュークリームの皮のようなヨークシャー・プディング、グレイビー・ソースが添えられる。ロースト肉は伝統的にビーフが一般的であるが、チキンやポーク、近年はラムも人気がある。ベジタリアンのために、キノコ、ナッツ、イチジクなどが代わりに使われることもある。添え野菜には、カブ《ターニップ》、人参、白色の人参のようなパースニップ、芽キャベツ《スプラウト》、カリフラワー、ブロッコリーなどが使われる。

2012年の「SWINSデジタル」のオンライン調査では、イギリスで好きなものという投票で、第2位にロースト料理が入った。1位はベーコン・サンドイッチ、3位は紅茶であった。イギリスらしさを表すシンボルといえよう。なぜ、イギリス人は、サンデー・ローストが好きなのだろう？　それには、いくつか理由がある。第一に、おいしいから。第二に、家族やホームと結びついているからである。サンデー・ローストの思い出

サンデー・ロースト

は人それぞれであるが、典型的なものを紹介しよう。日曜日の朝、教会に出かける前に、キッチンで、母親（ときに父親）が肉の準備をしたりジャガイモの皮をむいたりしている姿がある。平日は母親が料理するので、日曜日には父親がサンデー・ローストを焼くという場合もある。肉やポテトや野菜をオーブンに入れ、教会に行っている間、火をつけっぱなしでローストする。礼拝が終わり、お腹を空かして帰ると、家ではたまらなくいいにおいが漂っている。こんがりと焼きあがったお肉とジャガイモと野菜が皿にもられる。さらにお腹が減ってくる。典型的なサンデー・ローストは食前の祈りが終わって食べ始める。

サンデー・ローストの歴史をたどる

このサンデー・ローストの伝統はいつごろから始まったのだろうか。その歴史には諸説があるが、一つは中世にまで遡る。村の農奴たちは、週6日大地主に仕えていたが、7日目の日曜日には朝の礼拝に出かけ、その後畑に集まり、戦いの技術を磨く訓練をした。その後、地主からの返礼として串焼きのビーフのご馳走が出され、それが始まりだという。

もう一つは、18世紀後半の産業革命の頃、日曜の朝に家族が教会に行くときに、肉の切り身をオーブンに入れ、教会から戻ったときには食事の準備が整っている、という習慣ができたという説である。

教会の礼拝に続いてご馳走を食べるのはヨーロッパの多くの国々で一般的だが、サンデー・ローストはイギリスに特有な習慣であった。国教会とローマ・カトリックの教徒たちは、金曜日にはフィッシュ・フライデーといって、肉を食べることを控えた。また、日曜日の礼拝前には、断食をする伝統があったため、礼拝の後に、断食の終わりの祝いの意味としてサンデー・ローストを食べた。家にオーブンがある金持ちは自分の家でローストを作ったが、貧しい庶民はオーブンがなかったため、教会に行く途中に、日曜にはパンを焼かないベーカリーのオーブンに肉を入れ、礼拝から帰宅するときに、焼きあがった肉を持ち帰ったという。サンデー・ローストは、イギリス人の宗教的な慣例から生まれ、アイルランドや、オーストラリア、ニュージーランド、カナダ、南アフリカ共和国などイギリス連邦諸国へと広がった。

イギリスの家族の伝統として

やがて、サンデー・ローストは、イギリスの人々の生活に根づき、家族、親戚、親しい友人とのつながりを支える重要な役割を担ってきた。イングランド南東部バークシャー出身の友人は、毎週日曜日、ビーフ、チキン、ポーク、ラムのいずれかのローストを食べたという。両親と子ども2人、月に1回は祖父母も加わり8人の大人数だ。子どもが別の用事で家にいないなどあり得ない。食事5分前から、父親がカービング・ナイフを研ぎ棒で研ぐ「シャッシャッ」という音が聞こえていた。服装もきちんとして座り、ナイフ、フォークを正しく使い、丁寧に「○○をとっていただけませんか」(Could you please pass me…?)と言わなければならない。マナー違反は大変なことになる。少し大きくなるとワインも配られた。食事後は、大量の皿を洗い、乾燥するまで、家族でボードゲームをしたり話をしたりして過ごした。祖父母はいい気持ちでうたた寝することもあった。夕方はハイ・ティーとサンドイッチで軽く済ませた。現在、彼と妻と娘2人は、月に1度はサンデー・ローストを食べる。

長年ケンブリッジで日本人学者の世話をされている筆者の友人は、ひと頃、毎週日曜日近所の家のランチに招待されていた。教会のサービスが11時に終わり、12時30分に家族や親族が集まり、13時からランチがスタートする。驚いたのは、毎週毎週どの日曜日も、同じ献立だったということだ。ホストが大きな牛肉の塊のローストを準備する。ポテトと野菜も同じ献立だ。その母親が、毎回アップル・パイを焼いてくる。それも同じアップル・パイである。男性は、決まってワインかシャンペンを持参する。筆者の友人は、チョコレートを持って行った。毎週、各自が「いつものもの」を持参すればよい。あれこれ考えずにすむ。日本人なら毎回、同じメニューにならないように変化をつけるのに、と彼女は思った。食事の後は、ホスト宅の広い庭の馬場で馬に乗ったり、温水プールで泳いだり、カードゲームに興じたり、ピアノにあわせて合唱したり、思い思いに夕方までのんびり過ごした。週一度、家族が同じロースト料理を食べ、ゆったり過ごす習慣によって、家族の心と体に刻み込まれ、伝統が作られていく。

サンデー・ローストは、イギリスの正統さをイギリス人以外の人に感じさせるもののようである。研究者ヘレン・トゥオミネンによると、イギリスに移住したガーナ人エリートたちは、夕食にはガーナ料理を食べるにもかかわらず、クリスマスや日曜日には、イギリス伝統のサンデー・ローストを食べているそうだ。ガーナ人の親は、自分の子どもが、イギリス社会に溶け込めるように、進んでロースト料理をディナー・メニューに取り入れているという。

このように、サンデー・ローストはイギリス人にとって、またイギリスに渡ってきた様々な移住者にとっても、イギリスらしさを象徴する食べ物となっている。

（浅井亜紀子）

36

シェパーズ・パイ

★階級を超えて愛される定番料理★

シェパーズ・パイといえば、イギリスの家庭料理の定番である。パイといっても、パイ生地は使われていない。ミンチか細かく切ったラム肉と、玉ねぎやそのほかの野菜とトマト風味で味付けし、上にマッシュポテトをのせてオーブンで焼き上げた肉料理だ。ミート・ポテト・グラタンといってもよいかもしれない。

残り物の工夫食

イギリスには、パイの種類がいくつかある。バターをはさみながら生地を練って何層にもなった折りパイ、バターを生地に混ぜ混み、粘り気《グルテン》を抑えた練りパイ。さらに、パイ生地の代わりに、ふんわりとしたマッシュポテトを使ったものもパイと呼び、シェパーズ・パイがその代表である。

シェパーズ・パイの歴史は十分わかっていないが、イングランド北西部（カンブリア地方）が起源、またアイルランドが起源ともいわれている。

ジャガイモがイギリスとアイルランドで流通する頃に遡る。その経緯には諸説あるが、スペインの無敵艦隊がアイルランドの海岸で難破し、運んでいたポテトがアイルランドの海岸に打ち上げられたという説が一つである。もう一つは、1580年代にエリザベス一世が北アメリカ探索のためにウォルター・ローリーを派遣し、彼がイギリスに持ち帰ったという説である。いずれの説にせよ、1700年代には、イギリスとアイルランドで、ジャガイモが市場に流通し、とくに貧しい人々の生活の中で重要な食材となった。安価に満腹感が得られて長持ちすることから、労働者階級の間で流行した。日曜日のローストなど、夫や子どもたちが食べ残した肉を無駄にせず、しかも家族がおいしく食べられるように工夫したレシピとして、農家の妻たちが作り出したといわれている。

庶民の手軽なランチ・メニュー

「シェパーズ・パイ」とよく混同されるのが「コテージ・パイ」である。「コテージ」とは、18世紀ごろに農民たちが住んでいた簡素な小屋を指す。当初は、肉の種類には関係なく、マッシュポテトをのせたオーブン料理は「コテージ・パイ」と呼ばれていた。18世紀後半になって、羊の肉（マトン）が使われる料理を「シェパーズ・パイ」として区別して呼ばれるようになった。羊飼いの妻たちが、調理後に残って冷めたマトンを細かく刻み、すり鉢ですってから濃いスープ・ストックで風味を出し、マッシュポテトをのせて作ったという。今では、「シェパーズ・パイ」にマトンは使われず、代わりにラム肉が使われる。

代表的なシェパーズ・パイのレシピは、水に塩を加えてジャガイモを柔らかく茹で水切りし、バターと牛乳をあわせてマッシュポテトを作り、塩コショウで味つけする。肉の材料は、ラム肉に、人

シェパーズ・パイ

参、玉ねぎ、セロリ、マッシュルームなどのみじん切り、グリーンピースを入れ、トマトピューレとウスターソース、セージやタイムなどのハーブを混ぜていたため、グレイビー（肉汁）を入れてトロっとさせる。肉をキャセロール（大きなパイ皿）に入れ、マッシュポテトをのせ、チーズ（チェダー・チーズなど）をかけて220度のオーブンで15分焼く。マッシュポテトを、容器の上だけでなく、底にものせて、肉を包んで焼く場合もある。キャセロールや大皿で出され、小皿に取り分けるときに出るトロリとした肉汁が食欲をそそる。

シェパーズ・パイやコテージ・パイは、お腹にもたまることから、庶民の手軽なランチとして知られる。イギリスのパブに行くと、ランチのメニューとして、シェパーズ・パイは、フィッシュ・アンド・チップスに次いで人気がある。ビールとの相性《ペアリング》も良い。

庶民から王室まで

シェパーズ・パイは、イギリスの子どもたちの学校のランチメニューにも取り入れられている。イギリス中部で1950年代に生まれた友人によると、小学校時代は、自宅に戻ってからランチを取っていたが、中学校に入ると、学校でランチを食べる。メニューは2コースで、最初にシェパーズ・パイかコテージ・パイが出され、2番目に、カスタード・クリームの添えられたパイが出されたという。現在でも、ランチメニューとして人気がある。

日本からイギリスにわたって、長らくケンブリッジに在住している友人の女性は、「シェパーズ・パイは、羊飼いや農民が食べるものと思っていたので、食べたことがないの」と話す。しかし、シェパーズ・パイやコテージ・パイは、階級と関係なく広く愛されているようだ。故エリザベス女王、フィリップ殿下やダイアナ元妃、そしてウィリアム王子とハリー王子のパーソナル・シェフを務めていたダレン・マグレディは、「コテージ・パイが、ウィリアム王子とハリー王子の、大好きなランチのメニューの一つだった」と証している（Delish kitchen　2020年1月23日）。ケンジントン宮殿で、ウィリアム王子が10歳、ハリー王子が7歳の頃から、マグレディはコテージ・パイを調理し始めたという。王子たちは、アツアツでトロっとしたお肉に、柔らかいマッシュポテトととろけたチーズをおいしそうに食べ、「ディナーにもコテージ・パイを食べたい」と言ったという。庶民の料理であったが、階級に関係なく愛される料理である（もちろん素材の質は違うかもしれないが）。

便利なことに、ウェイトローズやマークス&スペンサーなどのイギリス国内のスーパーのレディ・ミール（ready meal）と呼ばれるコーナーでは、レンジやオーブンで温めるだけの食品が多くあり、そこにもシェパーズ・パイやコテージ・パイなどのパイ料理が数多く並んでいる。

考えてみると、日本人である筆者にとっても、実はシェパーズ・パイは、親しみやすい、なつかしい料理の一つであった。子どもの頃、母が、ときどき作ってくれていた。ひき肉に人参、玉ねぎを刻んで炒めたものを、キャセロールに入れ、マッシュポテトを上にかけ、ときにホワイトソースとチーズをかけて、オーブンで焼いていた。母に言わせると、我流だそうだ。焼きたての肉のいいにおいと、おいしさも抜群だった。これが、イギリス人の伝統的な家庭料理と似ていると知ったのは、何十年も後のことであった。イギリスでは、主婦が、日曜日のサンデー・ローストの残りものをおいしく食べるために工夫したというが、ひき肉とマッシュポテトのオーブン料理は、時空を超えて、手軽で栄養価が高く、しかもおいしい、グローバルな家庭料理なのかもしれない。

（浅井亜紀子）

37

ビーフ・ウェリントン

★名前が一人歩きしたイギリス風料理★

ウェリントン公爵の大好物？

ビーフ・ウェリントンはパテなどで牛肉を覆い、その上からパイ生地で包んで焼いた料理で、名前からしても典型的なイギリス料理である。ロンドンのどのホテルが一番おいしいビーフ・ウェリントンを提供しているかを事前に調べて、味比べをする食通もいると聞いた。この料理がかくも有名になったのは、イギリスを代表するシェフ、ゴードン・ジェイムズ・ラムゼイがその十八番料理としているからである。彼はスコットランド出身のヨーロッパでも大変人気のあるシェフで、ロンドンにある3つのレストランで、合計7つのミシュランの星を持っている。彼が有名になったのは、歯に衣着せぬ言動でスタッフを叱咤激励して料理を競わせるテレビ番組だが、その異色の経歴にも人気の原因がある。15歳でプロを目指してサッカー選手になったが、膝の故障が元で断念。その後料理の道に進み、数々の一流料理人の下で働き、3年でミシュランの星2つを獲得。1998年にロンドンのチェルシーに自分のレストランを持ち、2001年にミシュランの星3つを獲得するなど、人気、実力ともに群を抜いている。

ところで、ビーフ・ウェリントンといえば、その響きからすぐに思い浮かべるのが、ウォーター・ルー（ワーテルロー）の戦いでナポレオンを打ち破ったウェリントン公アーサー・ウェルズリーであろう。ここにいくつかの俗説がある。

＊ウェリントン公はこの料理が大好きで、毎日食べていた。
＊この料理の形がウェリントン・ブーツにそっくりだから。
＊元は山羊肉を使ったアフリカ料理で、それを公爵がアフリカから伝えた。（彼はアフリカに行ったことはない）
＊公爵は料理に無関心だったので、料理人が思いつくままに作っていた。これはその中の一つである。
＊元はフランス料理だったが、対仏戦争中に改名されてこの名になった。

このように諸説ある中で、調べてみるとイギリスの料理本に初めて登場するのは１９７０年であるが、アメリカにはそれ以前から登場していることがわかる。すなわち、１９０３年『ロサンゼルス・タイムズ』に“Fillet of beef, a la Wellington”という名がみえる。また『オックスフォード英語辞典』は、初出として１９３９年のニューヨークのレストランガイドに載っている“Tenderloin Beef Wellington”を引いている。

ビーフ・ウェリントンの名前を広めたのは、アメリカのテレビの料理人ジュリア・チャイルド

(Julia Child) で、彼女は1965年の元日の The French Chef という番組で "Filet of Beef Wellington" を紹介している。それが *White House Cook Book* に転載され、全米に普及した。その後これがイギリスに広がったというのである。以上は Glyn Hughes の Foods of England の解説だが、これが正しいならウェリントン公爵と料理は直接の関係はないことになる。

ビーフ・ウェリントン

イギリス風の名前をもつフランス系アメリカ料理

以上からみると、この料理はアメリカで普及したフランス料理で、名前だけがイギリス風ということになる。特徴は、フィレ肉をパイ生地と、デュクセルで包んでから、オーブンで焼くことである。料理人の腕の見せ所は本体のフィレ肉ではなく、マディラ・ソースとデュクセルのほうである。デュクセルは「詰め物やペイストリーの詰めものとして用いる乾燥したキノコ」と定義しているように、キノコを主体にしたクリーム状の詰め物である。キノコに加えて、フランス人が大好きなフォアグラ、タマネギまたはエシャロット、タイムやパセリ等のハーブ、黒胡椒を細かく刻んで混ぜ、バターでソテーしてペースト状に煮詰めるが、ポイントはキノコで、マッシュルームのほかにポルチーニが使われる。ポルチーニを使うと、味も香りも風味も向上するといわれている。ちなみに、ポルチーニはイタリア語で、日本のヤマドリタケモドキ、ヤマドリタケ、アカヤマドリタケなどの総称であるという。詳しいことはわからないが、筆者の味覚ではこの中ではアカヤマドリタケが一番おいしく、大きさ30センチ、重さ500グラムに達する。日本では、ポルチーニであるとは知られていないようで、取れすぎて処分に困ったこともある。

イギリスで一般的なのはポルチーニではなく手軽に入手できるマッシュルームを用い、フォアグラではなく生ハムなどを使うようである。さらに、健康志向でカロリーを減らしたものや、ハンバーグ風にアレンジしたものなど、レストランが味を競っている。

（石原孝哉）

38

ヨークシャー・プディング

★イングランド北部生まれ、スターターの女王★

デザートならぬ肉料理の添え物として

ヨークシャー・プディングは、イギリスの家庭で日曜日のサンデー・ローストのロースト・ビーフに添えられ、グレイビー・ソースをかけて食べる、シュークリームの皮のようなものである。

筆者が、ケンブリッジの在外研究中、ファカルティーとスタッフのためのクリスマス・ランチを、マディングレー・ホール（Madingley Hall）でいただく機会があった。その時のメイン・ディッシュ・プレートに、肉よりもはるかに大きな茶色の物体がのっていた。どうみてもパンではない。これはいったい何だろうと不思議に思った。いくら眺めても、想像がつかないので、隣りにすわっていた教授に訊ねたら、プディングといったので、質問が聞き取れなかったのだろうと思って、もう一度訊ねると、やはりプディングという。まさか、これがプディングとは思わなかった。いったいなぜ、お肉にシュークリームのようなものが添えられているのだろう。パンの代わりだろうか。筆者にとっては衝撃的な体験であった。しかし、グレイビー・ソースをかけて、お肉と一緒に食べると、ふわっとして、塩味もあり、さくさくと食べられる。グレイビー・

ロースト・ターキー（左）と大きなヨークシャー・プディング（右上）

ソースとの相性がいいのだ。これがヨークシャー・プディングとの出会いであった。本来は、アツアツのプディングを、アツアツの肉と一緒にいただくのであるが、残念ながら、この時は冷めていた。

プディングというと、日本人の多くは、プルンとなめらかなスイーツを想像する。イギリスのプディングは、種類はあまりに多く、階級によって言葉の使い方も違うため、日本人にとってわかりにくい。ヨークシャー・プディングのように、肉料理に添えられる食事用のものと、カスタード、ジャムやクリームを添えてデザートとして食べるもの、クリスマス・プディングのようにフルーツがたくさんはいったお菓子などがある。ヨークシャー・プディングは、小麦粉に牛乳と塩と卵を加えてオーブンで焼いて、ロースト・ビーフやソーセージといただく。

グレイビーの空に浮かぶ、明るい、茶色の月

ヨークシャー・プディングは、その名のとおり、イングランドの北部に起源をもつ料理であるが、その歴史は十分にはわかっていない。イギリス人の料理家エイドリアン・ベイリーによれば、１０６

6年にノルマン人がイギリスを征服するずっと以前、5〜6世紀ごろイギリスに渡ってきたサクソン人が、小麦粉、卵、牛乳を材料とした生地を使うプディングを作っていたという。12世紀のヘンリー二世の城の料理人たちは、ラムのローストや果物にプディングの生地をぬっており、これがヨークシャー・プディングやお菓子のプディングの原型になったという。1737年に出版された『女性の仕事のすべて』(The Whole Duty of a Woman) には、ヨークシャー・プディングは、「滴り落ちるプディング《ドリッピング・プディング》」という名前で紹介されている。これは、肉のローストを作るときに滴り落ちる肉汁を受けるために、天板の上にプディングの生地を置いて利用していたためである。プディングは、滴り落ちる肉汁を吸収して、柔らかくふくらむ。これを、前菜として食べたり、メイン・ディッシュの肉と一緒に食べたりした。庶民の家庭の主婦は、まず、ドリッピング・プディングを先に出して、皆がある程度お腹を満たしてから、肉料理を出したという。お金のかかる肉の節約になる。

ヨークシャー・プディングは、イギリス人にとって明るい、豪華な、文化的なシンボルとして捉えられている。1956年にヨークシャーで生まれた詩人のイアン・マクミランは、「グレート・ブリティッシュ・ヨークシャー・プディング」(The Great British Yorkshire Pudding) という詩の中で、ヨークシャー・プディングを、「グレイビーの空に浮かぶ、明るい、茶色の月」、「美的に豪華で、永続的な力をもつ文化的シンボル」「ヨークシャー・プティングはスターターの女王!」と詠っている。「月」「永続的力」「女王」といった言葉から、ヨークシャーの人々がいかに愛情をもって大事にしてきたかがわかる。

家庭から消えゆくイギリスの伝統料理

ところで、1950年代のイングランド中部ダービーシャー生まれで、英国の伝統的な家庭で育った友人は、母親が、肉をローストするときは、ポテト、芽キャベツと一緒に、必ずヨークシャー・プディングも焼いていたという。オーブンの2段のトレイの1段でロースト肉を焼き、肉が焼き上がる少し前にヨークシャー・プディングの生地を広げた天板を入れて焼き、焼き上がった熱々のプディングを4つに分けて、熱い肉と一緒に個々の皿に盛ってくれたものだと語ってくれた。50〜60年代は、家庭で母親が手作りをし、父親が肉をカービングして切り分ける役で食卓を囲んでいた時代であった。現在、彼は、ペスカタリアン（魚を食べるベジタリアン）の日本人女性と結婚しており、魚中心の生活をおくっている。ローストの肉に添えてヨークシャー・プディングを自宅で食べることはない。

実際、食習慣の変化や、女性の社会進出により、現在では、伝統的なヨークシャー・プディングを家庭で作る機会は少なくなっている。教会に行く習慣も薄れてきたため、ロースト肉を家庭で何時間もかけて焼き、ヨークシャー・プディングを手作りするということは、ほとんどないと聞く。家庭でローストを食べるときには、既成の小さなカップサイズのヨークシャー・プディングを、スーパーで手軽に購入できる。オーブンいっぱいのヨークシャー・プディングを焼いて肉を切り分けるという習慣はほとんど廃れてしまったようだ。

サンデー・ローストとヨークシャー・プディングのようなイギリスの伝統的なオーブン料理を食べる機会はごく限られてしまったが、由緒あるホテルのレストランに行くか、イギリス生まれの知人のお宅でなら、ご馳走になることができるかもしれない。

（浅井亜紀子）

コラム 11

ステーキ・アンド・キドニー・パイ

川成晴美

忘れられない一皿の思い出

筆者には忘れられないイギリスの一皿がある。それは、もうずーっと昔のことになったが、初めてイギリスに滞在した時に知り合ったキャサリン・ピアス家で、もてなされた一皿。スープやデザートは思い出せないが、長い間、心に残っているキドニー・パイ。キャサリンがこれは伝統的なイギリス料理の1つなのとさらっといった一言と共に……。

キャサリンとの出会いは、夫が所属するダーウィン・コレッジのフォーマル・ディナーでのことだった。キャサリンの夫ハロルドも同じコレッジのメンバーだった。私の夫の家は、古いカトリックの家系で親戚には何人も神父や修道女を輩出している。一方、ハロルドは神父になるべく神学校に進んだが、キャサリンと出会って、今に至ったそうで、そんなことが重なって、二人は意気投合。すっかり家族ぐるみの友人に

ステーキ・アンド・キドニー・パイ

なったのだ。ハロルドは公立校の校長だったが、当時の行政改革のあおりを受けて廃校となり、失職したものの、奨学金を使って、英文学の研究を再開している時だった。

ロンドンの北50キロほどの所に位置するサフラン・ウォルデンの静かな中世の家が残るところに彼の家があった。家を取り巻く庭は、高い木、低い木、芝生と花壇のある一軒家。帽子だの袋といった日常的なものが見あたらない、玄関に入ると、きれいに整えられた応接間も何もかもが落ち着いた雰囲気を出している。その時のディナーにサービスされたキャサリン手作りのその一皿のおいしさに、若くてなおかつ食いしん坊の筆者は衝撃を受けた。その後、数度イギリスに滞在したが、なかなかこの味に出会えなかった。その時出会った愛くるしいキャサリンの下の娘との出来事が、一皿の思い出をいっそう忘れられないものにしてくれている。

今、目を閉じるとその時のことが鮮明によみがえる。英語で、いたずらざかりの少年をノーティ・ボーイと呼ぶなら、この少女はノーティ・ガールといってもいい。玄関から入って、応接間、化粧室、広い眺めの良い庭、どこも無駄なものは何ひとつなく、きれいに磨き上げられた家具のある部屋。真面目な、真剣な顔つきで、はるか遠い東洋のはしの日本という島国からやってきた来客に（その時、夫も同伴していた）少女たちの眼はキラキラと輝いていた。ところが……食事も終わり、夫とその家の主人であるハロルドとキャサリンが応接間で話に夢中になっていると、少女が私の手を引いて、上半分がすてきなスリガラス、下は重厚な木のドアの前に立ちはだかった。すると、かわいい微笑みをいたずらっぽく浮かべると、ドアをサッと開いた。「えー。だよね！」とおもわずつぶやいた。ドアの向こうは、さながら戦場。台所が繋がっていたが、日常のもの、カバンや学校からのプリントが貼られた掲示板、野菜を入れた籠。さっきまでいた、無駄のない、上等な家具のスッキリとした室とは大違い。生活の香りのぷんぷんするステキな空間！

立ち止まって口を開けてビックリしていると、少女が手を引いて中に入ろうとした、ちょうどその時、キャサリンの声がした。「ごめんなさい」「かわい子ちゃん、だめよ」と、おだやかだけれどキッパリと少女を止めた。

少女はもう一度いたずらっぽく笑うと、庭の方へかけて行った。「おそるべき、そしてなんてチャーミングな、子どもたち！」とつぶやき（もちろん、日本語で）、中に入れなくて残念だなあと思った。

そんなわけでキドニー・パイは、おいしさプラスアルファーで、忘れられない一皿となった。

遠い記憶の中に

キドニー・パイについてちょっと調べてみると、キドニーは腎臓だからにおいがくさいと書かれていて、がっくり。別の本を調べると、ついに探していたものを発見した。たいていは「ステーキとキドニー・パイ」として紹介されている。それによると、ステーキは「肉の切り身」のことで、キドニーとともに、ソースで煮込んでパイ生地で蓋をして焼いてある。キャサリンの一皿もそんなだったことを思い出した。ちょっとこってりした味わいはなかなかなもので、記憶ではビーフシチューのようなものであった。牛肉の角切りと、キドニー（もちろん、下処理をした）と、炒めた玉ねぎ、マッシュルーム、香辛料とともに、バターでちょっと焦がした小麦粉とともに、いわゆるグレイビー・ソースで煮込んである、手のかかる料理だ。私が作るビーフシチューから、トマトの量を半分くらいに抑えた味かな?

ただキドニーは、日本では普通ではなかなか手に入らない。でも、遠い記憶では、少しコリっとした感じだったように思うが、確定できないのが残念だ。

カロリーの点で女性には人気がなかったらしい。こってりとした味は、とりわけ男性に人気の一皿だったようだ。そういえば、キャサリンの夫ハロルドも、大分お腹が突き出ていて、キャサリンにバターを控えるようにと何度も注意されていた。

あれから随分年月が過ぎてしまった。もう一度あの味に出会いたい。イギリスを代表する伝統的な食べ物なのに……。イギリスの食べ物はまずいという噂は筆者には通用しない。

絶対どこかの物語に出てくるに違いないと思っていたが、案の定、最近ではハリー・ポッター、そしてアガサ・クリスティーの短編などに登場する。

今になって思い出したことがある。それは夫とともに初めて、「ロンドン文壇の大御所」と言われていたジュリアン・シモンズと会ったレストランでのこと。東京からの旅の疲れで、へとへとになっていた筆者にやさしく接して下さった超おしゃれなイギリス紳士。レストランのエントランスで出迎えてくれたシモンズのいでたちは、黒のビロードスーツ、真っ白いシャツに、襟元を同じ黒くて細いビロードのリボンで結んでいた。そういえば、シモンズは、アガサ・クリスティーの後継として、イギリス推理作家協会の会長におさまっていたのだった。

不思議なつながりを感じながら、食べ物で大切な人たちを思い出すなんて、なんと食いしん坊なんだと改めて驚いている。

39

焼き菓子の原点

★スコーンとショートブレッド★

イギリスの伝統的なお菓子となると、まずスコーン（scone）が挙げられる。特別のお菓子でもなく、家庭で普通によく作られる質素で素朴な焼き菓子である。だがなぜか日本人には人気がある。元はスコットランドで生まれたとされるが、今ではイギリス全土にすっかり根付いている。現代では、スコーンはイギリスの午後のティータイムには欠かせないものであり、スコーンを食べながら紅茶を飲むことが、イギリスの雰囲気を楽しみ、イギリスの伝統と文化を味わうことの象徴となっている。

スコーン作りのレシピあれこれ

スコーン（なぜか日本では延ばして表記されるが、より正確にはスコン）の由来には、カフェ・ナカアカリのホームページの『スコーンの歴史』や砂古玉緒の『イギリスの菓子物語』によると、中世オランダ語の「美しい、白いパン」を意味する“schoonbrood”または“schoonbroot”やドイツ語の“sconbrot”を語源とする説、古代ゲール語で「ひと口の大きさ」を意味する“sgonn”（発音はスゴン？）とする説、九世紀からスコットランド王家の守護石とされ、歴代の王がスクーン宮殿（Scone

Palace）での戴冠式に使う椅子の土台にある「運命の石」（The Stone of Destiny）とする説などがある。

筆者が作ったスコーン（左）とショートブレッド（右）

蘊蓄《うんちく》はこれくらいにして実際に作ってみよう。スコーン5、6個分の材料と分量は、薄力粉200グラムにベーキングパウダーを小さじ2杯、砂糖25グラム、無塩バター50グラム（なければマーガリンやスエットという牛脂でもよい）、卵1個、牛乳大さじ3杯である。基本的なスコーンは味が単純なので、好みによっては砂糖を増したり、塩を少々くわえるか、有塩バターを使ったりすることもある。

スコーン作りのポイントはいくつかある。まずボールに小麦粉と砂糖を入れて混ぜ合わせ、そこに指先大に切ったバターを入れ、手早く小麦粉と混ぜ、指先でほぐすようにしてフレーク状にしていく。このとき、バターが溶け出さないように手早くする必要がある。これに卵と牛乳を加えて、練り過ぎないように注意してざっくりと混ぜる。これを調理台の上に広げて4、5回、折りたたむようにして上からギュッと重ね合わせる。べたつくようなら打ち粉を使う。この段階がスコーン作りでいちばんコツを要するところ。要は捏《こ》ねすぎないように雑なくらいに手早くすることである。この段階がうまくいくと、焼きあがったときに、スコーンの側面に「オオカミがグワッと口を開けた」ような、特有の「腹割れ」ができる。

こうして作った生地を厚さ2センチくらいの板状に延ばし、それを直径5センチくらいに型抜きする。残ったものは捏ねずにまとめるようにして形を整えて使うが、きれいな腹割れはできない。そのため型抜きはせず、ナイフなどで板状のものを縦横に切り、四角い形にすることもある。

これを180から200℃のオーブンで15分程度焼く。生地作りがうまくいったときは、厚さが4、5センチに膨らみ「腹割れ」ができる。歯ごたえがサクサクしてややポロポロした感じであれば成功である。二、三度、挑戦してコツをつかめば、各家庭の味のスコーンができるようになる。

食べ方は、側面の割れ目のところで上下に二つに割り、そのままでも好みでバターやイチゴジャム、ブルーベリージャム、生クリームなどを塗って食べてもよい。そのためにも、作るときは砂糖を少なめにし、かすかに甘みを感じる程度がよい。ラズベリージャムなどがあれば、野趣があってよりイギリス的雰囲気が出てくる。

イギリス的質素・倹約の象徴

スコーンは伝統的な手作りのお菓子だけあって、材料にしても作り方にしても質素で簡素である。最近はおしゃれで手の込んだお菓子が次から次と開発されているが、これらに比べると、スコーンは実に質素、素朴そのものである。それだからこそ飽きが来ない。甘さが控えめなので、軽い食事代わりにもなる。かつて滞英したとき、週末ごとにイギリスの田舎をドライブしたことがあったが、昼食代わりによくスコーンを食べたものだ。変なもの（？）を頼むよりも、よほど味に間違いがないからである。

何も入っていないプレーンなスコーンは物足りないと、ときには「贅沢」にレーズンを入れたものもある。さらにいろいろなドライフルーツやチョコチップなども入れたくなるが、それをやってしまっては別のお菓子になってしまう。スコーンはあくまでも、イギリス的質素・倹約の精神で作るもので、簡素で素朴でなければならないのである。

かすかに甘いスコーンを食べながらアール・グレイの紅茶を飲む。これがイギリス好きの人間にとって、至福の時間である。

スコットランドの伝統菓子――ショートブレッド

イギリスのもう一つの代表的な焼き菓子に、スコットランドの伝統的なお菓子のショートブレッド(shortbread)がある。日本語では「堅パン」と訳されるが、イギリスではショートケーキとも呼ばれている。ショートとは、ジェイン・ベスト・クックの『英国おいしい物語』によれば、本来は「バターや牛脂が入った焼き菓子がサクサクすること」の意で、イギリスではショートケーキと言えばショートブレッドのことになる。

材料と分量の一例を示すと、薄力粉150グラムに米粉30~50グラムを混ぜたものを使い、ベーキングパウダーは使わない。砂糖が50グラムに無塩バターまたはマーガリンが100グラムと、スコーンよりも砂糖とバターの量が多い。卵と牛乳は入れない。材料をボールに入れてよく混ぜ、フレーク状にする。それをさらによく捏ねて一つにまとめる。これには結構、時間がかかり、指が疲れるが、スコーン作りのように捏ね方に気を使う必要はなく簡単である。まとめたものを調理台の上で厚さ1

・5センチくらいに延ばし、直径が20センチくらいの円形にしてそれを6または8分割にする。生地を長方形にして、長さ6センチ、幅2センチくらいの短冊状に切り出してもよい。これを160℃の低温のオーブンで30分間焼く。焼き色を付けないのがショートブレッドの特徴である。

ショートブレッドの食感は、サクサクしているがクッキーよりも軟らかい。砂糖とバターが多い分だけスコーンよりも甘く、食べ応えもある。

ショートブレッドは昔からスコットランドの家庭で作られてきた伝統的なお菓子であるが、キャンベルズやウォーカーズといった老舗メーカーもある。赤いタータンチェックをあしらった箱に入ったショートブレッドは、スコットランド土産の定番になっている。

（千葉　茂）

40

クリスマスの究極のデザート

★クリスマス・プディングとミンス・パイ★

贅沢？　質素？　クリスマス・プディング

スコーンが質素で素朴なお菓子としたら、その対極にあるのがクリスマス・プディングである。焼き菓子ではなく蒸し菓子であるが、イギリス的贅を尽くした究極のお菓子である。

デザート系のプディングは、いくつかの例外はあるが、基本的には小麦粉とパン粉（くずパン）にバターまたはスエット（牛脂）、ドライフルーツや肉を入れて練り、これを蒸したものである。その起源は中世にあるとされ、前出の砂古玉緒やジェイン・ベスト・クックによれば、練り込むものによって甘いものから甘くないものまでいくつものバリエーションがある。

クリスマス・プディングは、ヴィクトリア時代に、それまでの単純なプラム入りプディングが進化したものとされ、クリスマス・ディナーのデザートとして出てくる。最大の特徴は、大量のドライフルーツと、たっぷりの砂糖とバターやスエットを使う点である。

19世紀の伝統的なクリスマス・プディングの材料とその分量は、サラ・パストン＝ウィリアムズの *Rich Inheritance* によれば以下のとおりである（2リットル分）。

まず刻んだプルーン（プラム）が225グラム、レーズン225グラム、サルタナレーズン225グラム、カランツ350グラム、砂糖漬けミックスピールを刻んだもの50グラム、砕いたアーモンド50グラム、少量の塩を加えたベーキングパウダー入り小麦粉125グラム、くずパン（パン粉）225グラム、スエット225グラム、ブラウンシュガー450グラム、すりおろしたリンゴ1個分、すりおろしたニンジン125グラム、レモン1個分とオレンジ1個分の皮をすりおろしたもの、大きい卵3個、ラム酒大さじ4杯、バーリー・ワイン（度の強いビール）150ml、黒ビール150ml、冷えた紅茶250ml、これに少量のスパイス、おろしたナツメグ、粉シナモン、おろし生姜……と、恐ろしくいろいろなものが入る。とにかく台所にあって菓子作りに使えそうなものを、何でもかんでもコレでもかと入れるのである。その贅沢（?）ぶりは、質素倹約を旨とするイギリス精神のたがが外れてしまったかのようである。「どうだ、コレだけいろいろ入れているのだから、まずいわけがないだろう！」というイギリス的美食感覚を具現化したようなもので、感心するばかりである。材料の分量には結構、幅があり、伝統にこだわらなければアレンジも自由で、好みでジャムなどを入れてもよい。かさで見ると7割がパン粉（くずパン）とドライフルーツで、要は台所に残って

筆者手作りのクリスマス・プディング

いたものを、このときとばかりに片付けている感じである。

作り方はいたって簡単、材料をボールに入れてよく混ぜて練るだけ。固いようだったら、黒ビールやオレンジジュースを加えて調節する。最後に、家族の幸せや繁栄を願って、コインや指輪、指貫をチャーム（幸福のお守りのようなもの）として一つ入れ、ボールに布をかけて一晩、涼しいところで寝かせる。

こうしたものを、プディング・ベイスンという陶器製の専用のどんぶり鉢のような容器に入れ、布をかけ、膨らむことを考慮してドレープを作って縁をしっかりと紐で縛る。最後に上で十文字に結び、さらに吊り下げるための輪を作る。生地作りが単純で雑な割には、ドレープだの吊り下げ用の輪だのといったこだわりがある。

これを、お湯を沸かした大なべの中におき、水を絶やさないようにして少なくとも6時間、蒸すのである。こうして蒸しあがったものを、冷暗所でクリスマスまで保管して熟成させる。クリスマス当日には、それをもう一度、2時間ほど蒸す。そして大皿の真ん中にポンとひっくり返し、上から粉砂糖を振りかけ、まわりにヒイラギの葉をあしらう。食べる前にはブランデーやウィスキー、ラム酒などをかけ、火をつけてフランベする。食べるときには、さらにブランデーの入ったクリームやバターをかけるのである。切り分けられた中からチャームが出てくれれば、その人は「ラッキー！」となる。

クリスマス・プディング作りは、クリスマスの4週間前の日曜日から一家総出で作るのが昔からの慣わしだそうだ。家族みんなで幸せを願って、順番に練って練りまくるのである。そこからこの期間の日曜日は「かき混ぜる日曜日」（Stir up Sunday）と言われている。

滞英中にクリスマス・ディナーに招かれて、はじめてクリスマス・プディングを食したことがある。そのときの感想は、ネットリとした食感と、そのあとにくる、あごの下をギュッとつかまれたような、酸味のある、耳下腺が痛くなるほどの恐ろしい甘さだった。さらにひと口ふた口と食していると、甘さに加えて脂肪分たっぷりのこってりとした濃厚さが、胃の腑にズドンと応えてくる。その甘さと濃厚さは超弩級で世界最強、右に出るものはない。

クリスマス・プディングは保存食でもあり、何と2年間は持つとされている。以前はその年に作ったものは一年間、冷暗所で保管しておき、一年後にその年が無事に過ごせたことを神に感謝して食べ、その年に新しく作ったものはまた一年間保管しておくのだと言う。そして次のクリスマスのために、また一年かけてドライフルーツなどを準備する。まさにクリスマス・プディングは、イギリス的贅沢と執念を尽くした、最強で究極のデザートなのである。

仕上げはミンス・パイ

ところがこのクリスマス・プディングの後には、これまたクリスマスの定番のミンス・パイが控えている。このパイはタルト形の小さいもので、前出の砂古玉緒の『イギリスの菓子物語』によれば、かつてはその名のとおりミンチにした肉が入っていた。それがこれまたドライフルーツを砂糖とバターで甘く煮たものに変わり、上に星や花の形に型抜したパイ生地をのせて焼くようになったお祝いのお菓子である。パイの形はキリストのゆりかごを模しているという。この甘〜いお菓子が、すでにクリスマス・プディングで「ウッ」となっているところに、口直しとばかりにでてくるのである。これにはさすがに閉口し、一つ食べるのも大苦労だった。

イギリスの各地には伝統的なお菓子がいくつもある。そのほとんどは、小麦粉とバター、砂糖を基本に、そこに卵や牛乳、いろいろなものを練り込み、それを焼いたり蒸したりしたものである。そうした中でもっとも単純なものがスコーンやショートブレッドであり、その対極にある究極のお菓子がクリスマス・プディングである。それらのあいだには、いくつものバリエーションがあり、奥深いイギリスのお菓子の世界が広がっているのである。

（千葉　茂）

コラム12

ブラック・プディング

滝　珠子

遠い昔、南イタリアのフィラデルフィアという町を訪れたことがある。

学友エレオノーラのご両親がそこに住んでいらした。細い道を縫って町に入ると真っ白い家々を背に、地面に直接腰を降ろした中年老年の男性群が談笑しながら、胡散臭そうに我々を眺めている。日焼けして、申し合わせたようにかぎ鼻、細長い顔付きはまぎれもなくギリシャ型である。ギリシャからの移民がこの地に住みついたのであろうか。

エレオノーラの父上は開業医で、立派な構えの邸宅に広大な農園が続くお住まいであった。初対面の父上のお顔をまじまじと見つめたが、かぎ鼻ではなく堂々と肩幅の広い美男子だった。

農園には、赤・白の葡萄畑で大勢の農夫が働いており、熟した葡萄を運ぶ驢馬車が置いてあった。オリーブ、オレンジ、ズッキーニ、アスパラガス、ポテト、パセリなどが手入れ良く植えられていた。そのずーっと奥に木造の小屋があり、丸々と肥った豚が1匹寝そべっている。

「この豚ちゃんはクリスマス前になると殺され、家族用に1年分のハム、ソーセージ、サラミなどにされるのよ。」

「へーえ　可哀そうに」と筆者。

「血を混ぜたブラックソーセージはおやつによく、今度いらした時はエスプレッソと一緒にお味見してね」と囁く親友のお奨めだけれど。

ウウーム！

近くの海辺でムール貝料理をお腹一杯ご馳走になり、太いサラミと新鮮なレタスをお土産に帰途についた。

市販のブラック・プディング

世界中数えられぬほどの種類のソーセージがあるが、濃い褐色のブラックソーセージは既に調理してあるので、ハギスのように長時間蒸す必要はない。もっとも軽く両面を焼くこともあるらしい。

袋から取り出し輪切りにして、バターたっぷりのマッシュポテト、スエード、ブロッコリー、茹でた人参等を添えていただく。

材料は、豚の血に、茹でた角切りの脂身、小麦粉、オートミール、ニンニク、スパイスを混ぜ合わしたもので豚の腸に詰め、肉は使わない。大変に栄養価の高い食品なので大量には食さないほうがいいらしい。

周りの友人達に尋ねたところ誰一人として実際に口にした方はいなかった。実は筆者もその一人である。

ブラック・プディングは、血の風味が独特で、家畜を無駄なく利用する狩猟民族の食品として、アジアでも牧畜の盛んなモンゴルや中国東北部で古くから作られてきた。ヨーロッパでは、国によって伝統が異なり、ドイツではBlutwurst、スペインではMochila、ポーランドでは

Mustamakkaea、アイスランドではBloomor、イタリアのトスカーナ州ではBuristoと呼ばれ、国によって製造法が異なる。

宗教上の理由から血をタブーとしている文化圏には存在しない。

血の入ったソーセージは、紀元前8世紀〜紀元前6世紀に編まれた『オデッセイア』に、山羊の胃袋に血と脂身を詰めて焼いた食品が兵士たちの重要な携帯食として早くも書き記されている。

1世紀〜3世紀に書かれたアピキュースの料理書にも、豚の血とゆで卵の黄身や松の実を豚の小腸に詰めたブラッド・ソーセージが載っている。

イギリスでプディングと言えば、ロースト・ビーフには付き物のヨークシャー・プディング、ベリーの出回る頃には欠かせないサマー・プディング、大きなターキーの傍に配されるクリスマス・プディングと様々思い浮かぶが、日本の甘い「プリン」とは異なる。

ある日本の旅行者が、パブで「プディング」のみ注文したことがあった。ウエーターと私は「変だな」と感じたけれど、運ばれたお皿を見てその方は驚いていらした。

「プリン」とは日本造語になったようだ。

ばら戦争で有名なウェールズ生まれのマリアは「あなたはこのところブラック・プディングの話ばかりしているけれど、次にはコーニッシュ・パスティーについてお書きなさい。錫鉱山で働く炭鉱労働者の伝統的な食品だったのよ。今もイギリス旨いものの十指に入るわ。私が詳細に説明してあげるから」と嘯《うそぶ》いていた。

41

マーマイト

★イギリス文化の一つとなった食品？★

「イギリスでよい食事をしようと思うなら、朝食を三度取ればいい」という言葉があるように、イギリスの朝食はとてもおいしい。イングリッシュ・ブレックファストの基本的なイメージは、卵料理、ソーセージ、ベーコン、焼きトマト、マッシュルーム、ビーンズであろう。これらに加え、1874年から販売され、イギリス王室御用達となっているフランク・クーパーのオレンジ・マーマレードを塗ったトーストもイギリスの朝食では忘れてはいけない。さらに、トーストに塗るペーストとして、日本では目にする機会はあまりないが、土製の蓋付きの料理鍋の絵のある黄色のプラスチック製の容器が食卓に置いてあることもある。これこそ、本章で扱う「マーマイト」である。この商品名は、MARMITEという語の「土製の蓋付きの大きな料理鍋、マルミット」という本来の意味から取ってきているとのことである。これは、発売当初は、現在の容器の絵のような土製の容器に入れて売られていたことに由来している。

このイギリス特有の食品は、ビール醸造の副産物としてでた酵母エキスを凝縮したものに塩とスパイスで味付けをしたもので、栄養素としてビタミンB12を豊富に含んでいる。栄養を多く含んでいることから健康食品としての側面を持っている。しかし、マーマイトの味については、ここまでその好みが明確に分かれる食品はないのではないかと思われるほど、イギリスの中でも賛否両論である。毎朝トースト一面に塗って食べるほど好む人がいる一方で、容器を見るのも拒むほど嫌っている人もいる。栄養豊富でありながら、味の好みがはっきりとわかれるこの食品の特徴を日本の健康食品の納豆に喩えているイギリス人もいる。

その中身の黒さに少し躊躇したものの、マーマイトを実際に味わってみると、味は予想したよりも悪くなく、個人的には溜まり醤油のような印象を受けた。さすがにトースト一面に塗る勇気はないが、少量をクラッカーにのせるならお酒のつまみになるように思えた。

栄養満点のマーマイト

イギリスの口語表現ともなった商品名

このようなマーマイトであるが、なぜかイギリス人にとって常に気になる食品であり、しかも、長い間販売され続けている。この理由の一つに、製造会社がその製品への好き嫌いがわかれる点を認識し、それを強みにしていることがあるように思われる。これは、この会社のウェブページのMind Controlというコーナーに表れている。ここでは、マーマイト嫌い10名を会社に招き、ある動画を視聴してもらった後、マーマイトを用いた料理を食べてもらう実験を行っている。ウェブページには、集まった10名が実験前に発するこの食品への悪口が隠すことなく掲載されている。また、肝心の実験でも、10名のうち7名が一応マーマイトを食べられはしたが、残りの3名は依然として嫌悪感を丸出しでその料理を拒み、悪態をついている結果となったことをありのままに伝えている。ここまでくると、製造会社が、ある意味、好みが分かれる自社製品の味を逆手に取っていると思わざるを得ない。

このことは、マーマイトの会社が、1996年以降、“You either love it or hate it.”という宣伝文句を用いていることにも見て取れる。これ以降、MARMITEという語は、イギリスの口語表現として、「無関心ではなく、好きか嫌いかとはっきりと意見が分かれる」人や物事の喩えとして用いられ始めている。つまり、マーマイトは、食品という枠組みを超え、実際にこの食品を好んで「口にする」人のみならず、食品の味を嫌う人の口からさえも「発せられる」ものとなったのである。

進化を止めないビタミンB12の供給源

現在では好きな人も嫌いな人も「口にする」ようになったこの食品は、1920年代から瓶詰で販売され続けられている。その秘訣は、中身を時代に応じて変更するのではなく、時代の要請をうまく捉えた上で、マーマイトの栄養素を強調した売り出し方にあるように思われる。『英国フード記A to Z』の著者、石井理恵子によれば、その当時、「その豊富なビタミンBの含有により、マーマイトは2つの大戦の間、英国のために大きく貢献をした。第一次世界大戦のときには、マーマイトは軍隊の糧食に採用された。また、病院や学校でも主要な食品になった。さらに第二次世界大戦中、マーマイトは捕虜収容キャンプで栄養補助食品となり、1999年にはコソボの英平和維持軍からの士気向上の要請（なぜにマーマイトが平和維持軍の士気向上に役に立つか、日本人にはわからないが、日本人が海外で梅干をありがたがるようなものだろうか）を受けて現地に送られた」と述べられている。2021年のウェブページには、戦争による栄養不足を補うためではなく、ヴィーガンの人たちへ向けたメッセージを掲載している。動物由来の食物に多く含まれるビタミンB12は、ヴィーガンの人にとっては取りにくい栄養素となるため、マーマイトを8g摂取すれば、一日に必要なビタミンB12の76％を摂取できることを伝えている。このように、その時代に応じて、ビタミンB12を必要とする可能性のある対象者をうまく捉え、それに合わせた宣伝を行っていることが長く「愛される」商品となる秘訣の一つとなっているのであろう。

また、図らずも時代に合うサービスとなったものもある。それは、マーマイトの黄色の容器のラベルに自分の名前や好きな言葉を入れられる（有料の）サービスである。これは、自身がマーマイト好きであることが友人や家族にばれることを恐れている人たち向けに始めたもののことらしいが、安易に他人とジャーをシェアすることに、今まで以上に慎重にならざるを得ない現在の時流に図らずもぴったりと対応した形となっている。

このように、マーマイトは、調べれば調べるほど、食品という範疇を超え、それぞれの時代に受け入れられてきた一つのイギリスの文化となっていっているように感じられる。そして、この国の文化同様、この食品の進化も止まらず、その味も豊富になっている。限定版（2021年6月段階）として

Dynamite Chilliがお目見えしている。これは、本場イギリスではないと入手困難であろうから、渡英した際には是非購入し、イギリス文化を学ぶため、ウェブページに掲載されているおすすめのレシピに沿って味わってみたい。

（福田一貴）

42

キッパー

★イギリス国民を支えてきた栄養食★

安くて栄養満点な理想的国民食

イギリスで魚を食べるといえば、フィッシュ・アンド・チップスがまず思い浮かぶ人も多いだろう。しかし、それとは別に、ヴィクトリア朝の頃からイギリスの庶民が朝食でよく食べてきた魚の加工品がある。それがキッパーだ。

フィッシュ・アンド・チップスの魚はハドックやプレイスが主であるのに対して、キッパーは、北大西洋産のニシンであり、ニシンを開きにして内臓を取り除いた後に塩水に漬け、オークのチップを使って低温で燻製にしたものである。普通はグリルにするか、バター焼きにして食べるが、深い水差しの中に入れて上から熱湯をかけ、5分から10分置いて柔らかくして食べるジャグと呼ばれる食べ方もある。キッパーには小骨があるが、小骨ごと食べることもできる。

筆者は1990年代にイギリスに留学した時、このキッパーを朝食でよく食べていた。フライパンで軽く焼いていただけだが、塩味があるので味付けも特に必要なく、燻製ならではの香ばしさもあってとてもおいしかった。スーパーマーケットで安価で手に入り、調理も簡単、しかもたんぱく質や各種ビタミン、ミネラル、オメガ三系脂肪酸などを含んで栄養豊富という、留学生にとって大変ありがたい食材だったのである。

イギリス人とニシンのつきあいは古く、パニコス・パナイーによると、ノルマン人による征服が行われた11世紀頃に、漁網の使用が広まって海でのニシン漁が発達したという。とはいえ、当時ニシンを食べていた人はごく少数だった。なぜなら、ニシンは脂が多い魚なので保存が難しかったからである。他の魚は干物にされたが、ニシンは15時間ほど塩水に漬けてから塩の層で挟んで樽に詰めるという作業を必要とした。13世紀からは燻製の技術が発達し、保存期間がもう少し延ばせるようになった。『シェイクスピアの時代のイギリス生活百科』でイアン・モーティマーが述べているように、すでに16世紀には、塩水に漬けて燻製にしたニシンが中流家庭でよく食べられていたようだが、まだ貧しい人々にまでは行き渡っていなかった。

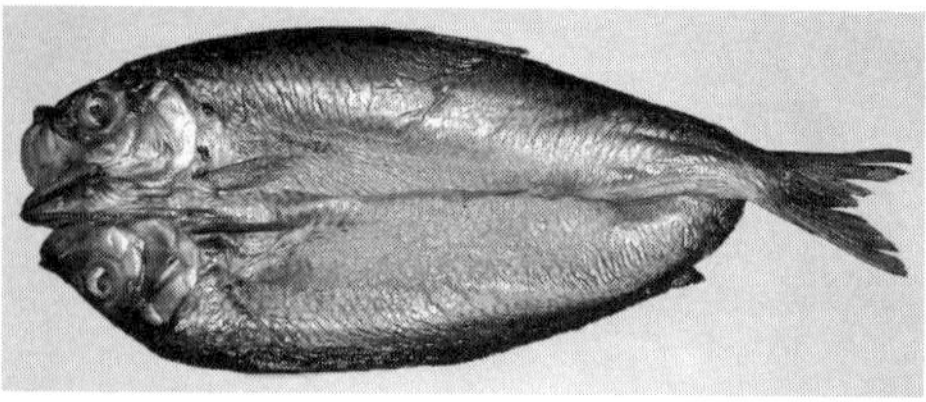
キッパー

ヴィクトリア朝になると、ニシンが一気に広まり始める。鉄道ができて迅速な輸送が可能になったこともあるが、1825年に塩税が廃止されたことで、塩で処理して燻製にする保存方法がより広まったことも一因であったのだろうとジョン・バーネットは指摘する。1840年代以降は、「赤ニシン」という、十分に塩をふって赤茶けた色になるまで長時間燻したそれまでの燻製ニシンに代わって、より味がマイルドなキッパーやブローター（ニシンから内臓を取り出さずにそのまま塩水に漬けて燻製にしたもの）が人気を博するようになった。1851年にジャーナリストのヘンリー・メイヒューが「我々のひどく貧しい首都の住民のうち最も貧しい人々の部屋はいつも魚——最も多いのはニシンだが——のにおいがする」と書いているように、ニシンは庶民にも食べられるようになったのである。

20世紀になる頃の文献には、キッパーがよく登場する。例えば、『ロンドン・マガジン』の1900年1月号の特集記事「貧乏生活の過ごし方」では、貧しい人々が多く住んでいたイーストエンドの定食屋の朝食が取り上げられている。そこの朝食は3種類あり、どれもキッパーまたはブローターに、パンやビスケットなどと、コーヒーまたは紅茶を組み合わせた定食になっている。3種類ともたった1ペニーの、格安な庶民の朝食である。また、社会改革家のベンジャミン・シーボーム・ラウントリーがヨークの貧困層の生活について行った調査では、最下層の住民の1901年2月第3週の標準的な食事のうち、キッパーは土曜の夕食時に紅茶とパンと一緒に食べられている。当時北イングランドやスコットランドの労働者階級は、キッパーやブローターをミート・ティー（ハイ・ティーのことで、夕方早くに取る軽い夕食）でよく食べていたからである。

これら2つの例を見れば、キッパーは貧困層だけの食べ物であるように思われるかもしれないが、決してそうではなく、あらゆる階層において食べられていた。ただ、この頃にキッパーが好まれたのには理由がある。世紀転換期は、植民地の獲得をめぐって世界の各地で列強がしのぎを削っており、他国との戦いに勝利するために丈夫で強い身体をもつ兵士が求められていた時代である。そのため、レイチェル・ローダンも『料理と帝国——食文化の世界史　紀元前2万年から現代まで』で指摘しているように、欧米の科学者や慈善家たちは人々にたんぱく質をより多く摂取させる方法を研究していた。その中で、イギリスではニシンが注目されたのである。キッパーなどの塩漬けや燻製のニシンは栄養豊富で安く、しかも調理も簡単なので燃料の節約にもなるため、貧しい人々にも理想的な食べ物であったのだ。このような社会的な背景もあって、キッパーは国民食としての地位を確立していったのだろう。

長く人々に愛されてきたキッパーであるが、朝食の主要な地位を占めていたのは1970年代ごろまでだったようだ。今や「古い世代の人間が朝食に食べるもの」になってしまったのだ。しかし最近では、健康に良い食事や手の込んだ料理に関心を持つイギリス人も増えており、キッパーの良さも見直されるのではないかと期待している。

（糸多郁子）

VI

飲み物の文化史

43

ワインの話

★ビールの国のワイン談義★

ワインの国イギリス

イギリスといえばビールの国、と公式のように念じながら初めてイギリスを訪れた時、立ち寄ったドラッグストアの棚にずらりと並ぶたくさんのワインが目についた記憶がある。宿に帰って飲もうと目の前のボトルに手を伸ばすと、どういうわけか「ワインは売れないよ」と言われ、がっかりした記憶が残っている。その後も、イギリスに行くたびに、スーパーやドラッグストアに手軽な値段のワインをはじめとして様々なワインがたくさん並んでいるのを見て、それまで当然と思い込んでいた「イギリス＝ビール」の公式が、ワインのあまりの多さに「ワイン＝イギリス」の公式へとぶれ始めたほどだった。もちろんワインはほとんどが輸入ワインだったと思う。

しかし、「ワイン＝フランス」の公式に納得しても「ワイン＝イギリス」の公式が納得できる人はワインの専門家をのぞけばそれほど多くはないと思われる。それも、ワイン生産国としての「ワイン＝イギリス」となったらなおさらではないだろうか。

ところが、近年イギリス産のワインが人気を博し始めているという。それも主として白ワイン、さらにはスパークリング・ワインの品質が評価されているというのだ。これまで、シャンパーニュ地方産だけにその呼称を許されるシャンパンに固執してきたイギリス王室でさえ、イギリス産のスパークリング・ワインの品質の良さを認め、好んで使うようになっているという。近年盛んに地球温暖化による悪影響が指摘されているが、災い転じての格言通り、イギリスでのワイン生産には好影響を与えているというのである。もちろんワイン三大生産国の一つであるイタリアの、２０２０年時点での生産量47億リットルに比べれば、イギリスは９５０万リットル（OIV [Organisation Internationale de la Vigne et du Vin] 統計資料）というから、文字通り微々たるものではある。

キリスト教の布教活動とワイン

ワインの歴史そのものをたどると、ビールの歴史と同じように、紀元前８０００年から５０００年に遡るという。イギリスに初めてワインをもたらしたのはローマ人で、ブリテン島侵攻の紀元前55年以降のことであった。ローマ軍の兵士たちにとってもワインは欠かせぬものだったが、そのころのイギリスにはワインというものはなかった。そのため本拠地イタリアから運び込んでいたという。北国のイギリスの当時の気候はブドウ栽培には不向きだったようで、その後４００年近くにわたってブリテン島を支配したにもかかわらず、異国の地でブドウを栽培して、積極的にワイン造りをすることもなかったようだ。

ローマ軍は5世紀初頭にブリテン島から撤退する。そしてその後、５９７年、教皇グレゴリウス一世の命で、キリスト教布教のために聖アンドレアス修道院の院長であったアウグスティヌスがイギリスに派遣され、カンタベリーで布教活動を始めることになる。

最後の晩餐でもよく知られているワインとパンは、キリスト教の儀式に欠かせぬものであったため、ワインの需要がますます高まっていったことは想像に難くない。もちろん多くはイタリアから運び込んでいたが、ワインと需要の高まりに対応するため修道士たちはブドウを栽培してワイン造りを始めた。特に比較的温暖なイングランド南部にブドウ畑が多かったようである。当時は、イギリスのワインとはいうものの、おそらく味を楽しむようなものではなく、宗教儀式という業務用のものでしかなかったのではないかと思われる。イギリスにおけるワイン造りは、この頃から始まったと言っていいかもしれない。

その後の様子を、9世紀に編纂が始まったとされる『アングロ・サクソン年代記』で拾ってみると、1012年の項に、「南部から兵士たちにワインが運ばれてきたのでおおいに酔っ払った」とある。この年代記は必ずしも史実を伝えるものではないとされるが、これについてはごく平凡な出来事を記述したものであることから、事実を大きく逸脱したものではないと思われる。ただし、ここでいう「南部」が「イングランド南部」なのか、あるいは海を渡った「南部」から運ばれてきたものかは分からない。イングランド南部であれば、11世紀にはワインが南部で造られていたことになる。ただ「ワイン」という言葉が出てくるのはこの一箇所だけである。従って、盛んに作られていたかどうかは定かではない。

また「ブドウ畑」という言葉も1073年の項に、この一箇所だけ見られる。この年に「ウィリアム王がフランスとイギリスの軍隊を引き連れて海を越えてやってきて、メイン地域を勝ち取った。そして、ブドウ畑を破壊し、町を焼き、土地をなきものにしてイギリス人をひどく傷つけた。」との記述が見られる程度である。

実際にウィリアム王が海を越えてやってきたのは1066年であった。王の到来とともにフランスのキリスト教修道院も建てられるようになった。そのため、ブドウ畑の需要はなおいっそう高まった。ウィリアム王の下で、11世紀後期に、イングランドの土地台帳である『ドゥームズデイ・ブック』が編纂されたが、そこにはたくさんのブドウ畑が記録されている。当時の修道士はかなりの量のワインを飲んでいたようで、1人1日1ガロン（約4・5リットル）飲むことを許されていたという記録も残っている。修道士だけではなく、新しい支配階級のワインへの嗜好に応える必要もあり、一時期、イギリスでのワイン造りが行われていたのは確かなようである。しかし、イギリスのワインの品質は自慢できるほどのものではなく、結局フランス産のものへと需要が移り、それに伴ってブドウ栽培も衰退していった。ただし、衰退の理由は単に品質の問題だけではなく、様々な要因が重なって、世紀を重ねて徐々に衰退していったのではないかと推測されている。

例えば、16世紀に、ヘンリー八世の修道院解散により、およそ800ほどもあった修道院が解散させられ、建物が打ち壊されるという歴史上の大きな出来事があった。多くの修道院がブドウ畑を所有していたとすれば、打ち壊された修道院の数から、失われたブドウ畑の数も相当なものだったかもしれない。その後、小規模ながらブドウ栽培とワイン造りの試みが行われたようであるが、本格的なブドウ栽培とワイン造りが始まるのは第二次世界大戦終結以後まで待たねばならなかった。

瀕死状態にあったイギリス・ワインの再生に影響を与えた人物が、レイ・バーリントン・ブロックで、彼は『寒冷地の地植えのブドウ』（Outdoor Grapes in Cold Climates, 1949）をはじめとして、ブリテン島における ブドウ栽培に関する本を数多く書いていることから、どのような種類のブドウがブリテン島の気候に適しているかを研究していた。おそらくこのような人たちの好奇心に満ちた研究が、今に至るイギリス・ワインの発展の礎となったのであろう。

そして今、例えば『イングランド・ウェールズ・ワイン案内』などによると、イギリス全土には数え切れないほどのワイン醸造所があって、あらためて「ワインの国、イギリス」を知るのである。

次回イギリスを訪れるときには、イギリス＝ワインの公式に従って、イギリス・ワインの旅としゃれこんでみたいものだ。

（市川　仁）

44

ミードとサイダー

★中世より伝わる伝統的なお酒★

海を渡ってアルコールが消えるイギリスのお酒

イギリスのお酒であるミード（Mead）とサイダー（Cider）は、日本では馴染みが薄いかもしれない。ミードは、その語源を「蜜」に遡ることから、蜂蜜を原料とするお酒である。原料の甘さのために口当たりは良いが、有名なメーカーの一つであるリンディスファーン・ミードのアルコール度数は14・5％と高めである。サイダーは、リンゴを原料としているため、その爽やかな口当たりがイギリスで人気を博している。ただ、こちらもビールに比べ、アルコール度数が少し高い。そのため、両者とも原料ゆえの飲み易さがあるが、それに乗じて杯の重ねすぎに注意を要するお酒である。

古くからイギリスに伝わるこれらのお酒は、面白いことに、海を渡ると、そのアルコールが消えてしまうこともある。ミードは、大西洋を渡ったアメリカでは、ルートビアやスプルースビールのようにアルコールを含まない甘い炭酸飲料を意味していた。ただし、これは、19世紀末の記録を最後としているため、現状とは異なるかもしれない。しかし、少なくとも、アメリカで一時的にミードがアルコールを含まない飲み物であったこと

蜂蜜から作るミードの瓶

を示している。サイダーも、日本で清涼炭酸飲料を指すのと同様に、アメリカでも、1920年の禁酒法の影響から、アルコールのない「リンゴジュース」を指している。もしアメリカでイギリス同様のサイダーを求めるなら、「ハード・サイダー」と注文しなければならない。

これら2種類のお酒は、それぞれの歴史自体は古いが、イギリスでは中世から広まったといってもよいであろう。そして、ミードはアングロ・サクソン人やバイキング、またサイダーはフランス・ノルマン人とそれぞれ深く関わって現在に至っている。

世界最古のアルコール飲料

ミードは、数千年以上前の古代インドの聖典の中にサンスクリット語でも言及されていることから世界最古のお酒の一つと考えられている。このお酒は、実は、「新婚旅行」を表す「ハネムーン」の語源となっている。これは、ミードが、元々天上よりもたらされる貴重な蜜の雫から作られた神々の飲み物として神聖視されていたため、この蜜酒を中世ヨーロッパでは新婚夫婦にひと月分贈った習慣からきている。この習慣には、その神聖さに加え、原料の蜂蜜の高い栄養価により、子宝に恵まれるようにとの実質的な側面も含まれていたと考えられている。ここから、希少で特別なお酒が贈られた新婚期間を「ハネムーン」と呼ぶようになったのである。

日本でも人気の『ロード・オブ・ザ・リング』や『ハリー・ポッター』でも言及されたことから、ミードの名前は耳にしたことのある人もいるかもしれない。『ロード・オブ・ザ・リング』でミードが登場するのは、その著者J・R・R・トールキンが、古英語やバイキング文学をその研究分野とするオックスフォード大学の教授であったことが大きく関わっているのだろう。事実、ミードは、ローマ人の撤退後イングランドに王国を建設したアングロ・サクソン人による古英語の文学作品や、彼らの王国や修道院を襲撃した同じゲルマン民族であるバイキングの文献でよく言及される。そこでは、希少性の高いその性質から、一般の戦士らが飲むビールやエール、ワイン等とは異なり、特別な力をもたらすお酒として言及されていることが多い。また、古英語作品『ベーオウルフ』の中でも、ミードは王族等の一部の人たちが嗜むものとして描かれている。

このように、ミードは中世から伝わる特別なお酒ということで、現在のイギリスでも大切にされている。バイキングによって最初に攻撃されたイングランド北部にあるリンディスファーン島では、島内のワイナリーでミードが作られていて、その歴史的なつながりを今にも伝えている。

OEDで知るサイダーの歴史

現代のイギリスで、サイダーは非常に人気が高く、その生産量は世界一と言われている。19世紀の途中から粗悪品が出回ったこともあり、低所得者に対する安上がりの飲み物というイメージがついてしまった時期もあったが、各サイダーメーカーの努力もあり、現在では口当たりのよい爽やかなお酒として広くイギリス人の舌を楽しませている。歴史的にみると、本格的にサイダーの製造が始まり、消費されるようになったのは、アングロ・サクソン人の後にイングランドを統治したフランスノルマンディ公ウィリアム以降のノルマン人の食文化からの影響が大きいと考えることができる。

というのも、サイダーの製造方法自体は、1世紀から5世紀初めまでイングランドを征服していたローマ人が、その原料となるリンゴと共に伝えたと考えられているのだが、不思議なことに、アングロ・サクソン人は、このリンゴ酒には特段興味を示さなかったことが伺えるからである。このことは、酒宴にかかわる記述の多いことからミードやビール等のお酒の名前がよく出る『ベーオウルフ』にも、サイダーへの言及は一度もないことからもわかる。また、アングロ・サクソン人にとって代わり、王となったノルマンディ公ウィリアムが、その征服地に対して行った土地調査の記録である『ドゥームズデイ・ブック』の中には、野生のリンゴしか記載されていない。これは、彼以前の時代には、サイダーの製造に重きが置かれていなかったことを示している。

フランスから王がやってきた後、サイダーは様々な文献で言及され始めている。このお酒が最初に言及された文献は、裕福な地主が農夫に払う給金にサイダー（最大で1日8パイント）を用いたことを記録している1204年のノーフォーク地方のマナーハウスに残るものとされている。また、この記録を皮切りに、『オックスフォード英語辞典』（OED）によれば、14世紀末以降、このお酒が多数記録され始めていることがわかる。このことから、ノルマン人の食文化の一環として本国フランスからイングランドへ「シードル」がもたらされ、当地でも「サイダー」として消費されるようになったと考えられる。この時代にサイダーはイギリスの地に根付き、その後、現在のような人気のある地位へと発展していくことになったのである。

このように、ミードもサイダーも本格的にイギリスに根付いたのは中世からであり、現在に至るその長い歴史を背景にもちながら、現在でもイギリス人にその歴史的側面も伝える重要なお酒となっている。この点、これらは、ビールやエールと並び、現在のイギリスの食文化を豊かにする一助となるお酒と言えるであろう。

（福田一貴）

45

エールの話

★イギリス伝統のビール★

子どもから大人まで――人々の栄養源

エールとはビールの一種で、麦芽を用いて酵母を常温で発酵させて醸造したもので、コクがありフルーティーな味を醸し出すイギリス伝統の上面発酵ビールである。エールは中世においては重要な栄養源で、14世紀初頭のイングランドでは、パンやスープと並んで主要な栄養源であった。当時は、弱いビール（3・0〜3・5％）はほとんどの人が毎日飲んでおり、子供も例外ではなかったが、強いビールは娯楽目的で供されていた。衛生状態が悪い時代にあっては、水を飲むよりもビールのほうがより安全でもあった。

中世のエール醸造は主として自家生産で、女性がその担い手であり、自宅用ばかりではなく小規模に販売することもあり、家計の足しにもなっていた。イングランドでは、伝統的にホップを用いずに醸造されてきたが、近年ではホップやそのほかの素材を使用することが多くなっている。エールは典型的に15〜24度で発酵させるが、それ以上になるとイースト菌はエスターや他の二次的な香りをもたらし、フルーティーになってくる。

イギリスの代表的なエール

ペール・エール　コークスで乾燥させた麦芽から作られるビールである。コークスが麦芽を乾燥させるために初めて用いられたのは1642年のことであったが、ペール・エールの呼び名が使われたのは、『オックスフォード英語辞典』に依れば、1708年のことである。1830年以降は、ビターとエールは同義語として用いられているが、醸造業者はこのビールをペール・エールと呼ぶ傾向にあった。消費者は同じビールをビターと呼んでいるが、これは消費者がポーターやマイルドといった他のビールと区別するために、ビターという呼称を使用したからである。

ゴールデン・エール（左２本）とペール・エール（右）

20世紀中葉から世紀末にかけて、醸造会社は依然として瓶ビールをペール・エールと呼んでいたが、瓶詰や樽詰にかかわらずペール・エールと呼ぶバートン・オン・トレントのビールは別として、樽詰（カスク・エール）をビターとみなし始めた。

インディア・ペール・エール（IPA）　19世紀に、イングランドのペール・エールを含めたビールは、インドにも輸出されており好評を博していたが、長期間にわたる輸送による品質劣化を防ぐために、ホップを増量しその他の自然の保存剤が添加された。これが、インディア・ペール・エールとして知られる輸出用ビールの最初の典型となった。よりアルコール濃度が高くホップが効いているのが特徴となっている。

ブラウン・エール　軽くホップが加えられており、かなりマイルドな味である。イングランド南部では、ダークブラウン色で甘めで、アルコール度数は3〜3・6％程度である。北部では、レッドブラウンのやや辛口で、4・5〜5％程度である。最初に登場したのは1900年代で、ニューキャッスル・ブラウン・エールが代表的である。

ゴールデン・エール　カスク・エールを好みラガーから離れる若者を惹き付けるために開発されたが、極めてペール・エールに近い。色はより薄く、アルコール度数は3・5〜5・3％程度で、やや冷やして飲むのが一般的である。

バーリー・ワイン　アルコール度数は6〜12％程度と高くホップをふんだんに含み、1年半から2年程度の長期保存に適している。コクがあり、ホップが多く含まれるために、苦味も特徴である。

カムラ（CAMRA）

イギリスには、カムラ（CAMRA: Campaign for Real Ale）というビール愛好者の組織があり、伝統的なエールの普及のために活動してきている。これは、1971年に発足した任意の消費者団体で、個人であれば誰でも会員になることができるが、パブやビール醸造会社は会員になることはできない。現在の会員数は15万人を超えており、ヨーロッパで最もうまくいっている消費者団体として有名である。

カムラは、全国の会員によって選ばれた無給のボランティア役員によって運営されていて、地域組織で構成されている。会員は地元の組織に属し、その地域毎に活動をしている。全英をカバーする200以上の支部があり、多くの支部がビールフェスティバルを開催したり、会報を発行し様々なイベントを企画している。

全国各地で春と秋にビールフェスティバルを開催して多くの参加者を集めており、グラスは、1個5ポンドのデポジットで貸し出している。大型テント内の会場では、多種多様なビールが樽からサーヴされ、地元産のチーズやソーセージと共にゆったりと楽しむことができ、特に、スーパーなどでは入手困難な銘柄が多く、ビール通には垂涎の的となっている。

カスク・エールとケグ・エール

カスク・エールというのは、窒素や炭酸ガスを用いずに樽から出される、濾過も低温殺菌もされていないビールのことを指し、本物のエール（real ale）とも呼ばれるが、この言葉は、カムラによって造られたもので、今では瓶詰めのビールにも広く使われている。

カスクは、本来、ビールを入れる樽（容器）をさし、時代とともに変化するが、その中身は、一貫して濾過も低温殺菌もされていないビールというのが共通である。何世紀にもわたってビールを保存・貯蔵する方法が発展してきたが、特にイギリスでは、従来からの手法が依然として用いられている。

伝統的に、生ビール（樽ビール）は木樽から注がれるものだが、これもカスクと呼ばれる。195

0年代から、ビールの品質維持やコストの問題で、木樽はステンレスやアルミの金属樽に代わり始めた。60年代初頭には、ケグとして知られる金属樽が導入され始め、醸造所での洗浄や樽詰めがより効率的になった。

伝統的なカスクとケグの形の基本的な違いは、ケグは単純な凹だが、カスクの形状は沈殿物がカスクに残るようになっている。ケグの形状は、中のビールが全て注がれるので、濾過や沈殿物を分離するプロセスが必要となる。また、ケグの内側は、伝統的な木樽やカスクの形状と異なり湾曲していないので、ビールを全て注ぐにはガス圧を利用しなくてはならない。

１９７０年代初めまでには、イギリスのほとんどのビールはケグ・ビールで、濾過・殺菌されて人工的に炭酸ガスが添加されていた。この変化は、パブの顧客がビールの沈殿物を嫌うことによるものであった。しかし、イギリスのほとんどのビールは、ケグ・ビールを注ぐのに炭酸ガスを使っているので、グラスに注いだビールには、伝統的なエールよりもより多くの炭酸が含まれている。これが、逆に消費者を伝統的なエールへの回帰へと向かわせることとなった。50年代からの趨勢に対するアンチテーゼとして始まったのが、カムラの運動なのである。

（宇野　毅）

46

ジンの時代

★ホガースの描いたジン横丁の退廃★

ジンの歴史

ジンは、ジュニパー・ベリー（セイヨウネズ）の香りが特徴的な蒸留酒であるが、本来は、ヨーロッパ中で、とりわけ南フランスやフランダース、オランダで修道僧や化学者が作り出した医療用の薬用酒であった。

ジンのルーツは11世紀の南イタリアの修道院に遡ることができるが、そこは丘陵地帯でジュニパーの木が自生していた。修道僧たちは、ワインにジュニパー・ベリーを浸して薬用成分を抽出したりもしていた。ジュニパーは何世紀にもわたり薬用ハーブとして、医者の必需品であり、中世の疫病を治療する医者にとっては黒死病から自らを守るために、マスクにジュニパーを詰めたりもした。ヨーロッパ中の薬屋は、咳・悪寒・痛み・ヘルニア・痙攣などに、万能薬として人気のあったジュニパーを抽出したワインを処方したのであった。

17世紀中葉までには、オランダやフランダースの多くの蒸留業者たちは、ジュニパー、アニス、ヒメウイキョウ、コリアンダーなどを使ってモルト・ウィスキーやモルト・ワインを再蒸留するのが一般的となっていた。それらは薬屋で売られ、肝臓病、腰痛、胃痛、胆石、痛風などの疾患の治療に使われていた。

ジンがイングランドでブランデーに取って代わってより人気が出たのは、ウィリアム三世（オレンジ公ウィリアム）がイングランド国王として迎えられ、同時にジンがもたらされた1689年以降である。その年、イングランド政府は国民に対して、一定の税金を支払えばジンの生産を認めたが、その販売を一貫しない課税方針で60年にわたって規制した。ジンはコストが安いために手に入りやすく、消費が大幅に増えて大流行となり、1730年代には、ロンドン市民ひとりあたり週に2パイント（1・136リットル）を飲んでいた。『オックスフォード英語辞典』でのジンの初出は、1714年のことである。

イングランドでのジンの消費が格段に増えたのは、政府が無許可のジン生産を認めると同時に、ブランデーを始めとして全ての輸入蒸留酒に高い関税を課したからであった。これは、結果的に1695年から1735年までの「ジンの大流行」を引き起こしたのだった。ジンは当時のほかのアルコール飲料に比べて安価であったので、とりわけ庶民層に人気であった。当時のロンドンの1万5千軒の酒場のうち、半分以上がジンの店であったが、ジンは高い致死率や犯罪等を始めとした様々な社会問題を引き起こしているとして非難された。

政治家や宗教指導者たちは、ジンは堕落や狂気・自殺などの社会的弊害を助長するものと主張し、1729年に、議会は小売価格の税を1ガロンあたり5シリングに引き上げるジン規制法を制定した。更に1736年には、ジンの小売業者には高額のライセンス料を課し、小売り税を1ガロンあたり20シリングに増税した。このような政策は庶民階級には受け入れがたく、1743年にはロンドンで暴動が発生している。ライセンス料と小売り税は数年のうちに大きく引き下げられたのであった。

18世紀初頭のロンドンでは、かなりの量のジンが一般の家庭でも合法的に蒸留されており、１５０0軒はあったとされる。そこでは、木の香りを付けるためにジュニパーだけではなく松ヤニもしばしば用いられていた。１７５1年のジン規制法はよりうまく機能したが、それは、免許を受けた小売業者だけに卸す事が出来るというもので、ジン販売店は地元の治安判事の管轄と定められた。18世紀のジンは現在のジンとは異なり、比較的甘口であったといわれている。熱帯地方のイギリスの植民地では、キニーネの苦い味を隠すのにジンが使われたが、キニーネは、当時、唯一の抗マラリア薬であった。

キニーネは発泡水に溶かされトニックウォーターを作ったが、現代のトニックウォーターは香り成分だけが含まれている。ジンはマティーニやギムレットを始めとして様々なカクテルのベースとなっている。

当時の一般庶民の生活を対比的に描いた絵画がホガースの「ビール通り」と「ジン横丁」（１７５1年）の2枚である。

「ビール通り」の舞台はストランド周辺と推察され、時期は尖塔に掲げられている旗から、ジョージ二世の誕生日（10月30日）である。左側には肉屋と鍛冶屋が休憩で楽しそうに一杯飲《や》っている姿が描かれ、傍らでは、魚売りの女がくつろいでいるが、道端では、いすかご輿の担ぎ手が客の女性を中に残したままで休憩している。奥のパブの屋根でも、大工と仕立屋の主人が大ジョッキを傾け、勤勉な庶民がイングランド産のエールで楽しく健全に国王の健康に祝杯をあげている様子を描写している。

ビール通り

唯一さえないのは、右側に描かれているドアの窓越しにジョッキを受け取っている質屋であるが、あまりに儲からないので負債で捕まることを懸念しているかのようである。

　これとは対照的に、「ジン横丁」の場所はセント・ジャイルズ教区（現在のセンター・ポイントビルがある辺り）である。中央のジン中毒の女性はかぎたばこ以外には関心がなく、子供を顧みず、腕からすり抜け転落死寸前である。売春婦に身を落とし、足の斑点から梅毒を罹患していることが覗える。右手前の犬を連れたパンフレット売りの男は、ジン中毒と栄養失調で骸骨同然である。壁の左側では貧困で犬の骨をかじっている男が描かれ、「ビール通り」ではさえない質屋が、大工からのこぎりを、主婦からは調理器具を受け取り、顧客がジンを買う為の小銭と交換している。

　中央右側では母親がむずかる赤ん坊にジンを飲ませ、女性が手押し車の病人にもジンを与えている。儲かっているのは「KILMAN DISTILLER」（人殺し蒸留所）だけである。中央奥でジン中毒で亡くなっ

ジン横丁

た人を葬儀屋が棺桶に入れている。右上では、この地区では誰も散髪やひげ剃りに来ないので、荒廃した屋根裏部屋で首をつった床屋が描かれているが、「ビール通り」でビヤ樽が吊るされているのとは対照的である。右奥の建物は崩れかかり、これはまさに社会の崩壊を暗示させるものである。

これら全ては、国産の健全なエールではなく、安い外来のジン中毒による狂気、堕落、飢餓や幼児殺し、自殺などの社会的弊害を誇張ではなく現実として伝えるものである。

（宇野　毅）

47

禁酒法の時代

★禁酒の歴史と現在の推奨摂取量★

19世紀以降の禁酒運動

イギリスの禁酒運動は、既述のジンの弊害などから、娯楽で飲酒をすることやアルコール販売に反対する社会運動として始まり、完全禁酒主義を促進した。19世紀には、アルコールの大量消費とそれに伴う酔っ払いの増加は、社会改革者から国家の安寧を損ねるものとみなされており、貧困・児童遺棄・不道徳ひいては経済の衰退に繋がる社会問題と捉えられていた。1830年代には反アルコールの様々な禁酒団体が結成され始めて、飲酒の様々な側面に特化した団体も作られたのであった。例えば、1847年には、子供に飲酒させないようにするために、少年禁酒団が結成された。これらの禁酒運動に関わる諸団体は、主として労働者階級をターゲットにしていたのだった。このような禁酒運動は宗教界、とりわけ非国教会系の教会からも支持されており、地域的には成功を収めたが、全国的な禁止には至らなかった。第一次世界大戦中にピークを迎え、第二次世界大戦後の時代の流れで、その運動はほぼ衰退したのであった。

初期の禁酒運動は、アイルランドの長老派教会のジョン・エドガーによって主導されたが、当時の運動の中心はワインやビールではなく、強い蒸留酒の販売や消費を抑制することがその目的であった。イギリスに於ける禁酒運動促進の最初の組織は、ジョン・ダンロップとそのおばのリリアス・グラハムによって1829年にスコットランドのグラスゴーで設立された。グラスゴー・アンド・西スコットランド禁酒協会設立当時のメアリーヒルという地域では、人口約1300人に対して23軒の合法的なパブがあったとされるが、これは57人に1軒の計算になる。

チーズ製造業での利益を慈善活動につぎ込んだジョセフ・ライヴジィーは、1833年に初めての禁酒ホテルを開業し、翌年最初の禁酒雑誌を発行した。イギリス禁酒促進協会は1835年に結成されたのであった。

産業革命が終盤に近づき、新たに工業化された都市における社会問題が契機となり、より厳しい禁酒の形態が発生してくるが、強い蒸留酒ばかりではなくワインやビール等全てのアルコール飲料を自制する絶対禁酒主義である。1838年には労働者階級による普通選挙への運動が高まり、チャーチスト運動には禁酒運動も含まれていた。クエーカー教徒のジョン・キャドベリーはチョコレート会社の創業者だが、この時期にアルコールの代わりにチョコレート（ココア）を飲むことを提唱していた。

既述のように、1847年には、リーズで労働者階級の子供たちを飲酒の危険から守るために少年禁酒団が結成され、アルコール教育を促進した。1853年にイギリスでのアルコール販売を禁止する同種の法律制定を促進する目的で連合王国同盟が結成されたが、この妥協を許さない禁止グループへは、他の禁酒団体からは反発もあった。1854年にはビール販売規制法が制定され、日曜日の営業時間が制限されたが、暴動が広がり翌年には撤廃を余儀なくされた。そのような状況で、1859

年には規制法原案は下院で圧倒的多数で否決されてしまう。１８６４年には同じような目的で救世軍が創設されたが、その後世界に広がっていった。

女性キリスト教禁酒連盟が１８７３年に設立され、これは19世紀の世界最大の女性団体であったが、禁酒と女性参政権へ向けて運動を始めた。３年後には、男性に飲酒を思い留まらせるためにイギリス女性禁酒協会が結成されたが、この組織は２００４年にホワイトリボン協会と改称して現在に至っている。

禁酒に関する最も活動的な提唱者はスコットランドの医師ノーマン・カーである。彼は大酒飲みの治療を促進したが、飲酒癖は悪徳ではなく病気と捉えており、それ故に治療すべきと主張した。１８８４年に飲酒癖研究治療協会を設立して会長に就き、現在も「アルコール中毒研究協会」として存続している。同年、全国禁酒連盟が自由党の支援のもとで傘下の組織として発足したが、保守党はアルコール産業の利益を擁護していたので、禁酒には反対の立場であった。

19世紀末までには、成人人口の10分の1が完全な禁酒主義者と見積もられていた。第一次世界大戦の勃発とそれに伴う自由党による１９１４年8月の国土防衛法（ＤＯＲＡ）の成立は、禁酒運動にとって思いがけない追い風となった。戦争遂行のためにパブでは昼の中間閉店が義務づけられて営業時間が短縮され、１パイントにつき1ペニーの増税になった。また、１９１６年の国家統制計画により、軍需工場に近いカーライルと周辺地域の３つの醸造所が国営化により接収されて、軍への爆弾や砲弾製造のために転用された。

スコットランドでは、１９０１年に労働運動の一環として、スコットランド禁酒党が結成された。

ちなみに、1922年の総選挙で自由党に鞍替えして立候補したチャーチルは、ダンディー選挙区で労働党や禁酒主義者の候補に敗北を喫している。

現代の推奨されるアルコール摂取量

イギリスの国民保健サービス（NHS）では、推奨される一週間あたりのアルコール摂取基準量（アルコール・ユニット）を1987年に公表している。パブではビールは一般的にパイント（568ml）かハーフパイントのグラスもしくはジョッキで提供されるが、アルコールの種類やワインの場合にはグラスの容量も異なるので、アルコール濃度だけでは実際の総摂取量は明確には分からない。

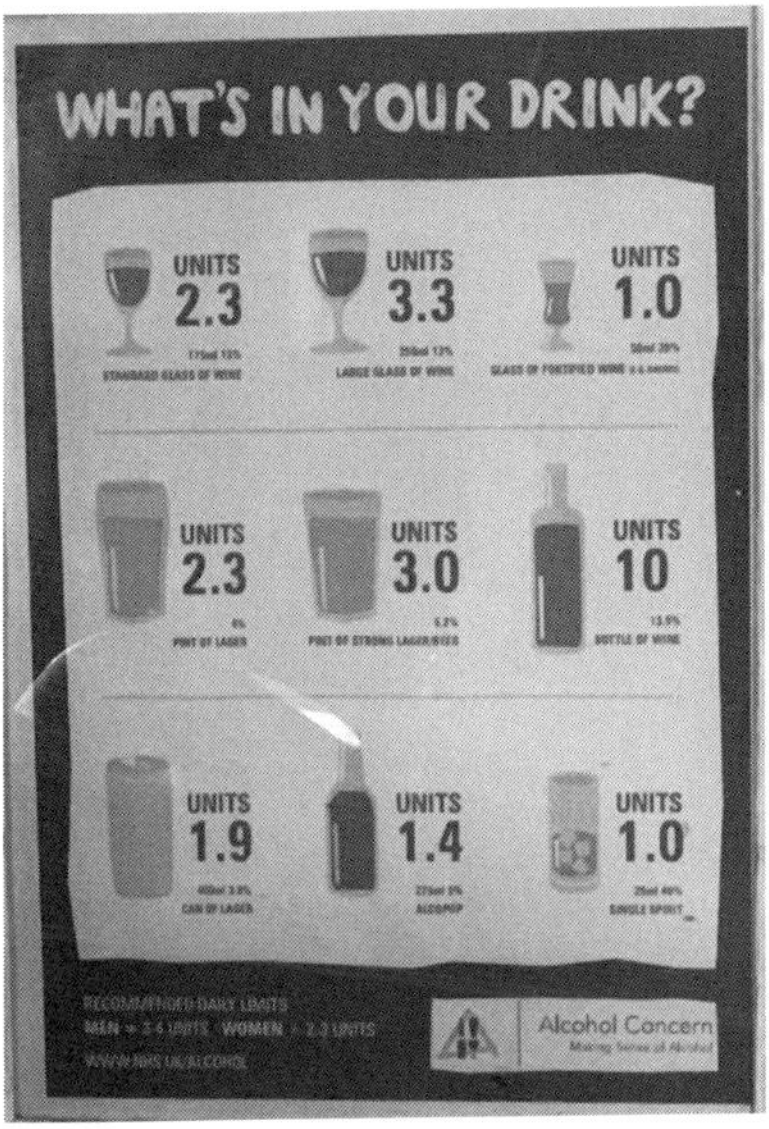

パブ内のアルコールユニットに関する掲示

アルコールユニットを示す瓶のラベル

ユニット数はアルコールの濃度と容量によって決まる。例えば、3・5％のハーフパイントのビールは1ユニットで、500mlの5％のラガーは2・5ユニット、5・2％の1パイントのラガーでは3ユニットとなる。1ユニットは10mlのアルコールを意味し、これは平均的な成人が1時間で分解できる量をいう。週当たりの基準総量は14ユニットを超えない範囲とされ、定期的に週14ユニットを飲む場合には、3日かそれ以上に分散して飲むことが推奨されている。

ところが、お隣のアイルランド共和国では、基準が異なる。男性では17ユニットまで、女性は11ユニットまでが推奨されており、イギリスよりも男性の場合には基準が緩く、女性には厳しく（優しく?）なっている。

（宇野　毅）

コラム13

チョコレートは飲み物

石原孝哉

日本でチョコレートといえばすぐに目に浮かぶのが板チョコであろう。だが、チョコレート4千年の歴史の中で、固形のチョコが登場してからまだ150年もたっていない。つまり、飲み物としての歴史はそれほど長い。日本では、飲むほうはココアといい、固形のチョコレートと区別しているのも原因であろう。

カカオの原産地はアメリカで、マヤ文明では紀元前2千年から栽培していたとされ、これを受け継いだアステカ文明では貢物として祭祀に使われていた。薬または強壮剤として飲用されていたが、コーンミールと混ぜ、バニラなどの香辛料を入れたが、唐辛子で味付けしていたので、今日のココアとは全く別の味がしたであろう。アステカでは、15世紀まで通貨代わりに使用され、カカオ豆1個でアボカド1個、4個でカボチャ1個、10個で兎1匹の価値があったという。

西洋人で最初にカカオを知ったのはコロンブスで、イザベラ女王に見せるためにカカオ豆を持ち帰ったという。スペインの宮廷に薬、ないし嗜好品として普及させたのはアステカ王国を征服したエルナン・コルテスや、現地で布教に当たっていたカトリックの神父であった。そこで、砂糖、胡椒、シナモン、ローズオイル、麝香《じゃこう》などが加えられると、上流階級の女性の間で大人気の飲み物となった。チョコレート好きのスペイン王女アナ・マリーア・マウリシアとフランス王ルイ一三世が結婚してフランス宮廷にもチョコレートが紹介された。ルイ一四世は1661年、スペイン王女マリア・テレサと結婚したが彼女はチョコレートに目がなく、チョコレート専用の料理人を伴って輿入れした。これを見たフランス貴族がまねをし、一気に上流階級に普及した。イギリスでは1657年に、ロンドンでチョコレート・ハウスが開業した。1689年には医師で収集家のハンス・スローンがジャマイカでミルク・チョコレート・ドリンクを開発したが、薬剤師向けの薬であった。やがて、苦い飲み物から甘い飲み物に変化したことで人気が出たが、チョコレートは王侯貴族のぜいたく品だった。

チョコレートに革命を起こしたのはバンホーテンの創業者として知られるオランダのクーンラート・ファン・ハウテンで、彼は1828年にカカオ豆からココアバターを分離することに成功した。これによってカカオの粉末が得られ、誰でも簡単に作れるようになり、間もなくお湯の代わりにミルクが使われて、ほぼ今日のホット・チョコレートになった。

飲むココアから、今日のような固形のお菓子に変身させたのはイギリス人のジョセフ・フライで、1879年のことであった。これがキャドベリー兄弟に引き継がれた。さらに、砂糖やミルクが加えられて、今日に見るチョコレート・バーが完成した。この食べるチョコレートは、大ヒット商品となり、豪華な包装紙に包まれた板チョコは、誰が見てもそれとわかるブランドのようになっていった。女性はハンドバッグの中に手軽に入れ、男性もオフィスの引き出しに一箱常備しておくのが日常になった。

欧米でいかにチョコレートが普及していたかは、戦後進駐軍が日本に来たときに、子供たちが「ギヴ・ミー・チョコレート」と米兵にねだると、気前よく分けてもらえたことからも想像できるであろう。

チョコが暗殺の道具に

　このようなチョコレートの人気に便乗して、板チョコが暗殺の道具になったという事件があった。狙われたのはイギリスの首相ウィンストン・チャーチルで、狙ったのはアドルフ・ヒットラーの命を受けたドイツのスパイとされる。計画では、ピーターズ・チョコレートという銘柄の包装紙で包んだ板チョコ型小型爆弾を、戦時内閣の食堂に持ち込み、爆発させることになっていた。幸い、この計画はイギリスの諜報機関の知るところとなり、MI5（英国情報局保安部）の責任者であるヴィクター・ロスチャイルド卿（イギリス、ロスチャイルド本家第5代当主）に上申され、チャーチルが危険に晒されることはなかった。

　この事件は、戦時中の極秘事件であったが、ひょんなところから最近になって明るみに出た。実はロスチャイルド卿は、この爆弾を政府関係者に周知させるためにポスターサイズのイラストを作ることにして、その製作を著名なイラストレイターであるロレンス・フィッシュに依頼した。フィッシュは2009年に死亡したが、その後夫人が遺品整理をしていて秘密の手紙を見つけた。1943年5月4日付の手紙の中には、爆弾がどのようにして作動するかなどがロスチャイルド卿によって詳細に書かれ、実際にそのチョコレート爆弾を目撃した諜報員の稚拙なイラストも同封してあった。

　スパイ同士の攻防などは、映画『007』の世界の出来事であると思っていたが、実際にこのような証拠を見せつけられると、改めて「事実は小説よりも奇なり」を実感せざるを得ない。甘いチョコレートの苦い歴史の一齣《ひとこま》である。

48

ビターとラガー

★ビールを巡る英・独のせめぎ合い★

ビターは、既述のように、ペール・エールの一種で、イングランドでは19世紀初頭からペール・エールを表わすために使われている。ビール醸造業者は、ポンプ・クリップ（ハンドポンプに付けるメーカーとビール名や濃度などを表示したバッジ＝写真）が導入されるまではペール・エールという用語を使っていたが、パブの顧客は、注文の際にマイルド・エールと区別するために、ビターを使ったのであった。19世紀末までには、醸造会社も同様にビターという呼称を採用し始めた。20世紀になると、ビターはイギリスのパブで飲まれるビールの中で最も人気となり、イギリスを代表するアルコール飲料となった。スコットランドでは、ビターはアルコール濃度・色・コクなどにより、ライト・ビター、ヘビー・ビターに大別される。

ビターは伝統的に、直接樽の注ぎ口から、もしくはパブの場合には地下に置かれている樽からハンドポンプ（ビア・エンジンともいう）を使って注がれるが、その際の地下貯蔵庫の室温は、一年を通して概ね10度から14度である。イギリスの夏は、日本ほどは暑くはならないが、常温のビターは日本人にとっては、生ぬるく感じられるかもしれない。しかしながら、イギリス人にとっては、この生ぬるくほとんど発泡していない気が抜けたようなビターがお気に入りなのだ。

　ビターには強さや味・色などによって様々な種類があるが、アルコール濃度は3％前後から、プレミアム・ビターやストロング・ビターでは7％程度で、色の違いはキャラメル着色料の添加による。ビターの人気ブランドとしては、オールド・スペックルド・ヘン（ローランド社）、ロンドン・プライド（フラーズ社）、グリーン・キングIPA（グリーン・キング社）、ジョン・スミス・エキストラ・スムース（ジョン・スミス社）、ジョン・スミス・ビター（同）、アボット・エール（グリーン・キング社）などを挙げることができる。

　一方、ラガーはエールとは異なり、酵母を低温で発酵させて熟成・醸造する下面発酵のビールで、炭酸が多く発泡性で、通常は冷やして飲まれる。ドイツ南部バイエルン地方が発祥で、ドイツ語の「貯蔵」（lager）に由来する。大別するとペール、アンバー、ダークに分類されるが、ペール・ラガーが世界中で広く消費されており、日本で一般的に流通しているビールのほとんどは、このペール・ラガーである。ホップの含有量が多いものがピルスナー（ピルス）であるが、チェコのピルスナー・ウルケルは世界初のペール・ラガーで、コクと芳醇な香りで最も有名であろう。

ハンドポンプとポンプ・クリップ

ピルスナー・ウルケル（左側の２缶）

ラガーの歴史

洞窟や洞穴《ほらあな》などでのビールの低温貯蔵は中世を通して一般的なことであったが、瓶で発酵するイースト菌が15世紀初頭には登場してくる。ボヘミア王国（現在のチェコ共和国）では、１８６０年には醸造所の3割程度しかラガーを生産していなかったが、１８７０年には97％を超えていた。19世紀に、冷蔵技術の出現以前には、ドイツの醸造業者は貯蔵のために地下室を作り、冬場に近くの湖や川から氷を運んで来て一杯にして、夏の期間にビールを冷やすために使った。また、夏の暑さから地下室を一層守るために、栗の木を植えるのが広がったが、生い茂った葉は効果的な覆いとなり、根は深くないので地下室には影響はなかった。このような場所でのビール提供が、現代のビアガーデンへと発展していったのであった。

ラガーの登場は、冷却技術の発展と密接な関連があり、かつてのドイツでは夏の期間の醸造は多くの地域で禁じられていたが、一年を通してのラガーの醸造を可能にした。効果的な冷却技術の普及は、より多くの地域での生産と貯蔵を後押しした。最初のラガーの大規模低温貯蔵施設は、１８７０年にミュンヘンで登場した。

ラガーの種類

ラガーの色合いは、極めて薄いものから琥珀色、濃いブラウン色、さらには黒色と様々である。ペール・ラガーは焙煎しない大麦を使用し、キレをよくして味を引き立たせるために他の穀物を加える場合もある。色の濃いラガーは、焙煎した麦芽や穀物を使っているが、デュンケルやボックを挙げれば解り易いであろうが、概ね以下のように分類される。

ヘレス　南ドイツ、主としてミュンヘンで醸造される淡色のラガー（アルコール度数4・8％〜5・6％）

ピルスナー　現代のラガーに大きな影響を与えた1842年にチェコのピルゼン発祥のホップの効いたラガー（アルコール度数4・6％〜5・3％）。

メルツェン　伝統的にバイエルン州、特にミュンヘンで3月に醸造される琥珀色のラガーで、オクトーバーフェストで提供される。メルツェンは3月の意味（アルコール度数5・1％〜6％）。

ウインナーラガー　ウィーン発祥の琥珀色から褐色のラガー（アルコール度数4・5％〜5・5％）。

デュンケル　濃褐色のラガーで、「デュンケル」は「濃い」を意味し、「デュンケルヴァイツェン」のようにも使われる（アルコール度数4・8％〜5・3％）。

ボック　第二次世界大戦後に、一時イギリスの占領地区となったニーダーザクセン州発祥の濃褐色のラガー（アルコール度数6・3％〜7・5％）。

シュヴァルツビア　テューリンゲン州やザクセン州に起源を持つ濃褐色もしくはほとんど黒ビール（スタウト）に近いラガー（アルコール度数3・8％〜4・9％）。

イギリスでは伝統的にビターが主流であったが、20世紀後半からドイツ発祥のラガーの人気が高まり、一時期ビターの消費量を上回っていたが、近年ではビターが持ちかえしてラガーのほうがやや優勢な状態でほぼ拮抗しているのが現状である。しかし、パブのカウンターでの注文方法は、「ビターを1パイント！」(“A pint of bitter, please!”)が依然として一般的であり、ぬるいビターを飲みながらフットボールを大きなスクリーンで観戦している光景をよく見かける。

イギリスで人気のラガー・ブランドは、カーリング、フォスターズ、クロネンブルグ、ステラ・アルトワなどであるが、スタウトを含めれば、ギネス(アイルランド)がトップに躍り出る。なお、国産のクラフトビールでは、季節限定の場合もあるが、例えば、ペール・エール、IPA、バーリー・ワイン、地ビールではデュンケル、デュンケルバイツェンなどを楽しむことができる。

(宇野　毅)

VII

文学に見る料理

49

シェイクスピアに見る料理

★マジパン、肉のロースト、砂糖★

キャピュレット家のおもてなし料理

『ロミオとジュリエット』のヴェローナの二つの名家モンタギュー家とキャピュレット家は長年争い合う敵同士。キャピュレットの一人娘ジュリエットは、ヴェローナの華と讃えられるパリス伯爵から結婚を望まれていて、父は伯爵を自邸で開催する舞踏会に招待する。主賓となるパリスはキャピュレット家にとって今後の命運をかけた最も大切な招待客となるため、台所ではパーティーの準備に大忙し。いよいよ舞踏会が始まる直前、召使いたちが登場し、召使い頭が片付けの指示を出しながら、「マジパンを一切れ取っといてくれ」と一人の召使いに頼む。ここでいうマジパンとは、皮を剥いたアーモンドをすり潰し、バラの花弁から作られるローズウォーターと砂糖を加え、ペースト状にして焼き上げた菓子のことであり、貴族たちの宴会には欠かせない菓子であった。

いまでもマジパンはヨーロッパで作られていて、イタリアやドイツ、スペインなどのものがよく知られている。土産品としても有名なドイツ北部のリューベックにある老舗ニーダーエッガーのマジパンは、厳選された上質のアーモンドを粉砕し、少量の砂糖と混ぜ合わせながらローストした練り菓子をチョコレートでコーティングしたもので、日本でもオンライン等で購入することができる。また、イタリアのシチリアには、昔マルトラーナ修道院から広まったという、リンゴやイチジクなどの果物そっくりに作る「フルッタ・マルトラーナ」という伝統菓子のマジパンがある。そのほか、ケーキの表面を覆う糖衣（アイシング）の代わりにも使われたり、イギリスではドライフルーツやナッツなどの入ったクリスマスケーキの中にも用いられたり、デコレーションに凝ったケーキ作りでマジパンがよく使われる。

16世紀に出版されたレシピ本の調理法によると、まず皮を剝いたアーモンドを細かく砕き、それに砂糖とローズウォーターを加えてかき混ぜて生地を作った後、端を湿らせたウエハース数枚を重ねて20センチほどのシートになるよう形を整え、その上に生地を置いて厚さ1・3センチほどに伸ばし、コンフィット（木の実や果物に砂糖を塗した菓子）を埋め込み、照りを出すグレーズを塗り、高温で15～30分ほど焼く。焼けた後は十分に冷まし、コンフィットを入れたり、金箔を貼ったりして飾りつける。水分が抜けるほど保存が効いて、中には30年以上も状態が変わらないものもあったという。

テューダー朝の貴族の宴会では、メインのコース料理の後、しばしば新たな場所に移動し、そこで砂糖菓子、果物、ワインなどからなるコース料理が振る舞われた。これは「バンケット」と呼ばれ、シェイクスピア作品にもこの言葉が度々出てくる。先ほどのキャピュレット家の舞踏会の場面にも、宴会が終盤に差し掛かり、主人キャピュレットが「ささやかな菓子のコースも用意しております」と客人を引き留めようとする場面があるが、ここでもまさに「砂糖菓子、果物、ワインのコース料理」の意味でbanquetという語が使用されている。そして、そのバンケットの代表的な菓子がマジパンであった。つまり、召使い頭はバンケットで招待客に振る舞われるマジパン一切れをいただこうと、召使いに頼んでいたのだ。

名家の繁栄と権力の象徴

大邸宅での盛大な宴会は当時の王侯貴族たちの権力と富の象徴でもあり、もてなす貴族たちはこれ

炉と串掛け（ハンプトン・コート宮殿）

焼き串に刺した肉塊（ハンプトン・コート宮殿）

見よがしに豪華な宴席を用意した。キャピュレット家の舞踏会も、多くの賓客を招いて盛大に開催することで、名家の繁栄と権力を誇示している。従兄弟のティボルトがロミオに殺害され、パリス伯爵とジュリエットの結婚式を急ぐことになったキャピュレット家では、伯爵を迎える日までさらに慌ただしく準備を行うことになる。キャピュレットは「腕利きの料理人を20人雇ってこい」と召使いに言いつけ、夫人は乳母に「もっとスパイスを取ってきてちょうだい」と指示を出す。乳母は「ペイストリー工房ではナツメヤシとマルメロが要るそうです」と返答し、キャピュレットは「パイは大丈夫か、費用は惜しむなよ」と念を押す。マルメロパイをはじめ、様々なパイやペイストリーが調理される中、そこに薪とスピット（spit）という長い鉄製の焼き串を持った召使いが登場。この串はハンプトン・コート宮殿の調理場にもあるように、炉の前の串掛けに掛け、串を回転させながら豚、兎、鶏、野鳥の丸焼きや大きな肉塊をローストするのに使われる。つまり、召使いが運ぶ焼き串は、極めて豪華なご馳走の調理に使用されるのであり、娘婿になるパリス伯爵を迎えるキャピュレット家が準備しているのはまさに最高のおもてなしである。

砂糖菓子と砂糖

『冬物語』の4幕3場では、ボヘミアの羊飼いの娘として育ったシチリアの王女パーディタが羊の毛刈り祭りの女王役として農夫や田舎娘たちを迎えるため、兄の道化に買い物を頼む。「えっと、羊の毛刈り祭りのために何を買うんだっけ。砂糖3ポンド、干しスグリ5ポンド、あとは米だ。」「梨のパイに色をつけるのにサフランを買わなきゃ。ナツメグの皮と、ナツメヤシ、いやナツメヤシはこのメモには書いてないな。ナツメグ7個、生姜が1、2本、これはただでもらえそうだが。プルーン4ポンド、干し葡萄も同じだけ。」ここにあるのは羊飼いの家庭にとっては高級すぎる食材とスパイスであるが、とりわけ砂糖3ポンドは高額で、シェイクスピアの頃のイギリスではまだまだ高価な輸入品であった。したがって、貴族たちが催すバンケットでは、砂糖を豊富に使用した砂糖菓子やマジパンなどが貴族の地位と財力を如実に表すものでもあり、それは単に食用だけではなかった。菓子職人の高度な技術によって、砂糖細工で聖人や偉人の像、建物などが作られ、鑑賞用の菓子も誕生した。マジパンでは、チェス盤、人間と大砲が入った塔、セント・ポール寺院などが作られ、新年の祝賀の品としてエリザベス女王に贈られたという。

シェイクスピア存命中にその作品と才能を讃えた言葉に、神学者フランシス・ミアズの『知恵の宝庫』(1598)の中の有名な一節、「蜜のように弁舌甘いシェイクスピア」(honey-tongued Shakespeare)と「甘美なソネット」(his sugared Sonnets)がある。高価な貴重品で人々に喜びを与える甘味料に喩えられたシェイクスピアは、その作品の中で蜂蜜や砂糖に言及することも多い。しかし中でも特徴的なのは、「砂糖を塗して中身を隠す」という欺瞞行為につながる一面を表す用例である。『ハムレット』の3幕1場、国王クローディアスと廷臣ポローニアスが物陰に隠れ、様子のおかしいハムレットとオフィーリアの会話を立ち聞きする直前の場面において、ポローニアスが娘のオフィーリアに祈祷書を読んでハムレットの登場を待つよう指示を出し、「敬虔な顔つきと信心深い振る舞いで悪魔の本性に砂糖を塗す」ように伝える。また、『リチャード三世』の1幕3場では、故ヘンリー六世の王妃マーガレットが、夫と息子を殺害したリチャードを呪い、エドワード四世の王妃エリザベスに対して言い放つ台詞に、「なぜお前は背中が膨れた毒蜘蛛に砂糖を塗すのだ、命取りの蜘蛛の巣に捕らえられているのに」という言葉がある。シェイクスピアは、王侯貴族たちが好んで味わい贅の限りを尽くす手段でもあった甘い砂糖の中に、奸計や裏切り、欺瞞という人間の恐ろしい一面を見出していたのである。

（今野史昭）

50

ドライデンとコーヒーハウス

★紳士の社交場★

コーヒーハウスを有名にした詩人

17世紀後半のコーヒーハウスとジョン・ドライデンは切っても切れない関係にあった。イギリスでは短い共和制が終わって、1660年に王政復古して以来、ドライデンは劇作家として活躍したが、宮廷人ではなかった。コーヒーハウスに集まる人々は宮廷人ではなくて、街の才人だった。マクファデンは次のように述べる。「宮廷で、ドライデンは決してインサイダー、つまり内部の人ではなかった。彼は教会において『平信徒』(layman) だったように、宮廷では『俗人』(layman) だった。彼の本当の居場所はウィル・コーヒーハウスであった。」詩人にとってそこは世俗的なオアシスだった。ウィル・コーヒーハウスが有名になったのはドライデンがそこに居たからに他ならない。注目したいのは、「平信徒」という言葉である。教会や宮廷が公共の場をこれまで独占していたが、コーヒーハウスが出現したことによって世俗的な公共の場が数多く現れて、一般の人でも自由に出入し、自由に議論する場ができた。近代という歴史の緒についた風景がここに確認できる。

17世紀後半のロンドンのコヴェント・ガーデンには劇場があ

コーヒーハウスの内部

り、詩人はその近隣に住んでいた。日課は規則正しく午前中に書斎で執筆活動をし、午後2時に家族と昼食を取り、それからコーヒーハウスに赴いた。コーヒーハウスは2階にあり、夏にはバルコニーの席に、冬には暖炉の隣に座っていた。知人たちと夜遅くまで文学のテーマを論じ合っていた。ここがウィル・コーヒーハウスであり、文士たちが出入りしたあらゆるコーヒーハウスのなかでひと際抜きんでた存在だった。詩人は文学論議の「採決者」と呼ばれたが、性格は内気であった。コーヒーハウスでは、酒は出さずに、コーヒーを出し、たばこを吸いながら、男性客のみが対象とされ、活気ある社交場として栄えた。

疫病流行とロンドン大火

王政復古して数年後ペストがヨーロッパを襲って、1665年にロンドンを席巻する。ダニエル・デフォーがその後『疫病流行記』(1722)

を書いた。ペストを避けるためドライデンは南西部に一時疎開している。翌1666年にロンドンは史上空前絶後の大火に見舞われる一方、対外的にはオランダとの貿易上の覇権をめぐって英蘭の第二次海戦が行われていた。このため1666年は極めて厄災的な年となった。翌年に出版されたドライデンの長詩『驚異の年』では、ロンドン大火の様子が描かれている。ロンドン・ブリッジ近くの王室ご用達のパン屋より出火し、9月2日の夜から6日にかけて燃え続け、強い風が乾燥し密集した木造家屋の多いロンドンを焼き尽くした。ロンドンの大火となれば、ウィル・コーヒーハウスが焼失したのかどうか気になるが、コーヒーハウスはコヴェント・ガーデンに位置していた。「シティ」をなめつくした大火事だったが、コヴェント・ガーデンまで大火は到達しなかった。
ドライデンは1668年に演劇などの業績が認められ、桂冠詩人になる。

知識人たちのドライデン詣で

コーヒーハウスとドライデンの関係で有名なエピソードがある。『ガリヴァー旅行記』で有名なスウィフトがまだ学生だった頃に書いた詩は将来を嘱望させるものではなかった。スウィフトは有名な詩人カウリーの文体を真似て書いた詩をアテネ協会に送って、その後ドライデンに渡ったところ、詩人は「わがいとこよ、スウィフトはとうてい詩人にはなれないだろう。」というコメントを出し、それがスウィフトに伝えられた。以来、スウィフトはドライデンを嫌ってしまった。

T・B・マコーリーという19世紀のトーリー党からホイッグ党に転身した異色の歴史家が『イングランド史』（1848）を書き、コーヒーハウスを克明に描いている。「コーヒーハウスはロンドンの世論がそこから吐き出されていた主要な情報伝達の場所であった。……コーヒーハウスの存在はわけてもロンドンと他のすべての都市を区別するものであったし、コーヒーハウスはロンドンの人の〈わが家〉であった、などと外国人たちは所見を述べていた。……カウンターでお金さえ払えば誰しもコーヒーハウスから追い出されることはなかった。」またドライデンの座っている椅子の近くに多くの人が立ち寄っては、「彼に挨拶して、最近のラシーヌの悲劇についてドライデンの意見を求めることがここでの特権になっていた。」といった具合である。

1668年にドライデンは『劇詩論』という文学批評をテーマとした作品を出版した。これは独断的な考えを避けるため4人の仮想の人物を登場させる対話形式で、結論は読者の判断に任せるといった手法をとった。そもそも『劇詩論』の内容はコーヒーハウスで論じられた文学論議が契機となって実を結んでいた。「ドライデンがウィル軒に陣取って若い世代の文筆家サークルで〈古代人と近代人〉について論争した」とドイツの哲学者ハーバーマスは『公共性の構造転換』の中で述べている。ドライデンは激しい時代背景の中で演劇に集中して実践的な演劇活動を展開し、批評活動も行った。まさに多彩な文人と言える。後代のドクター・ジョンソンはドライデンをして「イギリス批評文学の父」と命名した。

桂冠詩人の地位を剝奪された改宗詩人

コーヒーハウスの論議の的となった対外的なテーマがある。1670年前半のイギリスは、オランダと手を結ぶか、フランスと手を結ぶかというきわどい選択肢に迫られていた。別な言い方ではイギリスがプロテスタントを採るか、カトリックを採るかの選択肢でもあった。17世紀のオランダはプロテスタントで経済的に圧倒的優位な海運国家であったのに対し、フランスは絶対主義の国で太陽王ルイ一四世は、「普遍的な君主国」を目指していた。この悩ましい国際情勢の中、ドライデンはコーヒーハウスでは後者を支持していた。その後は、歴史の流れでわかる通り、1688年の名誉革命によりイギリスはオランダと手を組み、プロテスタントの国となった。カトリックを嫌悪する多くの国民の気持ちは解消された。他方でドライデンはイングランド国教会からカトリックに改宗したため、存命中に桂冠詩人の地位を剝脱された唯一の詩人となった。17世紀末にはコーヒーハウスの文化が進化し、たばこの煙や喧噪を避けて個室の部屋も利用できるようになった。はやくも詩人の改宗の話を聞きつけた客がウィル・コーヒーハウスで隠密の会合を予約し、友人に囁く、「今日の午後3時頃、個室に移動しよう。そこで、[ドライデンの]重要な話をしよう」(A・クレイトン)。晩年のドライデンは執筆意欲を失わず、ウェルギリウスなどの翻訳に執心して過ごした。

(佐藤　豊)

51

ジェイン・オースティンと料理

★作家の食生活が料理本に★

ジョージ王朝時代の食事事情

１７７５年にスティーブントン村に生まれ、１８０１年にはバースに移り、１８０９年からは終の棲家となったチョートン・ハウス（現在のオースティン博物館）で暮らしたジェイン・オースティンの生涯は、ジョージ三世（在位１７６０〜１８２０）と摂政皇太子であったジョージ四世（在位１８２０〜30）の治世である。

ジョージ三世はアメリカ植民地を失った王ではあったが、倹約と美徳を旨とした王で、晩年の精神病は政治と節約を強調した生活からの抑圧と緊張の結果だと信じられている。日常の食事ばかりでなく祝宴や狩猟後の飲食や生活費等への徹底した倹約ぶりは、招待客や召使いたちも驚いたという。節制した生活のなかでも、王のお気に入りの料理は様々な「プディング」であったとされる。プディングの種類は多彩で、メイン・ディッシュとして肉等を詰めたものや、デザート菓子のような甘い味付けのものに至るまで現在でもイギリスを代表する食べ物となっている。

息子のジョージ四世は摂政皇太子の時にオースティンが『エ

ジョージ四世（ジェイムズ・ギレイの諷刺画）

マ』を献呈したことで有名な王である。父王の倹約生活への反動のように派手で贅沢な生活を好み、服飾の流行を優先し、カトリックの未亡人と秘密裏に結婚し、王妃と別居中には数人の愛人との快楽的生活を享受したとされる。さらに、ナポレオンとの戦いの最中に、異国風の調度品で飾り立てたロイヤル・パビリオンをブライトンに建設したばかりか、有名なフランス人料理人を雇い、動けなくなるほどに肥満するまで食べ続けた悪名高き王である。

このように富裕者は過食が原因の病気になる一方、貧困者は飢餓状態に近い状況に置かれる等、貧富の差が拡大した時代であった。また、東インド会社によるヨーロッパ以外との交易拡大や植民地から輸入される茶や砂糖、タバコや絹等が上流階級から嗜好品として求められ、ステイタスシンボルとして広く普及した。特に砂糖の消費量は精糖工場の操業に伴い増加し、砂糖を使ったデザートや菓子によるカロリー摂取が病気の原因となった。

このような食料事情はオースティン家の食生活や料理にも反映された。中流階級での生活を維持するオースティン家の食事の種類と内容が、マギーブラック、ディアドレ・ル・フェイ著『ジェイン・オースティン料理読本』に紹介されている。料理につけられた名前と詳細なレシピからだけでもオースティンの食卓を垣間見る気分になる。

食事風景が映し出すオースティンのまなざし

『ジェイン・オースティン料理読本』に残るオースティン家の料理は、当時の生活様式や作品との関わりを克明に描いている上に、美しく編纂されているので、食卓上に料理が再現されているかのようである。それらは、オースティン研究家ル・フェイが『高慢と偏見』や『エマ』のにぎやかな晩餐やお茶を楽しむ場面をたどり、料理史家ブラックが現代によみがえらせた料理の数々である。ここに紹介されている76皿の料理は、オースティン家の同居人で料理を担当したマーサ・ロイドが残したレシピを読み解きながら再現したものである。オースティンと姉カサンドラの親友でもあるマーサ・ロイドは、後に兄フランクの後妻となり、父の時代からオースティン家と深い関わりを持ち続けた女性である。オースティンの家族が好んだ料理は作品の中での食卓や晩餐会を連想させ、登場人物の言葉を通して社会をも映し出している。

当時の晩餐会等での料理は「コース」と呼ばれ、大皿に盛り付けられた料理9皿がセンターとサイドに置かれ、このほか数種のデザートがティーボードの果物等と共に飾り付けられてコーナーに置かれた。数コースが並ぶ宴は招待主の社会的地位や財力を示すものであった。

オースティンは当時の生活や料理事情、社会の問題までも登場人物の言葉や場面で連想させる。

『マンスフィールド・パーク』でトムが「毎日うまいものばかり食べて、すぐにあの世行きだ」という場面は、毎日たっぷりご馳走を食べないと気が済まないわがままな美食家のグラント教区牧師の脳卒中による急死の場面と重なる。また『高慢と偏見』のコリンズ夫人となったシャーロットの「庭仕事が健康によいですから、主人に勧めているのよ」という場面からは、家庭菜園に精を出すコリンズ氏の姿が連想される。そしてダーシーやビングリーを招待した夕食会の内容に満足したベネット夫人の「ダーシー家には2、3人のフランス人料理人がいるわ」という場面からは、フランス料理を常食する富裕な生活模様が伝わり、ペンバリーでエリザベスに出された葡萄、ネクタリン、桃等をピラミッドのように盛りつけた果物からは、広大な温室果樹園のある大邸宅を連想させる。リディアの駆け落ち事件で実現しなかったダーシー家の夕食会についても『ジェイン・オースティン料理読本』で言及され、これがBBCで制作されたドラマではネザーフィールド舞踏会の夕食会で再現されている。豊富な食材を使ったメニューが作られていくその舞台裏は'THE MAKING OF PRIDE AND PREJUDICE: FOOD IN THE FILM'で詳しく語られ、撮影での工夫や苦労の末に再現された料理の映像場面からは「イギリス料理はまずい」と言われる前の豊かな時代の暮らしが伝わってくるようである。

オースティンの作品で描かれる様々な人々は、オースティン家のように、狩猟による鹿や兎、雉等のジビエ料理はもとより、飼育する牛や豚、子羊のほかにも鶏、ウズラ、チャボ等の家禽、温室果樹園で実った果物、菜園で栽培された野菜や香草等で豊かな自給自足の生活ができる恵まれた階層の人々である。農園からの産物が途絶える寒い時期には、ロンドンの市場やテムズ川のビリングズゲイトから牡蠣や魚等も自由に入手できた。贅沢な自給生活ではあるが、その背景には過食による病気や肥満に陥るという当時のイギリス上・中流社会が抱えた暗部も描き出されている。

オースティンが描く食事風景は飲食を基盤に編成されていた社会生活といえる。中でも夕食会は最も重要な儀式的行事として生活の中心となり、家族の富（財力）と社会的地位を示すものである。そこに登場する個性豊かな人物は、オースティンの多角的な視線で観察された社会風刺として表白されているかのようでもある。

（佐藤郁子）

52

児童文学に見る料理

★物語世界に現実味を添える「イギリスらしさ」★

ナルニア国の地味で古風な英国料理

児童文学にも印象的な料理の描写は多い。例えばC・S・ルイスの『ナルニア国物語』第1巻『ライオンと魔女』の第2章、ルーシーがフォーンのタムナスと出会い、茶に招かれる場面のバターーや蜂蜜やイワシのトースト、茹で卵、砂糖をまぶしたケーキと紅茶は、多くの読者の記憶に残っているであろう。第7章のビーバー夫妻との食事の場面の、川で獲れたばかりのマスの揚げ物と茹でたジャガイモ、マーマレードの菓子パン、濃厚な牛乳なども印象深い。第2巻『カスピアン王子の角笛』最終章ではカスピアンがナルニア王に即位した後、宴の料理が魔法で用意され、肉料理のほかに大麦・小麦・烏麦のケーキ、蜂蜜やクリーム、桃、柘榴《ざくろ》、葡萄、苺などの果物、各種の果実酒や果汁が出現する。第3巻『朝びらき丸東の海へ』第10章の「声の島」で姿の見えない島民に振る舞われた夕食は茸のスープ、茹でた鶏肉、ハムにスグリのソース、チーズ、蜜酒や牛乳であった。続く第11章で魔法使いコリアキンが用意する朝食はオムレツ、ラム肉、苺のアイスクリーム、レモンスカッシュ、食後にココアというメニューだ。第13章の「ラマンドゥの島」

の「アスランのテーブル」に用意されていた料理は七面鳥、鴨、孔雀、猪の頭、鹿肉、各種のパイ、ロブスターやサーモン、各種の果実といった豪華なものである。

別世界を舞台とする物語なのだから、現実世界にはあり得ないような珍しい料理が並んでいてもよさそうなものだが、『ナルニア』全7巻を通して描写されるのは概してこのような古風で地味な英国料理ばかりである（『カスピアン王子の角笛』と第4巻『銀の椅子』で「パヴェンダー」（pavender）という架空の美味な魚に言及しているが、これもナルニアに生息するニジマスによく似た淡水魚に過ぎない）。読者が子供であれ大人であれ、別世界の物語に馴染みのある料理が描かれることで想像力と味覚が刺激され、あり得ない世界を現実味を持って体感することが可能になり、またそれによってイギリス文化圏以外の読者はファンタジーの世界に「イギリス」を実感できるであろう。『ナルニア』ではこの種のイギリス的な料理がテーブルに並ぶのは概して危険な冒険の合間の平和なひとときであり、イギリス的な料理を振る舞うのはほぼ例外なく「善」の側に属する味方であるという点も興味深い。J・R・R・トールキンの『ホビット』でも小人（ドワーフ）たちがビルボの家に参集して勝手に始めた「予期せぬパーティー」のメニューはコールドチキン、スコーン、各種パイ、チーズ、赤ワイン等であった。

ネズミとモグラのピクニック

児童文学に見る秀逸な料理の描写と言えば、ケネス・グレイアムの『柳に吹く風（たのしい川べ）』第1章のネズミとモグラのピクニックの場面も忘れられない。川辺でモグラと出会ったネズミはモグラをピクニックに誘い、モグラが「多すぎる」と困惑するほどの食べ物と飲み物を用意する。ネズミが用意したのはコールド・ハム、コールド・チキン、コールド・ビーフ、胡瓜の酢漬けのサラダ、サンドイッチ、それにジンジャー・ビア（生姜味の炭酸飲料）、レモネード（日本語で言う「サイダー」）などであった。ピクニックや自宅での簡単な食事のためのこういった簡素なメニューが充実していることもイギリス料理の特徴である。第5章でモグラがネズミを伴って数か月ぶりに帰宅する場面でも、あり合わせの保存食品だけで二人はクリスマスを祝うのだが、それはイワシの缶詰と船内用高級乾パン(captain's biscuits)、それにソーセージとビールであった。ソーセージはドイツ製らしいが、この質素な「クリスマス・ディナー」もまたイギリス的と言えるに違いない。

料理に見るイギリス的なるもの

アーサー・ランサムの『ツバメ号とアマゾン号』は夏休みを湖水地方の湖に浮かぶ島で過ごすウォーカー家の四人の兄弟姉妹（とブラケット家の二人の姉妹）の冒険物語で、やはり料理の描写が秀逸な作品である。第4章の島での最初の夕食の場面の、長女スーザンがバターで焼いて作るスクランブルエッグは、多くの読者の印象に残っているに違いない。第6章には母が滞在している農場のジャクソン夫人が届けたパイを、茹でたジャガイモと一緒に食べる場面がある。第7章では釣った魚（パーチ）をバターで焼いている。この時、カワカマスは釣れなかったのだが、第29章ではブラケット家の姉妹の叔父「フリント船長」が釣ったカワカマスをスーザンとブラケット家の次女ペギーが料理する。これらは本当の意味で地産地消の、正真正銘のイギリス料理と言えよう。第31章の島での最後の朝食は、毎朝牛乳をもらいに行っていた対岸の農場のディクソン夫人が島に来て、その場で作って皆に振る舞うポリッジであった。ポリッジはイングランド北部やスコットランドで特に好まれるもので、ディクソン夫人の話す方言と相俟って弥《いや》が上にも地方色を強調する。この作品は『ロビンソン・クルーソー』や『宝島』を下敷きにした冒険ごっこ、海賊ごっこの物語だが、このように料理に代表される細部のリアリティが二重の意味での虚構の世界に実感を与えていると言えよう。

J・K・ローリングの『ハリー・ポッター』シリーズは、スナック菓子や飲み物が（百味ビーンズや爆発ガム、バタービアやカボチャジュースなど）謎めいている一方で、食事の場面に描かれる料理は現実的なイギリス料理ばかりである。例えば第1巻『ハリー・ポッターと賢者の石』第7章の魔法学校での最初の夕食はロースト・ビーフ、ロースト・チキン、チップス、ヨークシャー・プディングなど伝統的なイギリス料理の一典型である。第12章のクリスマス・ディナーの場面では牛肉と鶏肉が七面鳥に代わり、食後にクリスマス・プディングが出る以外は第7章の夕食と大差ない。英独仏三か国の魔法学校が一堂に会する第4巻『ハリー・ポッターと炎の杯』第16章の歓迎会の場面では三か国の料理が供されるが、ハーマイオニーにブイヤベースを勧められたロンはてんで興味を示さず、ブラック・プディング（これも伝統的なイギリス料理）を自分の皿に取る。ロンのこの行動は優れてイギリス人的と言えるであろう。イギリスの児童文学の名作はどれもイギリス色が非常に強いのだが、やはりこのような料理の描写によって本国の読者は現実味を、外国の読者は「イギリス的なるもの」を、作品の世界に実感できるのである。

（安藤　聡）

53

フィールディングとロースト・ビーフ

★愛国者の味★

牛肉のプロフェッショナルたちの神業

1907年、イギリス南西部の港町プリマスの食肉市場で、面白い実験が行われた。競りにかけられているあの牛の重さはどのくらいか？ 市場の人々に白紙を配り、推測値を書かせる。集まった約800枚から出された平均は1197ポンド。なんとこの数字は、屠畜後に測定された実測値より、わずか1ポンド少ないだけであった。一人一票・無記名投票という民主主義の原則の正しさを表す好例として、社会学者や政治学者はこの実験に注目するが、イギリス文化論の文脈では異なった解釈が可能かもしれない。こんな神業をフランスの食肉市場で見ることができただろうか？ プリマスの食肉市場にいたのは、例えば飼育業者や流通業者など、牛肉の国イギリスでも精鋭と呼ぶべき牛肉のプロフェッショナルたちだったはずだから、なんと小さな誤差かと驚くべきではないのかもしれない。

イギリスのアイデンティティ

そういう推論が誇張ではないほど、イギリス人は牛肉を愛している。1ポンドとは453・6グラムであり、日本人が一食で食べる牛肉の適量は350グラムだというのだが（ただしこれは開高健の説である）、プリマスの実験から約150年前のイングランドの田舎町、とある宿屋の食堂の個室で、トムというひとりの偉丈夫が夕食に3ポンドの牛肉をぺろりと平らげ、そのあと悠然と情事にふけったという。もっともこれは実話ではない。ヘンリー・フィールディングの小説『トム・ジョーンズ』（1749）屈指の名場面の話だ。主人公が稀代の「ビーフイーター」に設定されているのには、注目するべき理由がある。トムは自由の国イギリスを守る兵士であるから、大いに牛肉に喰らいつかなければいけないのだ。「兵士」というのは比喩ではなく、健啖家の本領を発揮した時、トムは義勇兵になろうとしていた。

イギリスは当時、名誉革命で王座を追われた国王の孫が、フランスの援助を受けつつ前王朝の復活を企んだ、いわゆる「ジャコバイトの反乱」の最中だった。トムも作者フィールディングも現王朝を支持する立場に立っていたが、フランスの介入でイギリスの国体が壊されることを憂慮する男たちにとって、牛肉を大食いすることはごく自然な行為であった。

ベン・ロジャースは『牛肉と自由――ロースト・ビーフ、ジョン・ブル、そしてイギリス国家』（「ジョン・ブル」とはイギリスおよびイギリス人の典型像を示す通称で、「ブル」は「雄牛」の意味である）なる極めて示唆的な題名を持つ研究書の中で、18世紀中期のイギリス（まさに『トム・ジョーンズ』の時代だ）において大量の牛肉を食べつくすことが「愛国者の義務」と考えられていた、と述べている。

実際、当時のイギリスは様々な戦争に明け暮れていて、牛肉がしばしば愛国心を鼓舞する道具として使用されていたことに、様々な歴史家たちが注目している。戦場での「男らしさや闘争心」が期待されて、西洋の兵隊たちはそもそも「牛肉で太らされた」と、『牛の文化史』でフロリアン・ヴェルナーは述べているが、その象徴的な例として紹介されるのが年間に95キログラム、すなわち一日約260グラムの牛肉を配給されていた18世紀イギリスの船乗りたちだ。また、ローナ・ピアッティ＝ファーネルが『牛肉の歴史』でシェイクスピアの『ヘンリー五世』などにも言及しつつ分析しているように、牛肉は元来イギリスらしさを「象徴的に」示す食物と考えられており、とりわけフランスとは明確に違うイギリスのアイデンティティを国民に理解させるとき、牛肉が庶民にも理解しやすい象徴例として頻繁に使われたという。

イギリス国民の愛唱歌となったロースト・ビーフ賛歌

ところで、トムが平然と平らげた3ポンドの牛肉は、きっとローストされていたに違いない。18世紀のイギリスでロースト・ビーフには「愛国者の食べ物」という「文化的に重要な含意」があったとピアッティ＝ファーネルは断言しているのだが、その政治的な「含意」を作ったひとりがヘンリー・フィールディングである。『トム・ジョーンズ』の20年ほど前、劇作家として活躍していたフィールディングは、『グラッブ街のオペラ』という歌劇の途中に、次のようなあまりにも有名な曲を挿入した。

イギリス人と言えばロースト・ビーフを腹いっぱい食べるもの、と言われていた時代、
ロースト・ビーフをたくさん食べるおかげでイギリス人の心は気高かったし、体だって元気だった。

イギリスの兵士たちは勇敢だったし、宮廷人たちだって今よりはましな連中だった。
ああ、イギリスのロースト・ビーフよ！
懐かしのイギリスのロースト・ビーフよ！

でもあのなんでも干渉してくるフランスからイギリス人たちが
ダンスだけでなくってあのラグーなんていうまずい煮込み料理を押し付けられるようになって
からというもの。
ロースト・ビーフを食べなくなったイギリス人なんてせいぜい女性向けのロマンスのわき役が
いいところ。
ああ、イギリスのロースト・ビーフよ！
懐かしのイギリスのロースト・ビーフよ！

「あまりにも有名な」というのは、フィールディングが草したこの原曲が18世紀の中ごろにリチャード・レヴァリッジによって編曲され、あちこちの劇場でどんな演劇に際しても熱唱され、たちまちイギリス国民屈指の愛唱歌になった経緯があるのだ。現在でもイギリスの軍隊では夕食前に「ああ、懐かしのイギリスのロースト・ビーフよ！」と合唱するという。侵略と防衛、現在と過去、そして女性性と男性性。いくつかの単純な対立の構図の一方に、イギリスのロースト・ビーフが明確な位置付けを得ているわかりやすさが、人気の秘訣だろう。ただし、対極のフランスも黙ってはいない。

フランス人の日常語彙に「ロスビフ」(すなわちロースト・ビーフ)というイギリス人を意味する蔑称があることは、周知のとおりである。また早くも17世紀、イギリスを旅したフランス人のある旅行者は、「イギリス人は、裕福であれどうであれ、日曜日に腹がはちきれるまでロースト・ビーフを大食いし、残りの6日間に残った冷肉を食べる」と、呆れたように記録している。

外国人を虜にしたイギリスのロースト・ビーフ

いわゆる「サンデー・ロースト」と呼ばれるこの食(というより生活)習慣は、日本でも有名だろう。日本におけるロースト・ビーフのイメージは、どのようなものであろうか。日本食の「カレーライス」のルーツはイギリスにあり、それはロースト・ビーフの残りを処理する苦肉の料理法だったとは森枝卓士の説であるが、牛をローストすることは、いかにも食と味に鈍感なイギリス人ならではの、単純でぶっきらぼうな料理法だ、と思う日本人も多いはずだ。日本のスーパーでよく売られている「ロースト・ビーフ・サンド」の多くは、肉が冷たくパサパサで、決してうまい食物ではない(なのに概して値段だけは高い)から、それがイギリスの愛国食の評価を下げているのかもしれない。

ただ、食に詳しい歴史家たちが言うように、ローストがイギリスで極めて普遍的な料理法になったのは、なんといってもイギリス人たちが牛肉の本質を熟知していたからであろう。煮込んだりしたら、牛肉の食感も風味も台無しだ。ローストするから水分もうまみも肉から逃げ出さず、牛肉本来の味を楽しめるではないか。そう、イギリス人は考える。牧草を見ただけでロースト・ビーフの旨さを想像して思わず唾を飲み込む牛肉狂すらイギリスにはいるらしい。ただし、本場の国で、心の底から感心できるロースト・ビーフに出会う機会がそう多くないのも、真実のようだ。

日本からイギリスを訪れた旅行者のめいめいに違ったロースト・ビーフの思い出があるだろうが、少なくとも筆者には「ああ、イギリスのロースト・ビーフよ！」と思わず叫びたくなるような一皿と出会った経験はない。

フィールディングの戯曲『イギリスに来たドン・キホーテ』の中で、サンチョ・パンサは「あっしはイギリスのロースト・ビーフが大好物になりやしたから、母国スペインなんか二度と戻らなくって、まったく構わないでさぁね」と朗らかに言う。外国人をも虜にする、愛国者の味。トム・ジョーンズやサンチョ・パンサがむさぼりついたロースト・ビーフは、一体どのような味がしたのだろうか。

（白鳥義博）

54

ジョージ・オーウェルと紅茶

★あのポレミックな作家がもらした紅茶講話★

イギリスの紅茶解題

イギリス人の国民的飲み物と言えば、紅茶である。

紅茶の原産地はインド、あるいは中国か、いまだ明らかではないが、紅茶がイギリスに伝わったのが、1650〜70年ごろと言われている。オリヴァー・クロムウェル（1599〜1658）も飲んだという記録が残っている。1664年に東インド会社がチャールズ二世（在位1660〜85）の妃キャサリンにお茶を献上した。また、17世紀以降、多くの文人墨客にも愛好されるようになり、ボズウェルの『サミュエル・ジョンソン伝』（1791）には「あの芳しい葉に注いだ湯を、ジョンソンほどうまそうに嗜んだものはあるまい」と書かれている。

1770年ごろまで政府はお茶の輸入に高い税金を課していたので、お茶は庶民にはそれこそ高嶺の花であったが、1833年にインドの栽培園で収穫を上げるようになって、これ以降庶民の間にも普及するようになった。やがて、国民的飲み物となり、お茶はやはり憩いの場に欠かせないものとなる。「恋とスキャンダルこそ、お茶最大の味付け」と言ったのは、「イギリス小説の父」と呼ばれたヘンリー・フィールディング（17

07～54）であった。お茶にまつわる迷信も生まれたが、それらのテーマは男女間のことが目立っていた。例えば、女が男に2杯目を注がせれば、その男になびかねばならなくなる。砂糖より先にミルクやクリームを入れれば、失恋する。お茶に泡が立つのは、幸運にもキスするチャンスに恵まれる。ポットのお茶をかき混ぜると意外にも喧嘩別れをする、など。

ミルクと紅茶の先争いとオーウェルの紅茶11の法則

これほどの国民的飲み物であれば、イギリスには紅茶の飲み方に関する一言居士がごまんといるのではと思うが、実際には皆無のようである。それでいて、イギリスの紅茶はミルクティーなので、ミルクが先か紅茶が先かという議論は時に国民的に広がる場合があるという。ミルクを先に入れる人を「ミルク・イン・ファースト（MIF）派」、ミルクを後に入れる人を「ミルク・イン・アフター（MIA）派」と言い、当然かもしれないが、いまだその決着に至っていない。こうした状況に一石を投じたのは、イギリスの作家ジョージ・オーウェル（1903～50）である。

ジョージ・オーウェルは、第二次世界大戦の前哨戦と言われたスペイン内戦（1936～39）にスペイン共和国防衛のために参戦し、自らが体験した共和国側のスターリニストの非人間的裏切りを告発した『カタロニア讃歌』（1938）、動物たちが農園から支配者である人間を追い出し自分たちだけの社会を造るが、その顛末はいかがだったのかを提示することで、スターリンの独裁政治を風刺する寓話物語『動物農場』（1945）、さらに第二次世界大戦後、共産主義体制であれファシズム体制であれ、両方とも非人間的な全体主義社会であることに変わりがなく、その全体主義体制に反抗した主人公の末路を描いた風刺的未来小説『1984年』(1949)などを上梓し、今日でも幅広い読者層を抱えている、イギリス随一のポレミックな作家、評論家、書評家である。

オーウェルは、「一杯のおいしい紅茶」という異色のエッセイを『イブニング・スタンダード』(1946年1月12日)紙に発表した。この頃の彼は、戦中から続いていた宿痾《しゅくあ》の結核の闘病生活、それに極度に清廉な窮乏生活の真っ只中であった。ついでに、彼の最後の作品『1984年』について一言。この作品を脱稿したのは1948年、当初は『ヨーロッパ最後の男』というタイトルで書き進めていたが、恐らく脱稿時点であろう、西暦年度の後半の「48年」をひっくり返して「84年」にしたのだった。「1984年」まで全体主義国家は続くだろうと考えていたのだろうか。校正は入院先のユニバーシティ・コレッジ病院で、それが完了したのは1949年、そして翌年1月12日、彼は亡くなった。それ故、『1984年』は彼の遺書であろうと思っている。

オーウェルはまず「紅茶は、アイルランド、オーストラリア、ニュージランドまでを含むこの国の文明をささえる生命の綱の一つであるばかりか、その一番うまい淹れ方というのが、大議論の種となっている」ので、自分は11の法則を紹介したい、と述べている。以下に、簡潔に列挙してみる。

①お茶はインド茶か、セイロン茶を使わなければならない。中国茶はミルクは不要だが、刺激が弱すぎる。

②お茶は一度にたくさん淹れてはいけない。つまり陶磁器のティーポットで淹れるべきということである。

③ポットをあらかじめ温めておくこと。

④濃くなくてはならない。ちなみに、1クォート（約1・14リットル）はいるポットなら、茶さじ山盛り6杯くらいがいいところ。20杯のうすいお茶よりも1杯の濃いお茶のほうを勧めたい。

⑤お茶の葉はじかにポットに入れること。葉から味をうまくしみ出すために、葉はポットの中で自由に動けるようにしておかなければならない。

⑥お湯はお茶の葉に触れる瞬間に沸騰していなければならず、お湯を注いでいる間も下から熱が当たっていなければならない。それで、ポットのほうが湯沸かしのそばに置いておかねばならないのであって、その逆ではない。

⑦お茶ができたら、かき混ぜること。さらに葉がポットの下に沈むまでポットをよく揺すること。

⑧円筒状のカップで飲むこと。それ以外、例えば、平たく浅いカップだったら飲み干すまでお茶が冷めてしまう。

⑨お茶を淹れる前に、ミルクから乳脂を取り除かねばならない。乳脂の多いミルクだと胃がむかつくようなお茶になるからである。

⑩まずカップにお茶を淹れなければならない。お茶の淹れ方については、イギリスのどの家庭の中にもＭＩＦ派とＭＩＡ派がいると言われているが、私は紛れもなきＭＩＡである。先にお茶をついで、ミルクをいれながらかき回せば、ミルクの量を加減できる。

⑪ お茶に砂糖を入れてはならない。砂糖を入れると、お茶の風味がそこなわれてしまう。お茶はビールと同じ苦いのが通り相場である。砂糖を入れてお茶を飲む人には、砂糖抜きで、2週間ほど飲んでみることを勧める。そうすれば、砂糖抜きのお茶になれてしまうだろう。

このエッセイの最後には、お茶に使った葉の使い道、ポットの使い方、沸騰しているお湯を必ず使うこと、などが述べられている。このエッセイが書かれた1946年1月は、イギリスは第二次世界大戦の戦勝国だったものの、同盟国アメリカへの膨大な戦時債務、戦後の冷戦に対する軍備の再編、アジアやアフリカの植民地の独立などで、財政的には逼迫していた。従ってフリーランスのオーウェルは言うまでもなく、一般市民以上に生活が困窮していただろう。彼の46歳という生涯も極度に清廉な窮乏生活の結果と思われる。

（川成　洋）

55

ジョージ・エリオット文学と料理の心

★人生のユーモアと悲哀に溢れるお菓子屋さん★

筆者は、約3年間、ロンドンと中部地方都市コヴェントリーで暮らした。そして西洋キリスト教文化の花咲く地で、東洋仏教文化に関心を持つ男性名の女流作家ジョージ・エリオット（1819～80）の研究に取り組んだ。家族も同行した。そのため社会生活の活動範囲も広まり、楽しみや物の見方も倍増した。当時はイギリスは食料品など生活必需品が大変安いのにびっくり。またほとんどの郵便局にキャンディ菓子が売られているのにも驚いた。帰国後、毎日の朝食に紅茶は欠かせない。また当時イギリスでブームになっていた野菜サラダの食事の回数がぐっと増え、胃腸の働きも格段とよくなった。

女神ネメシスを追って

エリオットは、17歳のとき母親を亡くし、家事を彼女が担った。その間の母親目線による食文化の経験こそ、彼女が19世紀イギリス自然主義文学の代表的な作家になれた大きな要因のひとつであろう。

次の文は、短編『ジェイコブ兄貴』（原題は「菓子店ミスター・デイヴィッド・フォークス」）の最終行である。

そして、己の身を隠す偉大な「女神ネメシス」（因果応報・復讐の女神）の予期せぬ形がある。その好例のひとつがこの物語にある。その事は、お分かり頂いたと思う。

作品には、読者たちにこっそりと作品の仕掛け、「ネタバレ」を冒頭から始める「語り手」がいる。つまり、同じような過ちをおかす、不完全な人間や社会の実態についての面白い語りがある。東洋仏教文化の「因果応報」にも通じる西洋キリスト教文化（言葉は神なり）の「女神ネメシス」探しの話でもある。エリオットは特にこの作品の題名に仕掛けをして、主人公を弟でなく、兄のジェイコブにしている、と思われるほどである。つまり物語の話は、終始、弟のデイヴィッドが中心である。弟は人生の表街道を行くように見える。だが実際は、本人は一生懸命、間違った裏街道を突っ走っている。その弟の悪事を諌める偉大な「女神ネメシス」の代役が、少々発達障害の「無垢な心」の主人公ジェイコブ兄貴である。そのことに読者はお気付きになるであろう。つまり、エリオット文学の真骨頂は、人や社会の「表と裏」や「虚と実」の実態を赤裸々にえぐることにもあるので、私たちの心の糧となるのである。

菓子と美味三昧から家庭料理の秘伝へ

19世紀イギリスの比較的裕福な兄弟にとっては、塩づけの豚肉、酵母の焼団子、粉ミルク、そら豆等が主食であった。またお菓子類は、朝がマカロン、昼がメレンゲ、夜が果物たっぷりの「十二夜ケーキ」、そして合間にペパーミント菓子、キャンディさらにアーモンド菓子、ぶどうパン等であった。文科系の弟は、菓子屋になる決心をする。自分勝手な曖昧な幻想では本当の成功は望めない、という語りがある。また嘘つきの弟だが、騙すことが大変で、良心の呵責に苛まれ、また悪の道も大変辛いことも克明に描かれている。弟の満足な食卓は、成功して誰よりも良い席に座り、おいしい料理を食べることである。故郷の町に飽き足らず、当時のイギリスの植民地、西インド諸島の「パンの木」もある英連邦の一国ジャマイカで一旗揚げることにした。兄を「ひし形ののど飴」で騙して、母から金を盗んで出国。この作品の出版当時は、日本の幕末期。大英帝国にとって、「世界は我が農園であり、インドは綿花、オーストラリアは羊毛、ブラジルはコーヒー、中国はお茶、そして西インド諸島は砂糖」であった。弟は6年後、白人が意外に多く、思ったように歓迎されず帰国。

この寓意的な物語の最後は——「あの干しぶどうの飴玉君」とバカにしていた町の有力者フリーリー氏の心を、弟は、フリーリー氏の夫人から手にいれた町の最強のレシピ、チーズ・ケーキ、最高級のジャマイカ産のラム酒、ワイン用のビスケット、美味のロール巻牛肉料理で、すっかり捕らえた。さらに内気なフリーリーの娘さんの心は、美容と健康に良いナツメ菓子、バレンタイン（女性にも送ってよい）の愛の詩で捕らえ、巧妙な手口で婚約まで取り付ける。その話し合いの席上に、大柄で甘党の主人公の兄が、いつも所持している「熊手」を持って現れる。兄は、弟の店の菓子に誘われてやって来たのであろう。母は、夫の死後、ずる賢い弟だが愛する我が子のために、遺産を用意していた。弟は結局、その金が欲しくて故郷の自宅に連絡してきていたのだ。結局、弟は己の強欲故に大食漢だが「無垢な心」の兄貴にはかなわなかったのである。弟は、自分の数々の悪行（「欲」は七つの大罪のひとつ）が暴かれ、婚約も解消、町の子供たちにも馬鹿にされる。2、3か月後、その「菓子店ミスター・デイヴィッド・フォークス」は、再び空家になる。

このようにして、家庭でお菓子を作っていた以前の町の食文化は戻り、女性たちの「まごついた話」は終わる。獣医夫人も再びミンス・パイを家で作り、夫は人生で一番おいしいと満足する。「家庭のおいしいレシピの料理が、既婚婦人たちの心に甦り、その秘伝を娘たちは母親から教えてもらうのに躍起になったのである」。そしてこの弟デイヴィッド・フォークス（キツネに掛けた名前）の兄貴の話は終わるのである。エリオットは生涯にわたり、社会的弱者の人たちの心に光を当て、温かな眼差しを向け続けた作家である。

また物語の中に、産業革命の影響による仕事の分業化、資本主義社会の文明化で、新興菓子店の登場は当然であり、男性も女性も社会が豊かになるためには、料理の手間を省くことは見逃せない、と言うジョージ・エリオットの語りもある。食文化発展に対するエリオットの問い、つまり経済発展による「物」と「心」の相克の社会問題は、今日の新型コロナ禍の社会でも起きているであろう。

朝食と夕食のはざまに見えるもの

イギリス料理の特徴は、素材が活かされ、その基本がしっかりしていることである。エリオット文学も、素材である登場人物の心そのものが見事に活かされている。心の文学の基本「ユーモアと悲哀」がしっかりしている。登場人物が人生を語る一語一語に、心が込められているのである。

エリオットは、コヴェントリーを舞台にした最高傑作『ミドルマーチ』（「ブッダ」の語りもある）をロンドンで書いた。その作品の一節が、次の文である。

私たち人間は、男も女も朝食と夕食の間に、多くの落胆を飲み込み、涙をこらえ、青ざめた口調で問いに答えて、「いや何もないよ」と言う。プライドは私たちの手助けとなり、人の気持ちを損なうことなく、自分のこころの傷を隠すようにする時のみ、それは悪いものではないのだ！

（6章）

ここの「プライド」は、七つの大罪の一つだが、東洋仏教文化の「方便」でもあろう。また「朝食と夕食」は、私たちの日常社会生活や宇宙、自然、人生、さらに愛と悲しみ、生と死、虚と実、等の「始めと終り」を象徴している。電球もまだない時代、食に関するエリオットの表現力は、実に見事で、読む人を圧倒する！

日本の「精進料理」は、禅宗の祖、道元禅師が食事心得で説く「喜心、老心、大心」の心がこもった料理である。また甘い物好きで、東洋仏教文化の心も追求した、『こころ』の著者、夏目漱石が東京大学で最初に行った講義は、エリオットの因果応報の『サイラス・マーナー』であった。エリオット文学に関心のある作家に『わたしを離さないで』のカズオ・イシグロもいる。

エリオット文学は時空を超え、宗教や哲学の域を超えて人の心の機微を穿つが、その鋭い筆致は食文化の本質にも迫っている。食卓でおいしい料理を食べながら、イギリス文学の話をするのも一興であろう。

（高野秀夫）

おわりに

イギリスの食という課題に取り組んでみて、改めて実感したのは、イギリスの食のすそ野の広さである。淵源は中世までの民族混交によるものであろうが、その後の大英帝国の発展により、世界各地から多種多様な食材とその調理法が集まったせいであろう。二度の世界大戦を経て、栄養重視の政策から味覚の楽しみが置き去りにされ、まずいというレッテルを貼られたものの、現代のイギリスでは世界の美味が堪能できる。とりわけ、ロンドンは「エスニック料理天国」といっても過言ではない。

地球温暖化の影響であろうか、ヨーロッパ大陸が熱波に見舞われ、イギリスでも40℃を超えたというニュースが駆け巡っている。寒冷でブドウの栽培には不向きだったイギリスの各地にブドウ畑が広がり、ワインの生産量が年々増加しているという話もうなずける。オート麦やライ麦しか育たなかった寒冷な地域で小麦が栽培されるということも、またしかりである。過去においては、食習慣は主に政治的・文化的な要因で変遷を遂げたが、今後は地球温暖化や、思いがけない感染症の流行など、今までにはなかった原因で変化することもありうる。

食習慣というものは根強く頑固で、それほど簡単には変わるはずのものではないと思いこんでいた。しかし、本書の編著を終えた今、イギリスの食習慣が、ゆっくりと、だが着実に変わりつつあるのではないかということを実感している。

かたくなと言っていいほど歴史と伝統を重んじる一方で、新たなものをおおらかに受け入れかつ生み出すお国柄ゆえ、食習慣の変化もその流れの中にあるのかもしれない。

最後に、編集・校正作業を担当され、このような形で本書を世に送り出していただいた明石書店黄唯氏の労に、心より感謝する次第である。

2022年11月

編者

P.166 Keith Weller, Public Domain, via Wikimedia Commons
P.171 Godfrey Kneller, Public Domain, via Wikimedia Commons
P.173 Franz Eugen Köhler, Köhler's Medizinal-Pflanzen, Public domain, via Wikimedia Commons
P.175 Ozai1997, CC BY-SA 4.0, via Wikimedia Commons
P.179 Charles Turner, Public domain, via Wikimedia Commons
P.187 unknown (1710), Public domain, via Wikimedia Commons
P.241 Parkerman & Christie from San Diego, USA, CC BY 2.0, via Wikimedia Commons
P.247 Sean Whitton (User: Xyrael), CC BY-SA 3.0, via Wikimedia Commons
P.265 WestportWiki, CC BY-SA 3.0, via Wikimedia Commons
P.280 Matthewsmith 959, CC BY-SA 4.0, via Wikimedia Commons
P.292 William Hogarth, Public domain, via Wikimedia Commons
P.293 William Hogarth, Public domain, via Wikimedia Commons
P.315 Anonymous Unknown author, Public domain, via Wikimedia Commons
P.320 James Gillray, Public domain, via Wikimedia Commons

◉図版出典一覧

P.20　By Claus Ableiter - Own work, CC BY-SA 3.0, via Wikimedia Commons
P.24　GFDL Closeup of blackthorn aka sloe aka prunus spinosa sweden 2005
P.28　Unknown author, Public Domain, via Wikimedia Commons
P.33　Beaver with fish tail, Public Domain, via Wikimedia Commons
P.35　Unknown author, Public Domain, via Wikimedia Commons
P.42　Henry Wigstead, Public Domain, via Wikimedia Commons
P.46　John Hayls, Public Domain, via Wikimedia Commons
P.51　Gottfried Kneller, Public Domain, via Wikimedia Commons
P.58　EAT&ART TARO, CC BY-SA 4.0, via Wikimedia Commons
P.63　Unknown, Public Domain, via Wikimedia Commons
P.72-1　Unknown artist, Public Domain, via Wikimedia Commons
P.72-2　Unknown artist, Public Domain, via Wikimedia Commons
P.86　Metukkalihis, CC BY-SA 3.0, via Wikimedia Commons
P.94　jill, jellidonut... whatever, CC BY-SA 2.0, via Wikimedia Commons
P.99　Craig Hatfield, CC BY 2.0, via Wikimedia Commons
P.103　stu_spivack, CC BY-SA 2.0, via Wikimedia Commons
P.111　hellosputnik, CC BY 2.0, via Wikimedia Commons
P.115　Gaurav, CC BY-SA 3.0, via Wikimedia Commons
P.122　I, Badseed, CC BY-SA 3.0, via Wikimedia Commons
P.126　Usien, CC BY-SA 3.0, via Wikimedia Commons
P.129　The 10 Most Popular Ethnic Cuisines in the UK https://www.chefspencil.com/the-10-most-popular-ethnic-cuisines-in-the-uk/
P.136　Arthur Davis, Public Domain, via Wikimedia Commons
P.137　Eliot & Fry, Public Domain, via Wikimedia Commons
P.141　British Library, Public Domain, via Wikimedia Commons
P.154　Lou Sander, CC BY-SA 3.0, via Wikimedia Commons
P.156　Andreas Trepte, CC BY-SA 2.5, via Wikimedia Commons
P.159　Triticum, Public Domain, via Wikimedia Commons
P.162　Secale Cereale, Public Domain, via Wikimedia Commons

◉参考文献

第1部

青山吉信編『イギリス史 1・2・3』山川出版社、1991年。

磯淵猛『紅茶の手帖』ポプラ新書、2016年。

今井登志喜『英国社会史 上・下』東京大学出版会、1953年。

角山栄『茶の世界史――緑茶の文化と紅茶の文化』中公新書、1980年。

角山栄、川北稔編『路地裏の大英帝国――イギリス都市生活史』平凡社、1982年。

川北稔『世界の食文化 17 イギリス』農山漁村文化協会、2006年。

関矢悦子『シャーロック・ホームズと見るヴィクトリア朝英国の食卓と生活』原書房、2014年。

林望『イギリスはおいしい』平凡社、1991年。

カエサル『ガリア戦記』(改版) 近山金次訳、岩波文庫、2010年。

ギボン、エドワード『ローマ帝国衰亡史』中野好夫・朱牟田夏雄訳、筑摩書房、1976–87年。

グッドマン、ルース『ヴィクトリア朝英国人の日常生活――貴族から労働者階級まで 上・下』小林由果訳、原書房、2017年。

グリーン、J・R『イギリス国民の歴史 正・続・完』和田勇一訳、篠崎書林、1985年。

ピープス、サミュエル『サミュエル・ピープスの日記』臼田昭・岡輝雄・海保眞夫訳、国文社、1987–2017年。

ヒバート、クリストファー『ロンドン ある都市の伝記』横山徳爾訳、朝日イブニングニュース社、1983年。

ブリッグス、エイザ『イングランド社会史』今井宏・中野春夫・中野香織訳、筑摩書房、2004年。

ベーダ、セイント・ヴェネラブル／ミラー、トマス『ベーダ英国民教会史』高橋博訳、講談社学術文庫、２００８年。
ホープ、アネット『ロンドン　食の歴史物語』野中邦子訳、白水社、２００６年。
ボズウェル、ジェイムズ『サミュエル・ジョンソン伝』中野好之訳、みすず書房、１９８３年。
メイヒュー、ヘンリー／キャニング、ジョン『ヴィクトリア時代　ロンドン路地裏の生活誌』植松靖夫訳、原書房、２０１１年。
Banham, Debby. *Food and Drink in Anglo-Saxon England*. Tempus Pub Ltd., 2004.
Beaton, Isabella, Mary Adamo, Thomas. *Mrs. Beaton's Book of Household Management*. Kindle, 2014.
Brears, C.D. Peter. *Cooking and Dinning in Tudor and Early Stuart England*. Prospect Books, 2015.
Hagen, Ann. *Anglo-Saxon Food and Drink: Production, Processing, Distribution and Consumption*. Anglo-Saxon Books, 2006.
Spencer, Colin. *British Food: An Extraordinary Thousand Years of History*. Grub Street, 2011.
Winter, J.M. *The Great War and British People*, 2nd edition. Palgrave Macmillan, 2003.

第2部

池上俊一『世界の食文化　15　イタリア』農山漁村文化協会、２００３年。
石井理恵子著・松本里美版画『英国フード記A to Z』三修社、２００６年。
石毛直道『世界の食べもの――食の文化地理』講談社学術文庫、２０１３年。
北山晴一『世界の食文化　16　フランス』農山漁村文化協会、２００８年。
小磯千尋・小磯学『世界の食文化　８　インド』農山漁村文化協会、２００６年。
周達生『世界の食文化　２　中国』農山漁村文化協会、２００３年。

鈴木董『世界の食文化　9　トルコ』農山漁村文化協会、２００３年。

山田孝子・小西賢吾編『食からみる世界』英明企画編集、２０１７年。

カパッティ、アルベルト／モンタナーリ、マッシモ『食のイタリア文化史』柴野均訳、岩波書店、２０１１年。

コリンガム、リジー『インドカレー伝』東郷えりか訳、河出書房新社、２０１６年。

パナイー、パニコス『フィッシュ・アンド・チップスの歴史――英国の食と移民』栢木清吾訳、創元社、２０２０年。

プーラン、ジャン＝ピエール／ネランク、エドモン『フランス料理の歴史』山内秀文訳、角川ソフィア文庫、２０１７年。

レオン、エレイン『英国レシピと暮らしの文化史』村山美雪訳、原書房、２０２０年。

ローゼン、アンドリュー『現代イギリス社会史　１９５０－２０００』川北稔訳、岩波書店、２００５年。

MacDonald, Chaire. *Scottish Cookery*. Pavillion Books, 1998.

Williams, Caroline. Food Industry News: The Most Popular Ethnic Cuisines in the UK. https://www.chefspencil.com/the-10-most-popular-ethnic-cuisines-in-the-uk/

Yates, Annette. *Welish Heritage Food and Cooking*. Lorenz Books, 2007.

第3部

今川香代子『シェイクスピア食べものがたり』近代文芸社、１９９９年。

小野二郎『ベーコン・エッグの背景』晶文社、１９８３年。

川北稔『砂糖の世界史』岩波書店、１９９６年。

滝口明子『英国紅茶論争』講談社、１９９６年。

中尾佐助『料理の起源』NHKブックス、1972年。

森護『英国史のティータイム』大修館書店、1991年。

グリン、アントニー『イギリス人――その生活と国民性』正木恒夫訳、研究社出版、1987年。

コリンガム、リジー『大英帝国は大食らい』松本裕訳、河出書房新社、2019年。

ハリス、マーヴィン『食と文化の謎』板橋作美訳、岩波書店、2001年。

ホープ、アネット『ロンドン　食の歴史物語』野中邦子訳、白水社、2006年。

Burnett, John. *Plenty and Want: A Social History of Food in England from 1815 to the Present Day*, 3rd ed. Routledge, 1989.

Wright, Clarissa Dickson. *History of English Food*. Arrow, 2012.

Panayi, Panikos. *Spicing up Britain: The Multicultural History of British Food*. Reaktion Books, 2011.

第4部

小野二郎『紅茶を受皿で――イギリス民衆芸術覚書』晶文社、1981年。

加藤憲市『英米文学植物民俗誌』冨山房、1976年。

川北稔『世界の食文化　17　イギリス』農山漁村文化協会、2006年。

川端有子『図説　ヴィクトリア朝の女性と暮らし――ワーキング・クラスの人びと』河出書房新社、2019年。

木下卓・窪田憲子・久守和子編著『イギリス文化55のキーワード』ミネルヴァ書房、2009年。

小泉博一・飯田操・桂山康司編『イギリス文化を学ぶ人のために』世界思想社、2004年。

土屋守『紅茶のある風景――暮してみたイギリス紅茶の世界』曜曜社出版、1996年。

外山滋比古他編『英語名句事典』大修館書店、1984年。

イギリス文化事典編集委員会編『イギリス文化事典』丸善出版、２０１４年。

オーウェル、ジョージ『オーウェル著作集　Ⅲ　１９４３－１９４５』鮎沢乗光他訳、平凡社、１９７０年。

グッドマン、ルース『ヴィクトリア朝英国人の日常生活――貴族から労働者階級まで　上・下』小林由果訳、原書房、２０１７年。

グルーム、スーザン『図説　英国王室の食卓史』矢沢聖子訳、原書房、２０２１年。

ディケンズ、チャールズ『オリヴァー・ツイスト』加賀山卓朗訳、新潮文庫、２０１７年。

トラヴァース、P・L『帰ってきたメアリー・ポピンズ』林容吉訳、岩波少年文庫、２００１年。

モーティマー、イアン『シェイクスピアの時代のイギリス生活百科』市川恵里・樋口幸子訳、河出書房新社、２０１７年。

ローリング、J・K『ハリー・ポッターと賢者の石』松岡佑子訳、静山社ペガサス文庫、２０１４年。

Burnett, John. *Plenty and Want: A Social History of Food in England from 1815 to the Present Day*, 3rd ed. Routledge, 1989.

Thompson, F. M. L. ed. *The Cambridge Social History of Britain 1750-1950 Vol. 2: People and Their Environment*. Cambridge UP, 1990.

Bule, Guise. The History Of The English Breakfast Tradition. https://englishbreakfastsociety.com/full-english-breakfast.html

第5部

安東伸介他編『イギリスの生活と文化事典』研究社出版、１９８２年。

石井理恵子『英国フード記A to Z』三修社、２００６年。

唐澤一友・セーラ、モート『日本人が知りたいイギリス人の当たり前――英語リーディング』三修社、２０１７年。

川北稔『世界の食文化　17　イギリス』農山漁村文化協会、２００６年。

川端有子『ヴィクトリア朝の女性と暮らし——ワーキング・クラスの人びと』河出書房新社、２０１９年。
木村正俊・中尾正史編『スコットランド文化事典』原書房、２００６年。
砂古玉緒『イギリスの菓子物語——英国伝統菓子のレシピとストーリー』マイナビ出版、２０１４年。
関矢悦子『シャーロック・ホームズと見るヴィクトリア朝英国の食卓と生活』原書房、２０１４年。
林望『イギリスはおいしい』平凡社、１９９１年。
クック、ジェイン・ベスト『英国おいしい物語』原田優子訳、東京書籍、１９９６年。
グッドマン、ルース『ヴィクトリア朝英国人の日常生活——貴族から労働者階級まで　上・下』小林由果訳、原書房、２０１７年。
パナイー、パニコス『フィッシュ・アンド・チップスの歴史——英国の食と移民』栢木清吾訳、創元社、２０２０年。
ベイリー、エイドリアン、タイムライフブックス編集部編訳『イギリス料理』タイムライフブックス、１９７２年。
モーティマー、イアン『シェイクスピアの時代のイギリス生活百科』市川恵里・樋口幸子訳、河出書房新社、２０１７年。
Bule, Guise. The History Of The English Breakfast Tradition. https://englishbreakfastsociety.com/full-english-breakfast.html
Burnett, John. *Plenty and Want: A Social History of Food in England from 1815 to the Present Day*, 3rd ed. Routledge, 1989.
Hughes, Glyn. The Foods of England Project. http://www.foodsofengland.co.uk/beefwellington.htm
Joseph, Michael. What Are Kippers? Benefits of the Traditional Breakfast. https://www.nutritionadvance.com/what-are-kippers/
Thompson, F. M. L. ed. *The Cambridge Social History of Britain 1750-1950 Vol. 2: People and Their Environment*. Cambridge UP, 1990.
Tuomainen, Helena Margaret. "Ethnic Identity, (Post)Colonialism and Foodways: Ghanaians in London," Food, Culture & Society, 12:4, 525-554, DOI: 10.2752/175174409X456773

YouTube: Former Royal Chef Reveals Prince Harry and Prince William's Fave Meal and Kitchen Mishaps." 2020, 1. 23, https://www.youtube.com/watch?v=mHTvg9ZDTyo

第6部

飯田操『パブとビールのイギリス』平凡社、２００８年。

一般社団法人日本ビール文化研究会『新版　ビールの図鑑』マイナビ出版、２０１８年。

海野弘『酒場の文化史』講談社、２００９年。

唐澤一友『英語のルーツ』春風社、２０１１年。

友清哲『日本クラフトビール紀行』イースト・プレス、２０１６年。

長尾伸『ドイツビールへの旅』郁文堂、２００３年。

武田尚子『チョコレートの世界史――近代ヨーロッパが磨き上げた褐色の宝石』中央新書、２０１０年。

コウ、ソフィー・D．／コウ、マイケル・D．『チョコレートの歴史』樋口幸子訳、河出書房新社、２０１７年。

コリンガム、ジリー『大英帝国は大食らい』松本裕訳、河出書房新社、２０１９年。

テイラー、リチャード／ワット、ジェームズ／ディッキー、マーティン『クラフトビール フォアザピープル――ブリュードッグ流あたらしいビールの教科書』長谷川小二郎訳、ガイアブックス、２０１９年。

『中世イギリス英雄叙事詩　ベーオウルフ』忍足欣四郎訳、岩波書店、１９９０年。

Giles, J. A., J. Ingram. *The Anglo-Saxon Chronicle*. https://www.gutenberg.org/ebooks/657.

Haines, Emma ed. *Camra's Good Beer Guide 2020*. Camra Books, 2019.

Hartley, Dorothy. *Food in England: A Complete Guide to the Food That Makes Us Who We Are* [Kindle]. Piatkus Books, 2014.

Martin. G. H., Ann Williams. *Domesday Book: A Complete Translation*. Penguin UK, 2002.

McGovern, Patrick E., Stuart J. Fleming, Solomon H. Katz. *The Origins and Ancient History of Wine: Food and Nutrition in History and Anthropology* [Kindle]. Routledge, 2003.

Oliver, Garrett, ed. *The Oxford Companion to Beer*. Oxford UP, 2011.

Robinson, Jancis. *The Oxford Companion to Wine*. Oxford UP, 2015.

Simon, André L. *The History of the Wine Trade in England* [Kindle]. Holley Press, 2016.

Spencer, Colin. *British Food: An Extraordinary Thousand Years of History* [Kindle]. Grub Street, 2011.

Stapley, Fiona. *Good Pub Guide 2020: The Top 5,000 Pubs For Food And Drink In The UK*. Ebury Press, 2019.

Webb, Tim, Stephen Beaumont. *World Atlas of Beer: The Essential New Guide to the Beers of the World*. Octopus Publishing Group Ltd., 2021.

Williamson, Philip, David Moore, Neville Blech. *A Guide to the Wines of England & Wales*. BTL Publishing Ltd., 2008.

The Vineyards of England and Wales. http://www.ukvines.co.uk/wine/people.htm.

Wines of Great Britain. https://www.winegb.co.uk.

第7部

安達まみ他編著『〈食〉で読むイギリス小説――欲望の変容』ミネルヴァ書房、２００４年。

石塚倫子「シェイクスピア時代の食文化――ハンプトン・コートのキッチンから」『人間文化研究所紀要』第８集、２０１４年。

今川香代子『シェイクスピア食べものがたり』近代文芸社、１９９９年。

内田能嗣・原公章編『あらすじで読むジョージ・エリオットの小説』大阪教育図書、２０１０年。

圓月勝博『食卓談義のイギリス文学――書物が語る社交の歴史』彩流社、２００６年。

開高健『オーパ』集英社文庫、１９８１年。

加藤憲市『英米文学植物民俗誌』冨山房、１９７６年。

木下卓・窪田憲子・久守和子編著『イギリス文化55のキーワード』ミネルヴァ書房、２０１１年。

小泉博一他編『イギリス文化を学ぶ人のために』世界思想社、２００４年。

砂古玉緒『イギリスの家庭料理』世界文化社、２０１５年。

高野秀夫『ジョージ・エリオットの異文化世界』春風社、２０１４年。

土屋守『紅茶のある風景――暮してみたイギリス紅茶の世界』曜曜社出版、１９９６年。

外山滋比古他編『英語名句事典』大修館書店、１９８４年。

中野康司『ジェイン・オースティンの言葉』筑摩書房、２０１２年。

野中邦子『ロンドン　食の歴史物語――中世から現代までの英国料理』白水社、２００６年。

福永信哲『ジョージ・エリオットの後期小説を読む――キリスト教と科学の葛藤』栄宝社、２０１６年。

森枝卓士『カレーライスと日本人』講談社学術文庫、２０１５年。

山本真司『《シェイクスピア》と近代日本の図像文化学――エンブレム、ジェンダー、帝国』金星堂、２０１６年。

イギリス文化事典編集委員会編『イギリス文化事典』丸善出版、２０１４年。

ヴェルナー、フロリアン『牛の文化史』臼井隆一郎訳、東洋書林、２０１１年。

エリオット、ジョージ「ジェイコブ兄貴」『ジョージ・エリオット全集９スペインのジプシー［他二編］とばりの彼方、ジェイコブ兄貴』大野直美訳、彩流社、２０１４年。

エリオット、ジョージ『ミドルマーチ　Ⅰ・Ⅱ』工藤好美・淀川郁子訳、講談社、１９７５年。
オーウェル、ジョージ『オーウェル著作集　Ⅲ　１９４３－１９４５』鮎沢乗光他訳、平凡社、１９７０年。
ピアッティ＝ファーネル、ローナ『牛肉の歴史』富永佐知子訳、原書房、２０１４年。
ブラウン、ミッシェル『ロイヤル・レシピ――英国王室料理』井村君江訳、筑摩書房、１９９５年。
ブラック、マギー／ル・フェイ、ディアドレ『ジェイン・オースティン料理読本』中尾真理訳、晶文社、１９９８年。
ルイス、C・S『朝びらき丸東の海へ』瀬田貞二訳、岩波少年文庫、２０００年。
ルイス、C・S『カスピアン王子のつのぶえ』瀬田貞二訳、岩波少年文庫、２０００年。
ルイス、C・S『ライオンと魔女』瀬田貞二訳、岩波少年文庫、２０００年。
Birtwistle, Sue, Susie Conklin. *The making of Pride and Prejudice*. Penguin Books, BBC Books, 1995.
Fielding, Henry. *Don Quixote in England*. 1734. Oxford UP, 2011.
——Grub-Street Opera. 1731. Oxford UP, 2007.
——*The History of Tom Jones, A Foundling*. 1749. Penguin, 2005.
Rodgers, Ben. *Beef and Liberty: Roast Beef, John Bull, and the English Nation*. Chatto and Windus, 2013.
Sullivan, Margaret. *The Jane Austen Handbook: A Sensible Yet Elegant Guide to Her World*. Quick Books, 2007.

塚本倫久（つかもと・みちひさ）［コラム2］
愛知大学国際コミュニケーション学部教授　英語学
主要著書：『プログレッシブ英語コロケーション辞典』（小学館、2012）、『プログレッシブ英語コロケーション練習帳』（小学館、2014）、『英語辞書をつくる――編集・調査・研究の現場から』（共著、大修館書店、2016）、『イギリスの歴史を知るための50章』（共著、明石書店、2016）、『イギリス文学を旅する60章』（共著、明石書店、2018）。

福田一貴（ふくだ・かずたか）［41, 44］
駒澤大学総合教育研究部教授　中世英語英文学・英語史
主要著書：『ロンドンを旅する60章』（共著、明石書店、2012）、『イギリスの歴史を知るための50章』（共著、明石書店、2016）、『イギリス文学を旅する60章』（共著、明石書店、2018）、『田園のイングランド――歴史と文学でめぐる四八景』（共著、彩流社、2018）、『「おかしな英語」で学ぶ生きた英文法――間違いだらけの英語掲示＆正しい用例30』（共著、亜紀書房、2020）。

佐藤郁子（さとう・いくこ）［51］
北洋大学特任教授　イギリス小説・イギリス文化
主要著書：『ブロンテと芸術――実生活の視点から』（共著、大阪教育図書、2010）、『イギリス文学と文化のエートスとコンストラクション』（共著、大阪教育図書、2014）、『文芸禮讃』（共著、大阪教育図書、2016）、『ロンドンを旅する60章』（共著、明石書店、2012）、『イギリス文学を旅する60章』（共著、明石書店、2018）。

佐藤　豊（さとう・ゆたか）［50, コラム8］
青森大学社会学部教授　イギリス文学（17世紀）
主要著書：『ドライデン『平信徒の宗教』と『メダル』――近代イギリス史の中の詩と政治』（彩流社、2012）、『ミステリアス・ストレンジャー44号』（共訳、彩流社、1995）、「（翻訳）『雌鹿と豹』第二部（1687年）」（『研究紀要』第43巻・第44巻合併号、青森大学学術研究会、2021）、『イギリス文学を旅する60章』（共著、明石書店、2018）。

白鳥義博（しらとり・よしひろ）［53］
駒澤大学総合教育研究部教授　イギリス文学（18世紀）
主要著書：『ロンドンを旅する60章』（共著、明石書店、2012）、『イギリスの歴史を知るための50章』（共著、明石書店、2016）、『イギリス文学を旅する60章』（共著、明石書店、2018）、『田園のイングランド――歴史と文学でめぐる四八景』（共著、彩流社、2018）。

高野秀夫（たかの・ひでお）［55］
駒澤大学名誉教授　イギリス文学（19世紀）　ジョージ・エリオット
主要著書：*Cross-Cultural Reading of George Eliot*（The Hokuseido Press、2003）、『ジョージ・エリオットの異文化世界』（春風社、2014）、『中世英文学の日々に――池上忠弘先生追悼論文集』（共著、英宝社、2021）、『禅の諸展開――大谷哲夫先生傘寿記念論集』（共著、鳳仙学報、2022）、『イギリス文学を旅する60章』（共著、明石書店、2018）、『田園のイングランド――歴史と文学でめぐる四八景』（共著、彩流社、2018）。

滝　珠子（たき・たまこ）［コラム4, コラム12］
Cambridge 日本人会主宰
主要著書：『花恋鳥のモノローグ――イギリス日記』（THE IRIS PRESS、2005）、『イギリス文学を旅する60章』（共著、明石書店、2018）、『イギリスの四季――ケンブリッジの暮らしと想い出』（共著、彩流社、2018）。

千葉　茂（ちば・しげる）［39, 40］
画家・作家、元民間企業研究員　金属材料工学
主要著書：『ヨークシャーの丘からイングランドを眺めれば［上］［下］』（私家版、2008）、『遥かなるわがヨークシャー――水彩画でめぐる旅』（私家版、2012）、『イギリス検定――あなたが知っている、知らないイギリスの四択・百問』（共著、南雲堂フェニックス、2011）、『ロンドンを旅する60章』（共著、明石書店、2012）、『イギリスの歴史を知るための50章』（共著、明石書店、2016）、『田園のイングランド――歴史と文学でめぐる四八景』（共著、彩流社、2018）。

糸多郁子（いとだ・いくこ）[29, 30, 42]
桜美林大学リベラルアーツ学群教授　イギリス小説・イギリス文化
主要著書：『D. H. ロレンスと新理論』（共著、国書刊行会、1999）、『喪失と覚醒——19世紀後半から20世紀への英文学』（共著、中央大学出版部、2001）、『英語世界へのアプローチ』（共著、三修社、2006）、『イギリス小説の愉しみ』（共著、音羽書房鶴見書店、2009）、『第二次世界大戦後のイギリス小説——ベケットからウィンターソンまで』（共著、中央大学出版部、2013）。

***宇野毅**（うの・たけし）[45, 46, 47, 48]
編著者紹介を参照。

川成晴美（かわなり・はるみ）[コラム11]
エッセイスト　イギリス文学　イギリス文化
主要著書：『子連れママイギリス滞在ふんせん記』（光人社、1996）、『イギリスの歴史を知るための50章』（共著、明石書店、2016）、『イギリス文化事典』（共著、丸善出版、2014）、『ハプスブルグ事典』（共著、丸善出版、2022）、『南スペイン・アンダルシアの風景』（共著、丸善出版、2005）、『スペインと日本人』（共著、丸善出版、2006）。

川成　洋（かわなり・よう）[54, コラム10]
法政大学名誉教授、一橋大学社会学博士、武道家・評論家、アジア・ユーラシア総合研究所顧問　スペイン現代史
主要著書：『スペイン文化事典』（共編著、丸善出版、2011）、『イギリス文化事典』（共編著、丸善出版、2014）、『ハプスブルグ事典』（共編著、丸善出版、2022）、『日本文化事典』（共編著、丸善出版、2016）、『社会学辞典』（共著、弘文堂、1994）、『ケルト文化事典』（共著、東京堂出版、2017）。

今野史昭（こんの・ふみあき）[49]
明治大学商学部准教授　イギリス文学
主要著書：*Re-imagining Shakespeare in Contemporary Japan: A Selection of Japanese Theatrical Adaptations of Shakespeare*（共著、The Arden Shakespeare、2021）、*William Shakespeare and 21st-Century Culture, Politics, and Leadership: Bard Bites*（共著、Edward Elgar、2021）、『イギリス文学を旅する60章』（共著、明石書店、2018）、『田園のイングランド——歴史と文学でめぐる四八景』（共著、彩流社、2018）、『ロンドン歴史地名辞典』（共訳、柊風舎、2017）。

佐々木隆（ささき・たかし）[34]
武蔵野学院大学国際コミュニケーション学部教授　国際文化交流
主要著書：『日本シェイクスピア研究書誌（平成編）（追加増補版）』（多生堂、2022）、『日本シェイクスピア劇上演年表（1866年～2019年4月）』（多生堂、2021）、『英語文化研究——日本英語文化学会創立45周年記念論文集』（共著、春風社、2021）、『田園のイングランド——歴史と文学でめぐる四八景』（共著、彩流社、2018）、『イギリスの歴史を知るための50章』（共著、明石書店、2016）。

◉ **執筆者紹介**（50音順、＊は編著者、［　］内は担当章）

浅井亜紀子（あさい・あきこ）［35, 36, 38］
桜美林大学リベラルアーツ学群教授　文化心理学・異文化コミュニケーション
主要著書：『増補　異文化接触における文化的アイデンティティのゆらぎ──外国語指導助手（ALT）の JET プログラムでの学校体験および帰国後のキャリア』（明石書店、2022）、『EPA インドネシア人看護師・介護福祉士の日本体験──帰国者と滞在継続者の10年の追跡調査から』（共著、明石書店、2020）、『集団コミュニケーション──自分を活かす15のレッスン』（実教出版、2016）、『天馬山──北朝鮮からの引揚げ者の語り』（編著、春風社、2016）、『異文化コミュニケーション事典』（編集、春風社、2013）。

安藤　聡（あんどう・さとし）［31, 33, 52, コラム3］
明治学院大学文学部教授　イギリス小説・児童文学・イギリス文化史
主要著書：『ファンタジーと歴史的危機──英国児童文学の黄金時代』（彩流社、2003）、『ナルニア国物語 解読──C.S. ルイスが創造した世界』（彩流社、2006）、『英国庭園を読む──庭をめぐる文学と文化史』（彩流社、2011）、『ファンタジーと英国文化──児童文学王国の名作をたどる』（彩流社、2019）、『英国ファンタジーの風景』（日本経済評論社、2019）。

＊**石原孝哉**（いしはら・こうさい）［1-28, 37, コラム1, コラム5, コラム6, コラム7, コラム13］
編著者紹介を参照。

石原千登世（いしはら・ちとせ）［32］
エッセイスト　イギリス文学・文化
主要著書：『イギリス文学を旅する60章』（共著、明石書店、、2018）、『ロンドンを旅する60章』（共著、明石書店、2012）、『イギリス検定──あなたが知っている、知らないイギリスの四択・百問』（共著、南雲堂フェニックス、2011）、『イギリスの四季──ケンブリッジの暮らしと想い出』（共著、彩流社、2012）。

＊**市川仁**（いちかわ・ひとし）［43］
編著者紹介を参照。

市川雅子（いちかわ・まさこ）［コラム9］
織作家
主要著書：『イギリスの四季──ケンブリッジの暮らしと想い出』（共著、彩流社、2012）。

◉ 編著者紹介

石原孝哉（いしはら・こうさい）
駒澤大学名誉教授　イギリス文学　日本ペンクラブ会員
主要著書：『ヘンリー五世——万人に愛された王か、冷酷な侵略者か』（明石書店、2019）、『悪王リチャード三世の素顔』（丸善プラネット、2013）、『幽霊のいる英国史』（集英社、2003）、『シェイクスピアと超自然』（南雲堂、1991）、『イギリス文学を旅する60章』（共編著、明石書店、2018）、『ロンドンを旅する60章』（共編著、明石書店、2012）、『イギリス文学の旅——作家の故郷をたずねて』（共編著、丸善、1995）、『イギリス文学の旅——作家の故郷をたずねてII』（共編著、丸善、1996）、『ミステリーの都ロンドン—ゴーストツアーへの誘い』（共編著、丸善ライブラリー、1999）、『イギリス田園物語—田舎を巡る旅の楽しみ』（共編著、丸善ライブラリー、2000）、『ロンドン歴史物語』（共編著、丸善ライブラリー、1994）、『ロンドン・パブ物語』（共編著、丸善ライブラリー、1997）、『イギリス大聖堂・歴史の旅』（共編著、丸善ブックス、2005）、『イギリスの四季—ケンブリッジの暮らしと想い出』（共編著、彩流社、2012）、『イギリス検定——あなたが知っている、知らないイギリスの四択・百問』（共編著、南雲堂フェニックス、2011）、『シェイクスピア喜劇の世界』（共訳、三修社、2001）、『ノースロップフライのシェイクスピア講義』（共訳、三修社、2009）、『煉獄の火輪——シェイクスピア悲劇の解釈』（共訳、オセアニア出版、1981）

市川仁（いちかわ・ひとし）
中央学院大学法学部教授　イギリス文学
主要著書：『イギリス文学を旅する60章』（共編著、明石書店、2018）、『田園のイングランド——歴史と文学でめぐる四八景』（共編著、彩流社、2018）、『ケルトを知るための65章』（共著、明石書店、2018）、『英米文学にみる検閲と発禁』（共著、彩流社）、『イギリスの四季——ケンブリッジの暮らしと想い出』（共編著、彩流社、2012）、『スコットランド文学—その流れと本質』（共著、開文社、2011）、「D.H. ロレンス全詩集（完全版）』（共訳、彩流社、2011）、『ミステリーの都ロンドン—ゴーストツアーへの誘い』（共編著、丸善ライブラリー、1999）、『ロンドン・パブ物語』（共編著、丸善ライブラリー、1997）、『イギリス大聖堂・歴史の旅』（共編著、丸善ブックス、2005）、『イギリス文学の旅——作家の故郷をたずねてII』（共編著、丸善、1996）、『イギリス文学の旅——作家の故郷をたずねて』（共編著、丸善、1995）、『イギリス検定——あなたが知っている、知らないイギリスの四択・百問』（共編著、南雲堂フェニックス、2011）、『ノースロップフライのシェイクスピア講義』（共訳、三修社、2009）、『シェイクスピア喜劇の世界』（共訳、三修社、2001）

宇野毅（うの・たけし）
明治大学経営学部教授　ケンブリッジ大学客員フェロー　イギリス社会学
主要著書：『イギリス文学を旅する60章』（共著、明石書店、2018）、『田園のイングランド—歴史と文学でめぐる四八景』（共編著、彩流社、2018）、『【増補版】現代イギリスの社会と文化——ゆとりと思いやりの国』（彩流社、2015）、『イギリスの四季—ケンブリッジの暮らしと想い出』（共編著、彩流社、2012）、『ロンドンを旅する60章』（共著、明石書店、2012）、『イギリス検定——あなたが知っている、知らないイギリスの四択・百問』（共著、南雲堂フェニックス、2011）『英国最新事情事典を読む』（共編著、南雲堂、1993）、『英米事情ハンドブック』（共著、英潮社、1993）

エリア・スタディーズ 191

食文化からイギリスを知るための55章

2023年1月10日 初版第1刷発行

編著者 石原孝哉
市川 仁
宇野 毅
発行者 大江道雅
発行所 株式会社明石書店
〒101-0021 東京都千代田区外神田6-9-5
電話 03（5818）1171
FAX 03（5818）1174
振替 00100-7-24505
https://www.akashi.co.jp/
装丁／組版 明石書店デザイン室
印刷／製本 日経印刷株式会社

（定価はカバーに表示してあります） ISBN978-4-7503-5512-2

エリア・スタディーズ

1 現代アメリカ社会を知るための60章
明石紀雄、川島浩平 編著

2 イタリアを知るための62章【第2版】
村上義和 編著

3 イギリスを旅する35章
辻野功 編著

4 モンゴルを知るための65章【第2版】
金岡秀郎 著

5 パリ・フランスを知るための44章
梅本洋一、大里俊晴、木下長宏 編著

6 現代韓国を知るための60章【第2版】
石坂浩一、福島みのり 編著

7 オーストラリアを知るための58章【第3版】
越智道雄 著

8 現代中国を知るための52章【第6版】
藤野彰 編著

9 ネパールを知るための60章
日本ネパール協会 編

10 アメリカの歴史を知るための65章【第4版】
富田虎男、鵜月裕典、佐藤円 編著

11 現代フィリピンを知るための61章【第2版】
大野拓司、寺田勇文 編著

12 ポルトガルを知るための55章【第2版】
村上義和、池俊介 編著

13 北欧を知るための43章
武田龍夫 著

14 ブラジルを知るための56章【第2版】
アンジェロ・イシ 著

15 ドイツを知るための60章
早川東三、工藤幹巳 編著

16 ポーランドを知るための60章
渡辺克義 編著

17 シンガポールを知るための65章【第5版】
田村慶子 編著

18 現代ドイツを知るための67章【第3版】
浜本隆志、髙橋憲 編著

19 ウィーン・オーストリアを知るための57章【第2版】
広瀬佳一、今井顕 編著

20 ハンガリーを知るための60章【第2版】 ドナウの宝石
羽場久美子 編著

21 現代ロシアを知るための60章【第2版】
下斗米伸夫、島田博 編著

22 21世紀アメリカ社会を知るための67章
明石紀雄 監修　赤尾千波、大類久恵、小塩和人、落合明子、川島浩平、高野泰 編

23 スペインを知るための60章
野々山真輝帆 著

24 キューバを知るための52章
後藤政子、樋口聡 編著

25 カナダを知るための60章
綾部恒雄、飯野正子 編著

26 中央アジアを知るための60章【第2版】
宇山智彦 編著

27 チェコとスロヴァキアを知るための56章【第2版】
薩摩秀登 編著

28 現代ドイツの社会・文化を知るための48章
田村光彰、村上和光、岩淵正明 編著

29 インドを知るための50章
重松伸司、三田昌彦 編著

30 タイを知るための72章【第2版】
綾部真雄 編著

31 パキスタンを知るための60章
広瀬崇子、山根聡、小田尚也 編著

32 バングラデシュを知るための66章【第3版】
大橋正明、村山真弓、日下部尚徳、安達淳哉 編著

33 イギリスを知るための65章【第2版】
近藤久雄、細川祐子、阿部美春 編著

34 現代台湾を知るための60章【第2版】
亜洲奈みづほ 著

35 ペルーを知るための66章【第2版】
細谷広美 編著

36 マラウィを知るための45章【第2版】
栗田和明 著

37 コスタリカを知るための60章【第2版】
国本伊代 編著

38 チベットを知るための50章
石濱裕美子 編著

エリア・スタディーズ

39 現代ベトナムを知るための60章【第2版】
今井昭夫、岩井美佐紀 編著

40 インドネシアを知るための50章
村井吉敬、佐伯奈津子 編著

41 エルサルバドル、ホンジュラス、ニカラグアを知るための45章
田中高 編著

42 パナマを知るための70章【第2版】
国本伊代 編著

43 イランを知るための65章
岡田恵美子、北原圭一、鈴木珠里 編著

44 アイルランドを知るための70章【第3版】
海老島均、山下理恵子 編著

45 メキシコを知るための60章
吉田栄人 編著

46 中国の暮らしと文化を知るための40章
東洋文化研究会 編

47 現代ブータンを知るための60章【第2版】
平山修一 著

48 バルカンを知るための66章【第2版】
柴宜弘 編著

49 現代イタリアを知るための44章
村上義和 編著

50 アルゼンチンを知るための54章
アルベルト松本 著

51 ミクロネシアを知るための60章【第2版】
印東道子 編著

52 アメリカのヒスパニック＝ラティーノ社会を知るための55章
大泉光一、牛島万 編著

53 北朝鮮を知るための55章【第2版】
石坂浩一 編著

54 ボリビアを知るための73章【第2版】
真鍋周三 編著

55 コーカサスを知るための60章
北川誠一、前田弘毅、廣瀬陽子、吉村貴之 編著

56 カンボジアを知るための62章【第2版】
上田広美、岡田知子 編著

57 エクアドルを知るための60章【第2版】
新木秀和 編著

58 タンザニアを知るための60章【第2版】
栗田和明、根本利通 編著

59 リビアを知るための60章【第2版】
塩尻和子 編著

60 東ティモールを知るための50章
山田満 編著

61 グアテマラを知るための67章【第2版】
桜井三枝子 編著

62 オランダを知るための60章
長坂寿久 著

63 モロッコを知るための65章
私市正年、佐藤健太郎 編著

64 サウジアラビアを知るための63章【第2版】
中村覚 編著

65 韓国の歴史を知るための66章
金両基 編著

66 ルーマニアを知るための60章
六鹿茂夫 編著

67 現代インドを知るための60章
広瀬崇子、近藤正規、井上恭子、南埜猛 編著

68 エチオピアを知るための50章
岡倉登志 編著

69 フィンランドを知るための44章
百瀬宏、石野裕子 編著

70 ニュージーランドを知るための63章
青柳まちこ 編著

71 ベルギーを知るための52章
小川秀樹 編著

72 ケベックを知るための54章
小畑精和、竹中豊 編著

73 アルジェリアを知るための62章
私市正年 編著

74 アルメニアを知るための65章
中島偉晴、メラニア・バグダサリヤン 編著

75 スウェーデンを知るための60章
村井誠人 編著

76 デンマークを知るための68章
村井誠人 編著

77 最新ドイツ事情を知るための50章
浜本隆志、柳原初樹 著

エリア・スタディーズ

78 **セネガルとカーボベルデを知るための60章**
小川了 編著

79 **南アフリカを知るための60章**
峯陽一 編著

80 **エルサルバドルを知るための55章**
細野昭雄、田中高 編著

81 **チュニジアを知るための60章**
鷹木恵子 編著

82 **南太平洋を知るための58章** メラネシア ポリネシア
吉岡政德、石森大知 編著

83 **現代カナダを知るための60章【第2版】**
飯野正子、竹中豊 総監修　日本カナダ学会 編

84 **現代フランス社会を知るための62章**
三浦信孝、西山教行 編著

85 **ラオスを知るための60章**
菊池陽子、鈴木玲子、阿部健一 編著

86 **パラグアイを知るための50章**
田島久歳、武田和久 編著

87 **中国の歴史を知るための60章**
並木頼壽、杉山文彦 編著

88 **スペインのガリシアを知るための50章**
坂東省次、桑原真夫、浅香武和 編著

89 **アラブ首長国連邦(UAE)を知るための60章**
細井長 編著

90 **コロンビアを知るための60章**
二村久則 編著

91 **現代メキシコを知るための70章【第2版】**
国本伊代 編著

92 **ガーナを知るための47章**
高根務、山田肖子 編著

93 **ウガンダを知るための53章**
吉田昌夫、白石壮一郎 編著

94 **ケルトを旅する52章** イギリス・アイルランド
永田喜文 著

95 **トルコを知るための53章**
大村幸弘、永田雄三、内藤正典 編著

96 **イタリアを旅する24章**
内田俊秀 編著

97 **大統領選からアメリカを知るための57章**
越智道雄 著

98 **現代バスクを知るための50章**
萩尾生、吉田浩美 編著

99 **ボツワナを知るための52章**
池谷和信 編著

100 **ロンドンを旅する60章**
川成洋、石原孝哉 編著

101 **ケニアを知るための55章**
松田素二、津田みわ 編著

102 **ニューヨークからアメリカを知るための76章**
越智道雄 著

103 **カリフォルニアからアメリカを知るための54章**
越智道雄 著

104 **イスラエルを知るための62章【第2版】**
立山良司 編著

105 **グアム・サイパン・マリアナ諸島を知るための54章**
中山京子 編著

106 **中国のムスリムを知るための60章**
中国ムスリム研究会 編

107 **現代エジプトを知るための60章**
鈴木恵美 編著

108 **カーストから現代インドを知るための30章**
金基淑 編著

109 **カナダを旅する37章**
飯野正子、竹中豊 編著

110 **アンダルシアを知るための53章**
立石博高、塩見千加子 編著

111 **エストニアを知るための59章**
小森宏美 編著

112 **韓国の暮らしと文化を知るための70章**
舘野晳 編著

113 **現代インドネシアを知るための60章**
村井吉敬、佐伯奈津子、間瀬朋子 編著

114 **ハワイを知るための60章**
山本真鳥、山田亨 編著

115 **現代イラクを知るための60章**
酒井啓子、吉岡明子、山尾大 編著

116 **現代スペインを知るための60章**
坂東省次 編著

エリア・スタディーズ

117 **スリランカを知るための58章**
杉本良男、高桑史子、鈴木晋介 編著

118 **マダガスカルを知るための62章**
飯田卓、深澤秀夫、森山工 編著

119 **新時代アメリカ社会を知るための60章**
明石紀雄 監修　大類久恵、落合明子、赤尾千波 編著

120 **現代アラブを知るための56章**
松本弘 編著

121 **クロアチアを知るための60章**
柴宜弘、石田信一 編著

122 **ドミニカ共和国を知るための60章**
国本伊代 編著

123 **シリア・レバノンを知るための64章**
黒木英充 編著

124 **EU（欧州連合）を知るための63章**
羽場久美子 編著

125 **ミャンマーを知るための60章**
田村克己、松田正彦 編著

126 **カタルーニャを知るための50章**
立石博高、奥野良知 編著

127 **ホンジュラスを知るための60章**
桜井三枝子、中原篤史 編著

128 **スイスを知るための60章**
スイス文学研究会 編

129 **東南アジアを知るための50章**
今井昭夫 編集代表　東京外国語大学東南アジア課程 編

130 **メソアメリカを知るための58章**
井上幸孝 編著

131 **マドリードとカスティーリャを知るための60章**
川成洋、下山静香 編著

132 **ノルウェーを知るための60章**
大島美穂、岡本健志 編著

133 **現代モンゴルを知るための50章**
小長谷有紀、前川愛 編著

134 **カザフスタンを知るための60章**
宇山智彦、藤本透子 編著

135 **内モンゴルを知るための60章**
ボルジギン・ブレンサイン 編著　赤坂恒明 編集協力

136 **スコットランドを知るための65章**
木村正俊 編著

137 **セルビアを知るための60章**
柴宜弘、山崎信一 編著

138 **マリを知るための58章**
竹沢尚一郎 編著

139 **ASEANを知るための50章**
黒柳米司、金子芳樹、吉野文雄 編著

140 **アイスランド・グリーンランド・北極を知るための65章**
小澤実、中丸禎子、高橋美野梨 編著

141 **ナミビアを知るための53章**
水野一晴、永原陽子 編著

142 **香港を知るための60章**
吉川雅之、倉田徹 編著

143 **タスマニアを旅する60章**
宮本忠 著

144 **パレスチナを知るための60章**
臼杵陽、鈴木啓之 編著

145 **ラトヴィアを知るための47章**
志摩園子 編著

146 **ニカラグアを知るための55章**
田中高 編著

147 **台湾を知るための72章【第2版】**
赤松美和子、若松大祐 編著

148 **テュルクを知るための61章**
小松久男 編著

149 **アメリカ先住民を知るための62章**
阿部珠理 編著

150 **イギリスの歴史を知るための50章**
川成洋 編著

151 **ドイツの歴史を知るための50章**
森井裕一 編著

152 **ロシアの歴史を知るための50章**
下斗米伸夫 編著

153 **スペインの歴史を知るための50章**
立石博高、内村俊太 編著

154 **フィリピンを知るための64章**
大野拓司、鈴木伸隆、日下渉 編著

155 **バルト海を旅する40章**　7つの島の物語
小柏葉子 著